BIBLIOTECA JOSÉ GUILHERME Merquior

Título Original: *Le Structuralisme comme Pensée Radicale*

EDITOR | Edson Manoel de Oliveira Filho
COORDENADOR DA BIBLIOTECA JOSÉ GUILHERME MERQUIOR
João Cezar de Castro Rocha
PRODUÇÃO EDITORIAL, CAPA E PROJETO GRÁFICO
É Realizações Editora
PREPARAÇÃO DE TEXTO | Paulo Mendrone e Luciane Gomide
REVISÃO | Valquíria Della Pozza
DIAGRAMAÇÃO | Nine Design / Mauricio Nisi Gonçalves

CIP-BRASIL. CATALOGAÇÃO NA PUBLICAÇÃO
SINDICATO NACIONAL DOS EDITORES DE LIVROS, RJ

M534e

Merquior, José Guilherme, 1941-1991.
O estruturalismo como pensamento radical / José Guilherme Merquior ; [coordenação João Cezar de Castro Rocha] ; tradução Lara Christina de Malimpensa. - 1. ed. - São Paulo : É Realizações, 2022.
368 p. (Biblioteca José Guilherme Merquior)

Tradução de: Le structuralisme comme pensée radicale.
Inclui índice.
ISBN 978-85-8033-410-4

1. Estruturalismo - Filosofia. 2. Estruturalismo - Aspectos políticos 3. Estruturalismo - Aspectos sociais. I. Rocha, João Cezar de Castro. II. Malimpensa, Lara Christina de. III. Título. IV. Série.

22-78837 CDD: 149.97
CDU: 165.75

Gabriela Faray Ferreira Lopes - Bibliotecária - CRB-7/6643
11/07/2022 13/07/2022

Os direitos desta edição pertencem a
É Realizações Editora, Livraria e Distribuidora Eireli
Caixa Postal: 45321 · 04010 970 · São Paulo SP
Telefone: (5511) 5572 5363
atendimento@erealizacoes.com.br · www.erealizacoes.com.br

Este livro foi impresso pela Gráfica Paym em agosto de 2022.
Os tipos usados são da família Sabon LT Std e Industrial736 BT. O papel do miolo é o Lux Cream 70 g., e o da capa, cartão Ningbo C2S 250 g.

O Estruturalismo como Pensamento Radical

José Guilherme Merquior

Tradução de Lara Christina de Malimpensa

Posfácios de
João Cezar de Castro Rocha
Valter Sinder
Eduardo Cesar Maia

É Realizações
Editora

para Julia

Soube que se construíam cidades,
Não estive lá.
Isso desperta interesse, pensei,
À estatística.
Não à história.

Afinal, o que são cidades construídas
Sem a sabedoria do povo?

Brecht

Sendo todas as coisas, portanto, causadas e causais, auxiliadas e auxiliadoras, intermediadas e diretas, e sustentando-se por um elo natural e insensível que vincula as mais distantes e as mais distintas, não considero possível conhecer as partes sem conhecer o todo, tampouco conhecer o todo sem conhecer singularmente as partes.

Pascal

... o espírito, que ama a unidade na diversidade.

Leibniz

Sumário

Apêndices

O ESTRUTURALISMO COMO PENSAMENTO RADICAL

INTRODUÇÃO

O pensamento de Lévi-Strauss é acusado com frequência de ser uma ideologia reacionária, uma apologia do *status quo* a pretexto de rigor científico – em suma, um neopositivismo. O objetivo deste ensaio é contestar tal acusação. Essa defesa já foi empreendida, decerto, e com sucesso. No entanto, até aqui se preferiu justificar o estruturalismo de maneira *tópica*; a propósito de certos conceitos, como o de progresso ou o de história, o estruturalismo empenhou-se em afastar a suspeita lançada sobre ele pelas ideologias ditas radicais. Ao fazê-lo, porém, o pensamento estrutural manteve-se prisioneiro de uma discussão de horizontes limitados. Submetido ao terreno crítico selecionado pelo adversário, viu-se obrigado a uma estratégia puramente defensiva. Se por vezes foi bem-sucedido em demonstrar o caráter pouco fundamentado dos ataques desferidos contra ele, em especial por marxistas, não logrou definir-se *positivamente* – com o mesmo grau de convicção – como teoria revolucionária.

Examinaremos a questão da vocação político-social do estruturalismo, mas não a partir de temas isolados – por mais importantes que sejam –, e sim a partir de um nível *global*. Encontrar o nível global da visão estrutural: isso significa explicitar seu caráter filosófico. É preciso, portanto, a fim de determinar a posição revolucionária da teoria estrutural, assinalar seu lugar no conjunto do pensamento do Ocidente. Um mero esboço, neste ensaio temos de nos contentar com algumas indicações; no entanto, não obstante seu aspecto sumário e resumido, elas conduzem – acreditamos – ao cerne do conteúdo filosófico do pensamento estrutural, como interpretação do homem e do ser.

Uma objeção imediata, contudo, pode ser levantada contra nosso projeto. É que o estruturalismo lévi-straussiano *jamais se apresentou como uma filosofia*. Consiste num método de análise científica; no máximo, consiste numa teoria das ciências humanas; nunca se definiu, porém, como "ideologia" ou como "visão do mundo". Ora, sendo assim, como poderíamos empreender a caracterização filosófica de uma teoria que recusa a si mesma a condição de filosofia? Essa possibilidade, contudo, se justifica, porque o conjunto de princípios epistemológicos e metodológicos do estruturalismo *pressupõe*, em certa medida, uma concepção da realidade. É preciso, portanto, sem cometer o erro de tomar os textos de Lévi-Strauss como se fossem literal e sistematicamente páginas de filosofia, buscar enquadrá-los numa interpretação filosófica, *no âmbito dessa pressuposição*.

Outra observação obrigatória: embora o estruturalismo não se defina como uma filosofia geral, define-se ainda menos como pensamento ético-político. Seria deformá-lo falar a seu respeito como uma "moral". Também quanto a esse ponto nossa estratégia consistirá em depreender as pressuposições morais da pesquisa antropológica. A base de nossa demonstração será o exame do pensamento de Jean-Jacques Rousseau como fonte precípua do estruturalismo. É nesse âmbito que trataremos a concepção estruturalista a um só tempo como teoria científica e como visão moral, aplicando a classificação de *radicalidade* a *ambas* as dimensões.

É sempre bom partir do conhecido. Será que haveria, entre os textos do próprio Lévi-Strauss, uma proposta de definição de seu caráter filosófico na forma de uma remissão a uma escola filosófica específica? Pode-se responder pela afirmativa. De fato, quando, ao longo do debate geral dedicado pela revista *Esprit* à obra de Lévi-Strauss (publicado em novembro de 1963), Paul Ricoeur chamou o estruturalismo de "kantismo sem sujeito transcendental", o autor de *O Pensamento Selvagem* aceitou esse rótulo. Por que kantismo? Porque, na análise dos sistemas de parentesco, das classificações totêmicas ou dos conjuntos de mitos, "trata-se" – diz Lévi-Strauss – "de uma transposição da pesquisa kantiana ao âmbito etnológico, com a diferença de que, em vez de usar a introspecção ou refletir sobre o estado da ciência na sociedade particular em que o filósofo se encontra, transportamo-nos aos limites, por meio da pesquisa do que pode haver de comum entre a humanidade que nos parece mais distante e a maneira como nossa própria mente trabalha – na tentativa, portanto, de depreender propriedades fundamentais e imperativas para toda mente, seja qual for".

Essa definição se refere, portanto, a um aspecto notório da filosofia de Kant: sua preocupação em expor as leis que regem o funcionamento da mente humana, e isso não num sentido psicológico, mas antes lógico e epistemológico. No entanto, não se deve esquecer que desde o início a investigação kantiana comportava também um interesse *ético*. O estabelecimento crítico dos fundamentos do conhecimento desacreditava as ilusões metafísicas; ora, desse modo a filosofia proporcionava ao homem o sentido de sua própria dignidade. A mente, tendo-se conscientizado de seus limites, podia renunciar às consolações mentirosas e satisfazer-se – de modo sábio, e também firme – exclusivamente com sua força. Eis por que, em Kant, a pesquisa epistemológica anda par a par com a problemática moral e o conceito de humanidade. Em sua célebre enunciação das quatro grandes questões da filosofia: "O que posso conhecer? O que devo fazer? O que posso esperar? O que é o homem?", tal conexão se evidencia com toda a clareza.

É precisamente nesse ponto que o pensamento de Kant encontra o de Rousseau. A fé muito íntima do vigário saboiano, a certeza interior, a moralidade sem dogmas – e, por conseguinte, a salvo da fragilidade dos argumentos metafísicos –, isso era o que se apresentava a Kant como um refúgio ético no momento em que o poder da crítica dos sistemas racionalistas comportava o risco de entregá-lo ao ceticismo. Rousseau o salvou das conclusões de Hume. Grandes historiadores da filosofia moderna – Windelband, Cassirer, etc. – não deixaram de ressaltar o peso da influência rousseauniana em Kant desde o período pré-crítico e, em particular, na época do ensaio *Sonhos de um Visionário Explicados pelos Sonhos da Metafísica* (1766) – o cáustico adeus do homem de Königsberg a suas antigas crenças especulativas. Quanto ao próprio filósofo, estava tão consciente disso que chegou a escrever, sobre Rousseau, "que havia operado, em moral, uma revolução tão importante quanto a de Newton, em física"; se considerarmos que, sob certos aspectos, a filosofia de Kant é uma meditação sobre a ciência newtoniana, trata-se aí de um elogio que nada tem de insignificante. De resto, essa influência superou o âmbito da moral do sentimento, estendendo-se à afirmação quase política do amor à humanidade para além de toda barreira social, de modo tal que, sob a forma de uma grande homenagem, o próprio Kant a reconheceu em uma das mais nobres confissões de toda a história da filosofia: "Por meu próprio temperamento, sou um pesquisador. Sinto uma grande sede de conhecimento, uma vontade imperiosa de ir além dos saberes adquiridos, e todo progresso nesse sentido suscita em mim enorme satisfação. Houve um tempo em que acreditei que tudo isso podia constituir a honra da humanidade; eu desprezava, então, o povo ignorante. Mas Rousseau me tirou desse erro. Essa superioridade quimérica desapareceu; aprendi a honrar o homem e de bom grado me posicionaria abaixo de um simples operário, se não acreditasse que os esforços do pensamento podem conferir um valor ao outro e contribuir para restaurar os direitos da humanidade".

O parentesco entre Rousseau e Kant no âmbito da ética e da filosofia social é bem conhecido. Voltaremos a esse ponto, sobretudo para demonstrar que a convergência de pensamento é ainda mais profunda do que poderia sugerir essa "localização" temática. Na realidade, ousaremos defender uma tese que não é original, mas que ainda não conquistou plena legitimidade na visão "clássica" da história das ideias. Essa tese consiste em duas afirmações: a) a filosofia kantiana, tal como consignada em *Crítica da Razão Pura*, não é apenas uma "teoria do conhecimento": é também o esboço de uma *ontologia* orientada para a *questão do ser*, no sentido de Heidegger; e b) essa ontologia, em parte, é a transposição, ao plano da teoria do ser, do conteúdo essencial da concepção antropológica e social de Rousseau.

De todo modo, antes de tentar a demonstração do rousseauísmo de Kant, devemos nos ocupar com o próprio Rousseau, até porque seu pensamento, além de estar na base da doutrina de Kant, pode ser considerado a fonte principal do estruturalismo lévi-straussiano. É somente após a interpretação de Rousseau que abordaremos a defesa de certa significação do kantismo. Teremos assim desenvolvido a autodefinição do pensamento de Lévi-Strauss como uma espécie de kantismo. Daí a divisão de nosso ensaio em quatro seções: I) a antropologia filosófica de Rousseau; II) de Rousseau a Kant; III) a ontologia de Kant e a questão do ser; IV) o estruturalismo como teoria radical.

Capítulo I

A ANTROPOLOGIA FILOSÓFICA DE JEAN-JACQUES ROUSSEAU

1. Para além do *cogito*

O fato de que Lévi-Strauss devote, como se sabe, uma admiração particularmente calorosa à obra de Rousseau é muito significativo. Já poderíamos nos felicitar com a simples invocação do nome de Rousseau, visto que, em nossa defesa da posição anticonservadora da teoria estrutural, a escolha como modelo de um pensador cuja posição é tão central na tradição das ideias radicais não é, decerto, um trunfo insignificante. Também se poderia indagar se não conviria, em prol de uma avaliação objetiva do estruturalismo, que a atenção dirigida à herança rousseauísta fosse um pouco mais proporcional à que se atribui a outras fontes, por exemplo, a linguística moderna. Nesse caso, seríamos forçados a revisar certas ideias simplistas – para dizer o mínimo – sobre a "vocação anti-histórica" e "reacionária" da teoria estrutural.

O pensamento de Rousseau é não apenas objeto de veneração exaltada em *Tristes Trópicos*, ou pedra angular da interpretação daquele aspecto do pensamento selvagem (considerado uma versão da capacidade lógica da mente humana) que é apresentado em *O Totemismo Hoje*; não apenas fornece a epígrafe do ensaio de 1952, "A noção de estrutura em etnologia"; configura-se também como uma sombra constante em todos os livros de Lévi-Strauss, como inspiração principal de sua obra inteira. Por isso é normal iniciar a síntese do pensamento de Rousseau com o texto escrito por Lévi-Strauss por ocasião dos duzentos e cinquenta anos de sua morte, e do bicentenário de *Emílio* e do *Contrato Social*, ou seja, em 1962, o próprio ano da publicação de *O Pensamento Selvagem*.

Esse texto se intitula "Jean-Jacques Rousseau, fundador das ciências humanas". Tentemos resumi-lo muito brevemente, com o único intuito de ressaltar as implicações discernidas por Lévi-Strauss no ato da fundação teórica da etnologia, realizada por Rousseau.

No segundo *Discurso*, Rousseau solicitou ao erudito do século XVIII que empreendesse uma volta ao mundo para estudar "os homens e os costumes"; também estabeleceu aí, com nitidez notável, o problema das relações entre a natureza e a cultura; por fim, no *Ensaio sobre a Origem das Línguas*, soube distinguir entre "o objeto próprio do etnólogo e o do moralista ou do historiador": "Quando se quer estudar o homem, é preciso aprender a dirigir a visão para longe; é preciso antes de tudo observar as diferenças para descobrir as propriedades". Esta última proposição não é o próprio programa da pesquisa estruturalista?

No entanto, embora Lévi-Strauss esteja muito consciente da importância dessas antecipações teóricas, é em outro aspecto da obra (e da personalidade) de Rousseau que ele parece encontrar seu melhor título como fundador da antropologia. De fato, embora Jean-Jacques recomendasse o "estudo dos homens mais longínquos", entregou-se sobretudo "ao daquele homem particular que lhe parece mais próximo, isto é, ele mesmo". Como é possível que o autor das *Confissões*, o fundador da verdadeira literatura egocêntrica, tenha se tornado o exemplo da atitude etnológica, do conhecimento do outro? É que, para Rousseau, o estudo de si era acompanhado de uma "recusa obstinada de identificação consigo mesmo". "Que lhes venham à memória os momentos de minha vida em que eu me tornava um outro"; essa frase das *Confissões* mostra a que ponto, em Rousseau, o movimento de autoexame se acompanha de uma dinâmica de alteridade. Lévi-Strauss sustenta que o mesmo paradoxo existe no cerne da experiência antropológica. Por quê? Passemos-lhe a palavra: "Cada vez que está no campo, o antropólogo se vê entregue a um mundo em que tudo lhe é estranho, não raro hostil. Só lhe resta aquele *eu* do qual ainda dispõe para permitir que sobreviva e realize sua pesquisa; mas um *eu* física e moralmente flagelado por fadiga, fome, desconforto, choque contra hábitos adquiridos, advento de preconceitos insuspeitados; e que se descobre nessa conjuntura estranha, tolhido e estropiado por todas as irregularidades de uma história pessoal que, no início, originou sua vocação, mas a partir daí afetará seu curso. Na experiência etnográfica, por conseguinte, o observador toma a si mesmo como instrumento de observação; com toda a certeza, é-lhe necessário aprender a conhecer-se a si mesmo, a obter de um *si*, que se revela como *outro* ao *eu* que o utiliza, uma avaliação que se tornará parte integrante da observação de outros *sis*. Cada carreira etnográfica encontra seu princípio em 'confissões', escritas ou inadmitidas".

Contudo, no contexto da cultura ocidental essa integração da alteridade ao autoconhecimento tem um preço. A recusa de si mesmo, exigida pela experiência de aceitação do outro, requer a ruptura com uma visão do mundo centrada no círculo fechado do *cogito*. Por mais que o *cogito* cartesiano, senhor do pensamento ocidental, almeje a supressão do solipsismo por meio da instituição de princípios cujo alcance é universal, permanece prisioneiro de sua interioridade. Prova disso é que Descartes "deduz" da certeza do pensamento a realidade do espaço, sem mediação alguma por parte da viva diversidade das sociedades, das civilizações, dos "mundos dos homens". O *cogito*, portanto, é essencialmente impotente para fundar as ciências humanas.

No entanto, a história intelectual do século XX é em parte a crônica das tentativas de superar a oclusão do *cogito*. A guerra ao *cogito* é aberta. Poucas páginas captaram tão bem sua decadência como uma nota de *Tel Quel* (Tal Qual): "O homem imagina existir. Pensa, logo existe – e essa ingênua ideia de tomar-se por um mundo separado, existente por si mesmo, só é possível por negligência". Isso porque, de fato, na ilusão de sua própria continuidade, o *eu* negligencia muito: negligencia seus sonos, suas ausências, suas "profundas, longas, insensíveis variações", seus "vazios cotidianos", suas lacunas, suas suspensões, seus "intervalos desconhecedores, desconhecidos"... E olhem que Valéry apenas esboça o inventário de suas omissões. É um eu *distraído* o que se toma por idêntico a si mesmo e acredita ser sempre semelhante a sua feição de realidade suprema, se não exclusiva.

A falha do *cogito* reside precisamente aí: ele só se torna "fechado" quando se toma por uma substância, *a* substância. É isso o que explica, no plano da teoria, que a contradição entre o estudo de si e a pesquisa da alteridade possa encontrar a solução da qual a experiência etnológica fornece a prova. Existe um *cogito* "puro", uma consciência de si que é apenas o caminho necessário da objetividade, ao lado do *cogito* acometido pela tentação de objetivar-se a si mesmo. Esse pecado do *cogito* transformado em *primum ens* remonta, sem tirar nem pôr, a Descartes. É verdade que, neste, o encargo da objetivação incumbe antes a Deus, não ao pensamento; mas, como a realidade de Deus é por sua vez deduzida do *cogito* por intermédio do conceito de infinito, temos o direito de falar de objetivação substancializante do *cogito*. Em sua obra O *Problema do Conhecimento*,[1] Ernst Cassirer identificava aí uma das duas tendências inerentes à estrutura da filosofia cartesiana. De fato, por um lado, existe em Descartes a afirmação – não metafísica, a essa altura – da unidade do intelecto, desse *cogito*-premissa do conhecimento que a filosofia posterior não perderá mais de vista; por outro, existe a tentativa de reduzir o conjunto do saber a um "ser metafísico supremo". É nesse momento que o *cogito*, enrijecido em seus privilégios de ente por excelência, de ente régio, estreita-se em seu conteúdo real e barra o acesso à multiplicidade das experiências humanas, isto é, ao próprio objeto das ciências do homem.

No entanto, se a cristalização do pensamento no *cogito*-substância não abre caminho para as ciências humanas, será que alguma outra faculdade seria capaz disso? Lévi-Strauss remete à *piedade*; à piedade que, no *Discurso sobre a Origem e os Fundamentos da Desigualdade entre os Homens*, explica a passagem tripla da natureza à cultura, da afetividade à intelectualidade e do estado animal à condição humana – pelo fato de ser "o

[1] Ernst Cassirer, O *Problema do Conhecimento*, vol. 1, livro III, cap. 1.

único estado psíquico cujo conteúdo é indissociavelmente afetivo e intelectual, e do qual a tomada de consciência é suficiente para converter de um plano a outro".[2] De fato, ter piedade por uma pessoa pressupõe a identificação com ela: "a comiseração será tanto mais enérgica quanto mais intimamente o animal espectador se identificar com o animal sofredor".[3] Ora, nós nos compadecemos com as dores de todo ser vivo, o que faz com que, mediante esse sentimento único, a consciência da humanidade coincida com a certeza de nosso pertencimento à natureza. Na piedade, a aplicação do intelecto – em que se pode ver o traço definidor do advento da cultura – nasce naturalmente do reino do sentimento. Por trás desse sentimento, porém, existe a noção, ainda que inconsciente, da integração do homem à natureza. É por isso que, em *O Totemismo Hoje*, o recurso à piedade serve para elucidar o fenômeno da classificação dos grupos sociais por meio da variedade das espécies naturais.

A piedade é tanto do âmbito do afeto como do âmbito do intelecto. Assegura-nos de nossa identificação com a natureza. A partir daí, a faculdade classificatória da mente humana possui uma medida homogênea, o conceito de um *continuum* em que se estenderá a grade (*grille*) das diferenciações, a tabela das espécies e dos grupos. A linguagem, fora da qual a atividade do intelecto não é concebível,[4] e a proibição do incesto, fundamento da vida social, são as duas dimensões originárias da cultura, tal como se edifica na participação primordial manifesta na piedade.

Até este ponto concebemos a piedade como condição lógica da passagem da natureza à cultura. Em sua função de mediadora entre uma e outra, ela oferece ao

---

[2] Claude Lévi-Strauss, *Le Totémisme Aujourd'hui*. Paris, Presses Universitaires de France, 1962, cap. V.

[3] Jean-Jacques Rousseau, *Discours sur l'Origine et les Fondements de l'Inégalité parmi les Hommes* (1755), t. II. Bibliothèque de la Pléiade. Paris, Gallimard, 1964, p. 155.

[4] Ibidem, p. 149.

pensamento a abertura que o *cogito* transformado em substância lhe recusava. No entanto, as ressonâncias morais do fenômeno da compaixão são tão caras a Lévi-Strauss quanto seu papel de princípio pressuposto pela inauguração da cultura. "A identificação com todas as formas da vida" não é meramente a mola das ciências humanas; é também a única garantia de sabedoria numa época em que a separação entre o homem e a natureza passa por uma intensificação insuportável. O humanismo cego, a exaltação desmedida de nosso poder sobre a natureza, numa total inconsciência do que isso comporta de restrição para nós mesmos, alcança hoje o grau máximo de violência. Ora, Lévi-Strauss – e também Rousseau – atribui a esse delírio de dominação técnica da *physis* a responsabilidade principal pelas injustiças e desgraças da sociedade do nosso tempo – considerada a última e mais aguda metamorfose de um processo milenar. Nessa circunstância, a redescoberta da piedade corresponde ao desencadeamento de uma ação de ruptura radical.

O pensamento de Rousseau só assume toda a sua significação quando o contrapomos – no vigor de sua recusa do *cogito* humanista, na profundidade de seu amor à natureza – às misérias crescentes da vida contemporânea: "Neste mundo mais cruel para o homem, talvez, do que jamais o foi; em que se alastram todos os procedimentos de extermínio, os massacres e a tortura, jamais desmentidos, sem dúvida, mas em relação aos quais nos comprazíamos em acreditar que simplesmente já não contavam, pelo mero fato de serem reservados a populações distantes, que os padeciam, conforme se pretendia, em nosso benefício ou, em todo caso, em nosso nome; agora que, aproximados pelo efeito de um povoamento mais denso, que apequena o universo e não deixa parcela nenhuma da população a salvo de uma violência abjeta, pesa sobre cada um de nós a angústia de viver em sociedade: é agora, digo eu, que o pensamento de Rousseau, ao expor as máculas de um humanismo decididamente incapaz de alicerçar no homem o exercício da virtude, pode nos ajudar a rejeitar uma ilusão cujos efeitos, infelizmente, estamos em condição de observar dentro de nós e sobre nós. De fato, não foi o mito da dignidade exclusiva da natureza humana que fez com que a natureza sofresse uma primeira mutilação, à qual se seguiriam outras mutilações?".

2. A dialética da natureza humana

Precisamos agora relembrar algumas diretrizes essenciais da obra de Rousseau, antes de desenvolver nossa tese sobre o aprofundamento de sua doutrina pela filosofia de Kant.

Falamos da piedade como uma ruptura da barreira epistemológica fundamentada na substancialização do *cogito*. Mas qual é a tradução, no plano psicológico, da superação do *cogito*? Não pode restar nenhuma dúvida: em Rousseau, é a felicidade. Ser capaz de superar a oposição entre o eu e o todo, eis em que consiste sentir-se feliz. A "vida natural" é antes de tudo uma experiência beatífica. E como a felicidade se confunde a tal ponto com a saída do solipsismo, nada mais natural do que o fato de que o projeto individual de ser feliz chegue não apenas à verdade de um eu, mas à verdade em si, válida para todos. Assim, o objetivo das *Confissões* pode ser a um só tempo a recuperação da felicidade, o autoconhecimento e a busca da verdade do homem.

No entanto, essa felicidade tão amada é algo fugaz. Logo se perde – nada é mais efêmero – e, por isso, a consciência feliz é sempre uma consciência "auroral" ("*aurorale*"), tomada por uma iluminação não só inefável como fugidia. A felicidade torna-se então objeto de uma reconquista. Marcel Raymond o viu: para Jean-Jacques, toda verdadeira felicidade reside no início da felicidade. Em Rousseau, somente o esforço por essa recuperação pode ser comparado à intensidade dos instantes felizes (reais ou imaginários). Essa é uma de suas primeiras e mais férteis contradições; de fato, esse nostálgico, esse sonhador inveterado glorifica nem mais nem menos que a construção metódica da felicidade. Não é outra coisa o que ele defende em *A Nova Heloísa*, ao menos quando se toma o romance de Julie (tal como o fez com tanta persuasão Jean Rousset, por ocasião do bicentenário de 1962) como crônica de uma sublimação, de uma educação sentimental – e não à maneira romântica, como romance da paixão, protótipo de um amoralismo que foi próprio de Byron, mas não, decerto, de Rousseau.

Essa problemática da felicidade, porém, ainda permanece muito abstrata. Se Jean-Jacques se tivesse limitado a fazer o elogio da experiência de identificação beatífica e a sentir quão fugaz é a felicidade e quão necessária é a disciplina para resgatá-la, sua obra não teria sido muito diferente daquela dos grandes místicos e moralistas. A originalidade de sua posição consistiu no fato de ele haver conjugado a problemática da felicidade e a crítica social. Alguns, como La Bruyère, o haviam precedido na denúncia da injustiça da sociedade. Outros, como Montesquieu, haviam definido o Estado como um organismo teleológico, sem contudo atribuir-lhe um objetivo preciso e geral. Esses iluministas pensavam encontrá-lo na felicidade da humanidade. Rousseau, no entanto, que acreditou nisso mais do que ninguém, *radicalizou* essa exigência. Reconheceu que, se levado a sério, esse objetivo era a um só tempo a mais desejável e a mais difícil das coisas. E foi assim que a intransigência de sua aspiração chegou a consolidá-lo num pessimismo que era apenas a expressão de uma crítica madura, uma crítica que se tornara radical à medida que a esperança crescia demasiadamente para contentar-se com soluções incompletas.

A felicidade – ou, antes, sua penosa ausência – é um fato social. O fenômeno da alienação, o divórcio entre a verdadeira natureza do homem e seus papéis na sociedade – que o próprio Rousseau, na *Carta ao Monsenhor de Beaumont*, declara ser o motivo intelectual da redação do *Discurso sobre a Desigualdade* –, é imputado ao estado social. Felizmente, em nossos dias, já não é necessário afirmar que Rousseau nunca cometeu o erro grosseiro de supor que a vida fosse possível, para nós, homens, fora da civilização. Desde Arthur Lovejoy, liquidou-se o equívoco quanto ao pretenso "primitivismo" rousseauniano. Tal como o afirma um dos parágrafos de *Tristes Trópicos*: "Rousseau nunca cometeu o erro de Diderot, que consiste em idealizar o homem natural. Ele não se arrisca a mesclar o estado de natureza e o estado civil; está ciente de que este último é inerente ao homem, mas acarreta males; a única questão é saber se esses males são, por sua vez, inerentes ao estado. Por trás dos abusos e dos crimes, buscar-se-á, portanto, a base inabalável da sociedade humana".

Porém, se o homem não pode abster-se de viver em sociedade, se o *zoon politikon* não pode deixar de sê-lo, que sentido se deve atribuir à célebre contraposição entre estado de natureza e estado civil? O prefácio do *Discurso* não poderia ser mais explícito quanto a isso: trata-se, segundo Rousseau, "de conhecer bem um estado que já não existe, que talvez jamais tenha existido, que provavelmente jamais existirá, e do qual, no entanto, é necessário ter noções corretas para bem julgar nosso estado presente". Junto com Ernst Cassirer, foi Éric Weil quem melhor compreendeu isto: o estado de natureza é tão somente um *conceito regulador*. Não diz respeito à ordem da existência, mas à do conhecimento. É apenas uma função do conhecimento crítico, um "horizonte", um modelo que nos serve para medir a defasagem entre toda sociedade específica e a *ideia* de homem, a *ideia* de felicidade – uma vez que estas últimas, consideradas de um ponto de vista "positivo", só poderão ser vazias, indeterminadas. É reconhecível o matiz fortemente kantiano dessa interpretação – ainda mais significativo por se tratar aí de uma exegese apoiada nos próprios textos de Rousseau.

Esse conceito de estado de natureza é o conceito de uma função, não de um conteúdo. Nada mais é do que a diferença pura diante de toda positividade humana. É possível dar-se conta, então, de que Rousseau, não obstante sua preocupação em definir uma "natureza humana" – e justamente em razão de seu modo de defini-la –, é o mais "historicista" dos pensadores. É até o mais radical, pois, sendo a noção de homem natural necessariamente estranha a toda positividade, só lhe resta, *do ponto de vista da existência e do real*, tomar o homem em termos estritamente históricos.

De fato, é o conceito rousseauniano de natureza humana – e não o dos iluministas – que recusa toda teleologia e se mantém aberto ao diálogo imprevisível com as circunstâncias mutantes. Jean Mosconi[5] mostrou muito bem como a perfectibilidade do homem, esse tema favorito de todo o século XVIII, opõe Rousseau a, por exemplo, Condillac. Para Condillac, "a relação do homem com as 'circunstâncias', por mais necessária que seja ao desenvolvimento do entendimento, é regulada em última instância pelas determinações internas da organização (da espécie), isto é, pelas características positivas de uma *natureza humana*". Já para Rousseau a perfectibilidade, longe de ter esse ar de potência aristotélica – longe de conter, em germe, um progresso por isso mesmo tido como assegurado –, é verdadeiramente uma *virtualidade*: não é o real sob o aspecto do possível, mas apenas uma autêntica possibilidade. O homem é um animal perfectível, mas não é a organização da espécie que o faz assim: é o próprio homem, numa interação com o meio. O *Discurso* já nos havia advertido contra a tendência de atribuir à ordem natural o que é do âmbito da criação humana, enfatizando "como ela (a natureza) pouco preparou para a sociabilidade".

Para Condillac, o indivíduo isolado faz potencialmente a obra da espécie. O gênero humano já está contido em cada portador de certa organização física. Rousseau não pensa assim, em absoluto. Considera que a perfectibilidade é inseparável da sociabilidade. Em toda criação humana, não vê nada de "natural". Ao mesmo tempo que deplora a separação entre sociedade e natureza, não deixa de discernir o caráter específico dos fatos de cultura. Fundou as ciências humanas e, além disso, inaugurou o antirreducionismo em antropologia. Nada mais probatório, sob esse aspecto, do que sua concepção da linguagem.

---

[5] In: *Cahiers pour l'Analyse*, n. 4, Paris, 1966.

A linguagem é pressuposta pelo intelecto: "as ideias gerais só podem introduzir-se na mente por meio de palavras".

A linguagem só é explicável, portanto, como criação original. Ao mesmo tempo, porém, se as construções humanas não são predeterminadas por uma disposição *a priori*, se o homem não está *condenado* ao progresso, então é preciso que seja em parte motivado pelo exterior, a fim de que a criação da linguagem se realize. Eis que Rousseau descobre a origem da linguagem na expressão das *paixões*. Ora, o que é a paixão, no nono capítulo do *Ensaio sobre a Origem das Línguas*, senão essa mediação entre as necessidades naturais, cuja satisfação se tornou menos fácil, e a criação humana? De fato, Rousseau imagina que os habitantes de "climas propícios", "tendo a possibilidade de prescindir uns dos outros", viveram por muito tempo isolados, ao passo que os homens dos lugares áridos, a fim de sobreviver, tiveram de reunir-se periodicamente em torno de algumas fontes de água. Ali, nesses países quentes, "em torno das fontes", a sociedade nasceu na linguagem. No entanto – e nisso reside o mais importante –, Rousseau não deduz em absoluto a linguagem das necessidades. A língua só pôde nascer das *paixões*, não sendo de modo algum subproduto das necessidades, mas sim uma espécie de compensação fornecida pelos homens às exigências de alimento, ao aborrecimento de um trabalho imposto pela avareza do meio. As necessidades são no máximo a ocasião, não a causa das paixões. A paixão nasce "a um só tempo condicionada pelas circunstâncias naturais e constituindo-se contra elas" (J. Mosconi). A linguagem brota de um *prazer* que, no fundo, é uma revanche por parte da humanidade contra a necessidade a que está submetida. O progresso surge, assim, da resposta do homem a situações cuja emergência lhe escapa. Não estamos muito longe de Toynbee, mas – com vantagem para Rousseau – sem o acréscimo de alguma hipótese espiritualista sobre o conteúdo da cultura.

Na qualidade de essência ou "natureza", o homem não é produto de determinismo algum. Não é inteiramente determinado pelo meio, ao qual "responde" de maneira criativa, nem por suas faculdades, que, sem "acidentes" externos, permaneceriam puramente virtuais. Essa *abertura* constitutiva do conceito de homem reaparece no plano da avaliação moral. Sob esse aspecto, convém afastar a noção muito simplista de uma afirmação da bondade essencial do homem. É claro, tal afirmação foi feita várias vezes por Rousseau. No entanto, mediante um exame mais cuidadoso se reconhece nessa formulação um valor preferencialmente polêmico e contextual. Ela é empregada em especial nos textos dedicados à refutação das implicações pejorativas da ideia de pecado original. Assim, na *Carta a Monsenhor de Beaumont*: "não teria sido necessário supor que o homem fosse mau por sua natureza, quando se podia determinar a origem e a evolução de sua maldade". O homem não é "mau por natureza", então é naturalmente bom: a conclusão parece imperativa. A "bondade natural" atua contra o dogmatismo repressivo do pecado original. No entanto, essa é uma dedução demasiado rápida. Detenhamo-nos uma vez mais nessa frase. Rousseau sustenta que é possível "determinar a origem e a evolução" da maldade humana. O verdadeiro contrário da suposição de uma maldade natural não é a proclamação de seu contrário; é, sem dúvida alguma, *a indicação da genealogia da maldade*. À tese "o homem é mau", Rousseau contrapõe não a antítese: "o homem é bom", que se conservaria no mesmo plano da tese, isto é, no plano das afirmações absolutas, *essencialistas*. Contrapõe-lhe a tese: "O homem se tornou mau", que já contém em sua formulação uma perspectiva radicalmente nova, uma maneira totalmente *distinta* de encarar o problema moral. Ora, basta seguirmos a descrição genealógica da moral, tal como nos é apresentada pelo *Discurso*, para nos darmos conta de que esse homem "que se tornou mau" não era precisamente "bom". O esquema triádico de Rousseau – 1) o homem no estado animal; 2) o homem paleolítico da "juventude do mundo"; 3) por fim, o homem que se torna egoísta com o advento da propriedade e das técnicas – não fala de um homem originalmente "bom". O homem natural – isso é o que o *Discurso* afirma com toda a clareza – não é bom nem mau: "Como entre os homens nesse estado não havia nenhuma espécie de relação moral nem deveres conhecidos, eles não podiam ser bons nem maus, não tinham vícios nem virtudes". A indeterminação ética condiz com o aspecto aberto e "vazio" do conceito de natureza humana. O homem não tem essência fixa, nem qualidade moral estabelecida de antemão. No entanto, a recusa de uma essência ética predeterminada também comporta outra implicação: a da responsabilidade. Se o homem não é, de início, nem bom nem mau, isso significa que pode tornar-se um ou outro; significa que vem a ser o único responsável por suas ações. "Tudo é bom", diz Emílio, "ao sair das mãos do Autor das coisas; tudo degenera nas mãos do homem." O homem, e somente o homem, é o sujeito de toda imputação moral. Rousseau de forma nenhuma refutou o pecado em prol de um afrouxamento do senso ético. O homem natural é inocente, mas *o homem do homem*, o homem que se tornou consciente, não pode ser absolvido para sempre nem condenado para sempre.

Rousseau não concebeu a bondade natural, mas advertiu-nos expressamente contra a afirmação contrária. No parágrafo subsequente àquele de que foi extraída nossa última citação, e no qual se postula a hipótese da indeterminação moral do homem natural, ele empreende uma crítica direta de Hobbes e de sua ideia-mestra, o *homo homini lupus*. Estamos diante de uma das passagens capitais da história do pensamento. A agilidade do movimento lógico, a destreza do raciocínio mostra de maneira quase sensível quanto o desmembramento imposto por Rousseau à problemática da felicidade e ao conceito de natureza humana se afasta das oposições tradicionais. O pensamento de Rousseau rompe os esquemas da visão clássica do homem. Não se trata de escolher um polo da visão tradicional, mesmo "herético" – Rousseau não é o antônimo de Hobbes –, mas de pôr em questão a estrutura do problema, o modo de formulá-lo, antes mesmo de empreender a resposta.

A genealogia da moral funda assim uma nova articulação no âmbito da filosofia da história. O pensamento rousseauniano não permite um otimismo completo, uma exaltação exagerada do "poder humano" – pois este é em grande parte o produto das circunstâncias; tampouco autoriza, porém, um pessimismo integral, pois o homem permanece livre, mesmo enquanto sofre os acidentes da história. Nas palavras de Jean Starobinski, "Rousseau está longe de acreditar, como tantos de seus contemporâneos, num progresso automático [...]. Mas seria falso imaginar que ele acredita numa degradação automática: o homem é livre, e o uso dessa liberdade é perigoso". Rousseau não é contraditório: apenas superou certas contradições. Mudou de campo, ou de perspectiva. Situa o problema em outro plano. Em relação a ele, otimismo e pessimismo são duas alternativas ultrapassadas; aliás – o que prova sua raiz comum –, tão *conversíveis* quanto as de bondade natural/maldade natural. Não há razão alguma para espantar-se com a oposição de Voltaire a Leibniz. No que tange ao nosso problema, ambos pertencem ao mesmo universo mental, aquele que Jean-Jacques abalará para sempre. O *Discurso sobre a Desigualdade* foi publicado um ano antes do *Poema sobre o Desastre de Lisboa*, cinco anos antes de *Cândido*. A *neutralidade profética* substituía o pessimismo voltairiano, que nada mais era do que a conversão mecânica do antigo otimismo.

A eliminação por Rousseau do caráter substancialista do conceito de natureza humana coincide com sua recusa da fé eufórica no progresso característica dos iluministas. O pensamento radicalmente histórico, o pensamento verdadeiramente fiel à história como inauguração permanente rejeita a noção teleológica da história. A história previsível, a história fatal, a história totalitária já não é história aberta. Toda definição pretensamente historicista do homem que tenta harmonizar-se com a ideia de um objetivo histórico de conteúdo determinado acaba por recair no nível da concepção substancialista e por atribuir ao homem a essência metafísica que se almejaria retirar-lhe. Sob esse aspecto, a teoria de Marx parece singularmente atrasada em relação a Rousseau. Pode-se discernir esse conteúdo pré-crítico subsistente em Marx de um duplo ponto de vista, que corresponde *grosso modo* a dois períodos diferentes de sua evolução. Nos *Manuscritos* de 1844, Marx desenvolve sua crítica ao capitalismo ainda a partir de um conceito essencialista do homem. O homem se define pelo trabalho. Sendo o capitalismo o regime do trabalho alienado, o homem deve abatê-lo a fim de tomar posse de seu ser. Essa ideia da natureza humana é muito menos crítica que a de Rousseau. Ainda que se admita que a práxis é essencialmente modificadora, transformadora do homem, o fato é que este foi definido "a partir de dentro", isto é, por meio de um aspecto particular e *histórico* (a faculdade de aplicar-se à transformação da matéria) erigido em substância da vida humana. Estamos longe do conceito "vazio" de Rousseau, que sempre preservava uma discrepância, uma margem de negação quanto a qualquer forma *positiva*, *determinada* de humanidade. Sabemos, porém, que essa imagem prometeica, faustiana, manchesteriana do homem não sobreviveu ao amadurecimento da teoria de Marx. No período de *O Capital*, o *homo faber* deixa de prevalecer. Já não se trata, aliás, de denunciar a inadequação entre o homem e uma sociedade, mas de descrever o funcionamento de um sistema econômico. Infelizmente essa descrição tinha um propósito: demonstrar a necessária autodestruição do capitalismo. Ora, essa é uma demonstração que Marx não conseguiu fornecer. A "aposta" de Marx é a inviabilidade do capitalismo no longo prazo. Em sua demonstração da inevitabilidade da crise final do sistema, Marx recorre – como observou Raymond Aron em *Étapes de la Pensée Sociologique* (Etapas do Pensamento Sociológico) – a duas hipóteses: ou a produção em crescimento incessante, superando as rendas das massas, provocaria o desabamento do regime por falta de compradores; ou as massas populares ("o exército de reserva"), à medida que a produção aumentasse, teriam um poder de compra cada vez mais restrito. No primeiro caso, o regime capitalista teria cometido suicídio: uma dinâmica puramente econômica o teria liquidado. No segundo caso, seria preciso que as massas se indignassem com a própria situação e pusessem fim à sociedade capitalista por meio da revolução. Marx supõe que o empobrecimento acabará por interromper a marcha do sistema. No entanto, para que o empobrecimento atue como causa da revolta das massas, é preciso que seja sentido como insuportável; precisa tornar-se objeto de uma avaliação social – sem isso, a revolução jamais ocorrerá. Marx, curado de seu jovem entusiasmo pela iniciativa do homem, atribui às estruturas econômico-sociais a tarefa de suprimir, por meio de uma corrida desvairada, o regime desumano. É como se – que Althusser nos perdoe – ele houvesse aprendido, em Hegel, a valorizar positivamente o papel da alienação (no sentido de exteriorização); pois, não sendo natural, o sistema capitalista nada mais é que a projeção de certas relações entre os homens que se tornaram normativas, transformadas em essência de certa sociedade. É ao próprio produto da alienação, portanto, que Marx atribui a função de preparar a libertação do homem. Da mesma maneira, em Hegel o *Entäusserung* precede necessariamente o *Erinnerung*: a exteriorização é a via da interiorização em que a Ideia que se tornou Espírito reabsorve todo o real. No entanto, em Marx a interiorização (a revanche do homem) não é fácil de ver. Na hipótese de autodestruição puramente econômica do sistema capitalista, o homem é reduzido a simples produto das estruturas sociais. O capitalismo engendraria o comunismo, assim como, por sua vez, fora engendrado pelo feudalismo, etc. A história é automática, e o homem, um efeito. A dialética aberta entre o homem e as circunstâncias é substituída pelo determinismo. Se, ao contrário, predominar a hipótese de autodestruição por intermédio de um processo sociopsicológico, então o determinismo oscila. Quando se aproxima o fim da corrida para a morte, a autoridade da exteriorização se ausenta e a libertação do homem depende em última instância de sua própria subjetividade. No entanto, se for assim o argumento se torna incoerente. A prova da inevitabilidade da autodestruição do capitalismo permanece incompleta.

Conhecemos as condições desse acontecimento; nada sabemos sobre sua necessidade.

Talvez, porém, seja o fracasso da demonstração de Marx o que o aproxima de Rousseau. O *homo faber* dos *Manuscritos* e o homem-efeito do *Capital* são igualmente estranhos ao espírito do conceito rousseauniano de natureza humana. Em contrapartida, essa humanidade pauperizada que fará ou não a revolução é uma humanidade que se modificará sob a pressão das circunstâncias, e num sentido que não é produto delas, mas antes uma resposta a essas mesmas circunstâncias. Vê-se a similitude entre essa situação e a que o homem vivenciou quando teve de sair da despreocupação natural para garantir sua subsistência, nos termos do *Discurso sobre a Desigualdade*. Em ambos os casos, trata-se de uma situação condicionada, mas que permanece suficientemente "aberta" para que o homem possa escolher um destino para si. Diante da deficiência de sua tese principal, Marx parece ter-se esquecido de Hegel para retornar, ainda que inconscientemente, à inspiração do conceito de homem segundo Rousseau.

Marx conheceu a tentação do sistema fechado. Quanto a Jean-Jacques, não foi apenas em música que preferiu manter-se à distância dos sistemas dominantes, prefigurando, na ingenuidade de seu melodismo, a decadência da harmonia clássica. De fato, se todo sistema determinado é positivo, a função do homem sem conteúdo, ao contrário, é negar toda positividade. A consciência radicalmente fiel à dimensão histórica nada tem a ver com uma História com chave de feições metafísicas; em vez disso, toma a dimensão do tempo como condição natural da queda de qualquer construção interpretativa. Somente a concepção "em aberto" do homem e da história é capaz de obedecer à célebre definição de radicalidade da *Contribuição à Crítica da Filosofia do Direito de Hegel*: "ser radical é tomar as coisas pela raiz. Ora, para o homem, a raiz é o próprio homem". Precisamente por não ter raiz senão em si mesmo o homem não poderia ser definido por nenhuma forma positiva de sua existência sem que sua natureza se tornasse necessariamente alienada.

É preciso que o conceito de homem permaneça uma noção vazia, um conceito zero, uma ideia diferencial pura, cuja significação única seja indicar *o fenômeno geral do sentido* – não um sentido qualquer.

Sendo esse o caso, qual é, no fim das contas, a determinação do conceito rousseauniano de homem natural? Em que plano preciso o homem natural se opõe ao homem do homem, ao homem que vive em sociedade? Qual é a relação de valor entre sociedade e natureza? A relação de valor entre estado de natureza e estado civil foi expressa pelo próprio Rousseau, com precisão perfeita, em uma passagem bem conhecida, o capítulo VIII do *Contrato Social*. Ao tratar do estado civil, ele empreende seu elogio: "[...] se os abusos dessa nova condição com frequência não o degradassem abaixo daquela de que saiu, ele deveria abençoar incessantemente o instante feliz que dela o extraiu para sempre e que, de um animal estúpido e limitado, fez um ser inteligente e um homem". Trata-se, sem dúvida alguma, da apologia da civilização, da exaltação da vida social. No entanto, seria um erro opor esse texto que glorifica o estado civil à visão bem mais sombria que o *Discurso* oferece dele. A crítica humanista se apoderou desse contraste entre as duas avaliações para denunciar o pretenso primitivismo de Rousseau. Ao fazê-lo, abriu caminho para uma nova leitura do *Discurso* e pôs fim ao período da interpretação grosseira, plena de preconceitos, da teoria rousseauniana. No entanto, eu não diria que essa exegese humanista, antivoltairiana, escapou por completo de certa simplificação. Essa famosa passagem do *Contrato Social*, em particular, foi lida como se autorizasse um entusiasmo ditirâmbico pela obra civilizacional, quando, manifestamente, afirma outra coisa. Não se deve esquecer que a frase contém uma proposição condicional: "[...] se os abusos dessa nova condição com frequência não o degradassem abaixo daquela de que saiu [...]". Bem se vê: a apologia da vida social só tem sentido se o uso do estado civil feito pelo homem for justo e bom. Estamos longe de qualquer inebriamento humanista: o homem é com certeza um ser social, isso o tornou virtualmente superior a qualquer outro animal; *no entanto*, os crimes da sociedade podem muito bem dissipar essa vantagem e rebaixá-lo com frequência a uma condição inferior à da animalidade, assim como o imoral está ainda mais abaixo que o simples amoral. Em vez da indulgência fácil do humanismo, que crê na bondade natural do homem, faça ele o que fizer, Rousseau submete toda celebração da cultura a uma caução moral muito nítida e muito firme. O regozijo não está excluído, deve apenas ser justificado. O *Contrato Social* não nega as concepções do *Discurso*; retoma-as a partir de outro ângulo de consideração.

Para que o homem possa orgulhar-se de seu estado, é preciso que a sociedade trabalhe no sentido de uma elevação da natureza, não de um recalcamento do natural. Mesmo quando alcança o ápice da civilização, o homem deve tão somente distinguir-se, mas não se separar do reino da natureza. Por isso, no importantíssimo nono capítulo do *Ensaio sobre a Origem das Línguas*, Rousseau nos diz que a piedade, "ainda que natural ao coração humano, permaneceria inativa" sem o concurso da imaginação. Ao atribuir à faculdade mediadora entre natureza e cultura a possibilidade de um desenvolvimento e uma ativação, ele faz duas afirmações capitais ao mesmo tempo: primeiramente, que não existe nada que a cultura possa receber da natureza que não seja antes elaborado; em segundo lugar, que essa elaboração é uma superação da natureza e não uma oposição a ela, visto que a piedade, como matéria da cultura, já é produto da cultura.

Cassirer soube discernir o essencial quando tomou a piedade por *objetivo*, não por origem da sociedade. A compaixão, a orientação altruísta, só pode ser a origem *ideal* da sociedade. No plano do real, ela não assinala a partida, mas o *telos*; não explica a injustiça atual, mas o impulso rumo à harmonia que a suprimirá. Se a sociedade houvesse sido fundada com base no bem, isto é, se houvesse nascido da justiça – se sua gênese fosse o equivalente de sua perfeição –, então o problema moral não teria sentido e o sentimento de infelicidade não passaria de uma aberração. No entanto, para Rousseau a civilização surge do encontro entre o homem e o acaso. Sempre, portanto, está por fazer, nem que seja para reduzir a parcela da contingência. E, nesse caso, a perfeição não pode estar *atrás* dela como causa primordial, tampouco como objetivo determinado: a perfeição do homem deve permanecer para sempre um conceito aberto. A dialética rousseauniana da natureza humana se sustém no paradoxo de afirmar um conceito do homem e, ao mesmo tempo, recusar-lhe a constituição de um conteúdo positivo. A antropologia geral nasceu no âmbito dessa recusa revolucionária do substancialismo. Como sociedade alguma é perfeita, nem no tempo nem no espaço, nenhuma poderia ser promovida à dignidade de modelo do gênero humano. Só restava fazer do modelo algo de atemporal e inencontrável. Contudo, o positivismo não foi a única forma de substancialismo a ser vencida. Embora o conceito de homem natural seja uma noção ideal, é preciso acrescentar que não foi menor a modificação por Rousseau da própria ideia de idealidade. Ele eliminou dela todo vestígio platônico. Depois de Rousseau, o ideal será preferencialmente um *horizonte* do saber e da moral, não um paradigma de conteúdo determinado. Por mais que o conceito de estado de natureza seja uma ideia, jamais será uma *essência*. A república de Rousseau não receberá uma definição precisa; seu conceito será apenas a diferença em relação a toda forma conhecida de sociedade. Vazia, a ideia de estado natural jamais permitirá que dela se deduzam as regras da sociedade positiva. Estas só poderão resultar da ação incessantemente renovada da história. A república não é algo a ser imitado; é impossível reproduzi-la. O homem faz-se a si mesmo. O homem natural não *precede* o homem do homem: *excede-o*; portanto, de certa forma o *pressupõe*. De acordo com a expressão de Lévi-Strauss, "o homem natural não é nem anterior nem exterior à sociedade". No máximo se poderia dizer que lhe é *superior*; isso porque o valor do homem como objetivo supera o valor de toda forma social, e o ser de toda sociedade só depende do homem, do que o homem decide fazer das circunstâncias. Esse homem, porém, que vale mais que a sociedade, é sempre um "ser social";[6] talvez se tenha o direito de posicioná-lo para além do fenômeno social, mas seria absolutamente impossível figurá-lo aquém da sociedade.

3. A SOCIEDADE DO DIREITO E A POSIÇÃO DO INDIVÍDUO

Afirmou-se que a república de Rousseau, por não ser uma utopia essencialista, não teria definição precisa. Se de fato for esse o caso, como se deve interpretar o *Contrato Social*? Esse livro não é a política de Rousseau? Não contrapõe, à crítica da vida social erigida no *Discurso sobre a Desigualdade*, a vasta construção da comunidade política ideal? De fato; mas, justamente, essa construção é demasiado vasta para ser particularizada. Lembremo-nos dos subtítulos sucessivos que Rousseau havia considerado: "ensaio sobre a constituição do Estado", "a formação do corpo político", "a formação da república"... Conforme escreveu a seu editor, trata-se de um conjunto de "considerações gerais" relativas à universalidade do *direito*, não à multiplicidade dos *fatos*. O *Contrato Social* é uma tentativa de fixar, por meio do direito constitucional, aquele estado de felicidade que o pensamento mais profundo de Rousseau põe fora do alcance de qualquer conquista duradoura, pois esse estado se esquiva do mundo real. A generalidade, a abstração de seus princípios, é apenas uma consequência da pureza da empreitada. Quanto a seu verdadeiro interesse, será muito mais do âmbito de seu conteúdo moral – de seu conceito de liberdade – do que da duvidosa aplicabilidade de suas regras propriamente políticas.

Não é tanto a república, mas antes a liberdade o que essas páginas definem. O direito só existe para assegurar

---

[6] Jean-Jacques Rousseau, *Lettre à Christophe de Beaumont*. Amsterdam, 1793.

a liberdade de todos. O pacto social visa ao estabelecimento de uma forma de associação em que cada associado pode ser independente de cada um de seus pares, sendo ao mesmo tempo protegido por todos. A associação assim constituída será a garantia da liberdade. Mas o que é a liberdade? Nada mais nada menos que a obediência à lei. Como a lei do contrato garante a liberdade de todos, a submissão de cada um é concedida a si mesmo; o eu encontrará sua liberdade na obediência à lei impessoal e geral. A oposição coercitiva entre a sociedade e o indivíduo, portanto, desaparece: o povo do contrato "obedece, mas não serve". E se essa liberdade não parece completa, é porque não deve ser confundida com a indulgência pela qual cedemos a nossos instintos; o que, aliás, não passa de servidão. A verdadeira liberdade não custa em reconhecer que tem limites; tudo o que importa é que estes sejam impostos por ela mesma, não por uma força estrangeira.

Tudo isso é demasiado conhecido, e é a única parte do tratado que gostaríamos de assinalar aqui. Que baste observar, de passagem, que toda leitura "pragmática" do *Contrato* depara com muitas dificuldades, com o risco de se ver aí o nascimento da democracia totalitária – ao passo que, se nos ativermos à definição de liberdade, estaremos em condições de prosseguir de maneira menos estéril o exame da teoria de Rousseau. Quando se pensa na realidade política, a diferença estabelecida por Rousseau entre vontade geral e vontade da maioria não pode deixar de nos preocupar. Ademais, essa diferença não se harmoniza facilmente com suas íntimas convicções liberais, que estão no cerne da inspiração mais profunda do *Contrato Social* e que, já no *Discurso sobre a Economia Política*, contemporâneo do ensaio sobre a desigualdade, conferia à autoridade do Estado o objetivo de proteger atentamente a liberdade dos cidadãos. Em contrapartida, se passarmos ao âmbito da reflexão ética, a diferença entre a falsa liberdade dos apetites e a autolimitação característica da verdadeira liberdade parece ser apenas o resultado da superação das noções morais empíricas pelo aprofundamento de nossa visão ética.

Rousseau via na reforma da vida política o grande meio de reconciliação entre o homem e a sociedade. No entanto, jamais acreditou que a felicidade do indivíduo fosse uma simples função do social. Muito pelo contrário, condicionava a solidez do edifício social à determinação moral dos indivíduos. "A pátria não pode subsistir sem a liberdade, nem a liberdade sem a virtude, nem a virtude sem os cidadãos." Esse "urso", esse "bárbaro" que foi Jean-Jacques, esse homem que foi em toda parte um estrangeiro, havia sofrido demais a oposição da coletividade para não pensar que o senso de justiça permanece antes uma exigência da salvação individual, mais que uma preocupação original da sociedade. No terceiro diálogo de *Rousseau, Juge de Jean-Jacques* (Rousseau, Juiz de Jean-Jacques), afirma-se expressamente: "Não há jamais, no corpo coletivo, amor algum à justiça; a natureza só o gravou no coração dos indivíduos".

Como é que se pôde acusá-lo de ser o avô do totalitarismo? É que nem sempre se observou que, como o *Contrato Social* não é tanto um tratado sobre legislação positiva, mas antes sobre o direito no sentido de Hans Kelsen e da moral de Kant, isto é, sobre o *dever-ser* (*sollen*) e não sobre o ser (*sein*), não há possibilidade de identificação da vontade geral com uma vontade política determinada: "a vontade geral muda de natureza quando tem um objeto particular e não pode, na qualidade de geral, pronunciar-se nem sobre um homem nem sobre um fato".[7] Entre a vontade geral e a vontade positiva da maioria, não existe, a rigor, uma relação de antonímia, pois elas não incidem no mesmo plano ontológico. A vontade geral é a origem pura, a fonte *ideal* do Estado; a vontade da maioria é a expressão numérica da inclinação *real* da sociedade. Ao dissociar uma da outra, Rousseau não legitima tirania alguma: simplesmente realça o fato de que a vontade do povo pode ser boa ou má,

[7] Idem, *Le Contrat Social*, livro II, cap. IV.

segundo o uso que os homens façam de sua liberdade. A vontade geral é um *telos* ético, portanto, é "sempre reta"; a vontade real da sociedade, ao contrário, é produto da liberdade humana, tanto para o bem como para o mal.

O *Contrato Social* não poderia ser tomado por um evangelho totalitário. A salvação do indivíduo se apresenta como a maior preocupação de Rousseau. Conforme por vezes se observou, Rousseau de certa forma leva à completude a valorização do indivíduo que o cristianismo proporcionou ao Ocidente. Com ele, o indivíduo não apenas é altamente apreciado: torna-se um valor em si. Essa revolução axiológica é talvez a marca mais profunda da inserção de Rousseau na herança filosófica da cultura ocidental. Além disso, ela amplia e concretiza a superação do *cogito*: de fato, o indivíduo rousseauniano, essa *bela alma* intelectual e moral, supera a um só tempo os limites intelectualistas do eu clássico e seu "fechamento", seu isolamento agressivo; é ao mesmo tempo valor supremo e experiência de uma abertura fundamental ao outro e ao mundo.

O eu rousseauniano acolhe a realidade exterior de uma maneira totalmente distinta da "inclusão" pelo *cogito* substancialista. O *cogito* não acolhe o real: ele o contém, mais do que o recebe. No entanto, o eu do devaneio, o eu teórico e afetivo de Rousseau descende diretamente do misticismo quietista, do sentimento da divindade que preenche com momentos de êxtase "a doce vida da alma". Essa penetração do divino pressupõe uma permeabilidade ao exterior – quero dizer, ao não-eu – por parte da consciência. No entanto, Rousseau vai mais longe que Fénélon. Confere a essa abertura mística do eu um caráter muito mais concreto. Marcel Raymond mostrou que ele faz o devaneio contemplativo nascer no âmbito da sensação. O sensualismo é integrado ao êxtase. Locke serve de ponto de partida para a vibração cósmica da alma.

Acima de tudo, evitemos pensar que essa via do eu, tão assemelhada à experiência mística, conduza de certo modo a uma redução ou a um esquecimento do próprio eu. Embora o ego esteja aberto e seja de fato receptivo, desfruta sempre do sentimento de sua realidade, tanto quanto da realidade do todo. O devaneio é, no fundo, ambíguo. Embora seja verdadeiro que o eu não "contém" o cosmo à maneira do *cogito* clássico, não é menos certo que oscila muito sutilmente entre o gosto por uma passividade toda acolhedora e o amor a sua própria posição central, a sua condição focal em relação ao conhecimento do ser. O eu jamais se esquece na experiência de sua *aperidade*.[8] Aqui se encontra a razão da perplexidade de alguns intérpretes religiosos da obra rousseauniana, não raro incomodados com essa estranha subsistência da individualidade diante da luz onipotente de Deus. Na realidade, já existe em Rousseau o prelúdio da vontade goethiana de igualar-se a Deus por meio de um cosmicismo em que o eu tem uma posição central. Pode-se considerar, aliás, como o fez Ladislao Mittner, que o pensamento de Goethe é tão somente a síntese do sentimento cósmico de Rousseau e do culto do gênio de Hamann: no *natura sive genius* de Goethe, o *Sturm und Drang* alcança a maturidade. Assim, o misticismo de Jean-Jacques, dialeticamente, chega a superar a mística no triunfal despertar da consciência de si.

Essa síntese dialética não se limita, aliás, ao fenômeno do conhecimento. Encontra-se, no plano moral e afetivo, na coexistência fundamental entre o sentimento da piedade e o amor de si mesmo, contanto que este seja tomado como essencialmente distinto de seu irmão malvado, o amor-próprio. Tal par anímico, tal *coicidentia oppositorum* dos sentimentos do estado natural repetir-se-á na sociedade ideal, em que o respeito ao outro será o par da mais magnífica realização subjetiva e pessoal. E é nessa mesma concepção sintética que Rousseau se apoia quando se opõe ao fanatismo pela sociabilidade por parte dos enciclopedistas. A Diderot, que havia escrito: "somente o mau vive só", o segundo diálogo de *Rousseau, Juge de Jean-Jacques* responde: "o verdadeiro misantropo [...]

[8] *Apérité*: tradução francesa do termo *Offenheit* (abertura), tal como empregado na obra de Martin Heidegger. (N. T.)

não fugiria para a solidão", porque é preciso estar perto dos homens quando se lhes quer o mal e, sobretudo, porque "não é a multidão que faz a sociedade". A solidão pode ser bem mais humana – e humanitária – que uma sociabilidade falsa ou imposta. O mestre de Emílio receia que seu aluno, vivendo entre os homens, se esqueça de que é um homem. Simmel observou em algum lugar que a deterioração das relações humanas na sociedade moderna está ligada a certas experiências cotidianas, como a viagem em transportes coletivos, em que as pessoas estão submetidas ao mal-estar de olharem umas para as outras sem conversarem entre si (Walter Benjamin descobriu, depois, a transposição estética do mesmo fenômeno em *As Flores do Mal*, marco do início do lirismo contemporâneo). Atualmente, forçados a viver nessa caricatura do social que é a promiscuidade das grandes cidades, somos muito capazes de apreciar todo o conteúdo perceptivo e moral da visão rousseauniana de uma complementaridade entre o todo e o eu.

Esse direito à evasão, essa libertação das imposições da sociedade, com que a literatura da segunda metade do século XVI sonhara tão nostalgicamente – e com que sonhava também o erotismo dos *libertinos*, numa surda contestação da ordem moral do *Grand Siècle* –, é alçado por Rousseau a seu mais alto nível teórico. Rousseau é também o herdeiro de uma longa tradição profana de busca do prazer: após Ronsard e Montaigne, após Camões e Tasso, após o lirismo libertino do barroco, ele conferirá ao hedonismo o lustre da virtude. Além disso, suprimirá toda a sua ambiguidade moral: o prazer consegue, enfim, retirar seu disfarce, sua condição de sublimação – aquela máscara que trazia até então e que ainda demonstrava sua servidão à moral do recalque. O prazer do indivíduo rousseauniano não tem de justificar-se. Isso não significa que não deva obedecer a critérios éticos. Vimos antes, a propósito de *A Nova Heloísa*, como a paixão de Saint-Preux é submetida precisamente a uma "filtragem" moral. No entanto, ainda que o prazer deva purificar-se, já não tem de justificar-se *na qualidade de prazer*. O homem de Rousseau tem direito à felicidade: já não exibe aquela consciência pesada por ocasião do prazer que definia a experiência da felicidade em Tasso ou nos grandes poetas do barroco. Ao mesmo tempo, porém, esse homem novo, mais amadurecido que o antigo libertino herético, aspira a uma felicidade mais nobre e mais pura que a simples remuneração sensual.

O direito ao prazer, distanciado de toda opressão social, é também direito ao lazer. Já foi ressaltada a importância atribuída por Rousseau à música, à botânica, a todo exercício em que a mente encontra o mundo sensível e com ele se harmoniza. Mas essas práticas são as do lazer. O homem rousseauniano é antes de tudo um ser em férias, um indivíduo distraído das atitudes utilitárias, ocioso e sonhador. É perfeitamente alheio ao trabalho. Aspira à fruição, não à transformação, do meio natural. No *Ensaio sobre a Origem das Línguas*, Rousseau chegou a fazer uma apologia da preguiça: "[...] o homem é naturalmente preguiçoso [...]. Nada fazer é a primeira e mais forte paixão humana, depois da autoconservação". No retrato da existência ideal, cujo análogo literário é o "reino de Julie" em Clarens, Rousseau se associa à tradição clássica do elogio ao *otium* culto, ao lazer epicurista. Embora certos aspectos dessa pastoral já fossem arcaicos no tempo de Rousseau, o fato é que sua concepção de uma vida humana para além do trabalho é de grande modernidade. Constituída na véspera da revolução industrial, antecipa de maneira impressionante a ideia contemporânea de uma civilização do lazer. Mostra também, de modo ainda mais plástico, como a utopia rousseauísta ultrapassa o âmbito limitado da construção política, interessando-se pela vida cotidiana.

Quando Rousseau pensa na sociedade do direito, é a felicidade do indivíduo que ele tem em mente. Ora, a felicidade é o sentimento de integração, a experiência da participação no todo. No entanto, a participação verdadeiramente forte e direta, a *vida sem intermediação*, o estado de fusão com o mundo, é anterior à constituição da cultura. Desde o início de sua dominação sobre a natureza, desde o nascimento simultâneo da razão, todas as relações do homem – com o outro e também com as coisas – tornam-se intermediadas. O preço da autoconsciência é a constatação da diferença, da distância em relação aos outros e à natureza. Nesse sentido, Pierre Burgelin pôde caracterizar o movimento profundo da obra de Rousseau como uma busca da unidade perdida, dirigida pelo sonho da pura presença, da restaurada ausência de mediação. No entanto, como a idade de ouro apenas precedeu a inauguração da cultura; como a inocência e a felicidade não eram *conhecidas* quando existiam e foram *perdidas* para sempre quando se tornaram objeto da mente;[9] como seu retorno não passa de uma metáfora, e a origem, de um símbolo, parece claro que toda tentativa de recuperação da vida direta a partir do estado social, isto é, da mediação, está necessariamente destinada ao fracasso. A felicidade jamais será dada de forma positiva. Rousseau é impelido para a utopia, para o ideal puro, que ele justificará no prefácio de *Emílio*. A bela alma só pode se alicerçar na recusa da realidade. Isso é precisamente o que lhe reprovará Hegel, para quem esse distanciamento do real é apenas um vazio negativo e uma virtude não apenas inútil como fraca. No entanto, o mesmo Hegel, quando aluno de Stift, em Tübingen, junto com Hölderlin e Schelling, fora um admirador de Rousseau e um partidário da Revolução. Sendo assim, sua crítica ao rousseauísmo não é um acidente: é antes resultado de uma *discussão* fundamental entre o radicalismo do pensamento de Rousseau e o mais completo dos sistemas filosóficos associados à burguesia em seu período de ascensão.

Essa discussão – desenvolvida principalmente na *Filosofia do Direito* – se articula em torno do conceito de contrato social. Hegel sustenta que o reino do direito é o império da liberdade, mas recusa à vontade do indivíduo a capacidade de conciliar originariamente o interesse

[9] Primeira versão do *Contrato Social* (manuscrito de Genebra), livro I, cap. 2: "[...] a vida feliz da idade de ouro foi sempre um estado estranho à raça humana, ou porque esta o desconhecia quando dele podia desfrutar, ou porque o perdeu quando foi capaz de conhecê-lo".

particular e o interesse universal. O indivíduo não pode, portanto, estar diretamente na base da sociedade. Hegel o concebe à maneira hobbesiana: como o indivíduo só busca suas próprias satisfações, a coexistência entre os homens, se estes estivessem entregues a suas inclinações, seria um conflito sem saída. O indivíduo não está diretamente ligado ao universal.

Mas por que Hegel concebe assim a vontade individual? Porque estabelece uma estreita ligação entre liberdade e propriedade: "A *Lógica* havia concluído que a liberdade consiste em que o sujeito tenha pleno poder sobre o que lhe é estranho. A forma concreta de tal liberdade é a perfeita e eterna propriedade. Assim, a união do princípio do idealismo e do princípio da propriedade é total" (Herbert Marcuse). O homem tem o direito de dirigir sua vontade para qualquer objeto. Ao fazê-lo, torna-o seu. "Visto que o objeto não tem fim algum em si mesmo, recebe seu sentido e sua alma da vontade de seu proprietário. O homem tem o direito absoluto de se apropriar de qualquer coisa" (idem). É claro, a posse só é completa quando pode contar com a aprovação da sociedade. No entanto, Hegel não atribui em absoluto à razão o objetivo de determinar a distribuição da propriedade; a razão é indiferente quanto à quantidade e à qualidade da propriedade. "O direito não se interessa pelas diferenças entre os indivíduos", ele diz.

Em *Razão e Revolução*,[10] Marcuse demonstrou como o tema da propriedade na *Filosofia do Direito* acaba por assimilar as próprias relações humanas à relação entre o homem e as coisas. A atividade e os talentos humanos se tornam objeto de contrato, tanto quanto as coisas. Além disso, a própria personalidade, em suas verdadeiras manifestações, torna-se uma função da alienação: de fato, Hegel exige que a venda de seus serviços pelo indivíduo tenha um limite no tempo, a fim de que ele possa sempre preservar horas de liberdade pessoal.

---

[10] Herbert Marcuse, *Raison et Révolution* (1941). Paris, Éditions de Minuit, 1968.

Essa reificação da humanidade é correlativa da noção da vida social como teatro de uma constante competição entre os indivíduos, em que a fraude e a enganação são a norma. A vontade individual age necessariamente contra o interesse dos outros, e o homem é naturalmente punido pela sociedade. É somente nesse momento que ele se volta para sua própria consciência, a fim de encontrar em sua alma um nível superior de experiência da liberdade. A liberdade ultrapassa a forma da propriedade nesse advento da consciência moral.

No entanto, essa liberdade interior, de origem luterana, não deixa de estar em contradição com a crítica do estoicismo apresentada na segunda parte da *Fenomenologia do Espírito*; a liberdade do indivíduo reprimido pelo Estado relembra, de fato, aquele desapego das coisas deste mundo que Hegel havia considerado muito distante do ideal de uma "liberdade viva". Em contrapartida, a liberdade luterana parece aproximar-se da dialética do senhor e do escravo, em que não faz muito tempo se via uma prefiguração da luta de classes, ao passo que hoje não nos esquecemos de que a consciência que o escravo tem de sua situação não redunda em absoluto em revolta, mas antes em resignação (compreende-se assim que o jovem Marx não se refira – nem mesmo nos *Manuscritos* parisienses de 1844 – a um tema que lhe teria sido encantador).[11]

Diante dessa concepção da liberdade, é ocioso ressaltar quanto a crítica a Rousseau é do âmbito da evolução conservadora do pensamento hegeliano. A rejeição da ideia de contrato social remonta, aliás, ao período de Iena, em que a *Fenomenologia* nasceu. Dez anos depois, a *Filosofia do Direito* dará sua forma definitiva à expulsão do espírito radical do sistema de Hegel. De fato, aquilo que, no fim das contas, fora objeto da teoria de Rousseau não consistia na hipótese de um indivíduo existente antes da sociedade, tal como condenada na *Jenenser*

[11] Ver a esse respeito o artigo de Aimé Patri em *Le Contrat Social*, jul./ago. 1961.

Realphilosophie; essa hipótese, como vimos, não pertencia em absoluto ao sentido profundo do pensamento rousseauniano. Aquilo que Hegel de fato reprovou em Rousseau não está em suas palavras de censura, mas nas linhas de seu próprio conceito de liberdade: é o fato de este haver concebido o indivíduo a um só tempo fora do "reino animal do espírito", da *struggle for life* capitalista, e acima – não abaixo – de toda sociedade determinada, como valor irredutível a toda positividade e, por isso mesmo, digno de escapar das infelicidades que a vida social lhe impinge. Por isso Jean-Jacques parece haver debelado seu crítico. De fato, embora o real hegeliano não se confunda com o simples positivo, embora deva sempre acertar o passo com a razão, e embora nunca exista concordância plena entre o real e o racional, o fato é que a letra, se não o espírito, do sistema de Hegel alcança em certa altura o repouso do Espírito que atingiu seu objetivo, objetivo este curiosamente assimilado à realidade social da primeira metade do século XIX... Talvez a pureza da recusa rousseauniana, a obstinação da utopia e a intransigência da negação sejam, no fim das contas, mais radicais e revolucionárias que o realismo da dialética alemã, invertido ou não. Talvez o que parece formal no pensamento de Rousseau seja do âmbito de um desprendimento completo de *toda* forma social conhecida ou imaginária; por isso sua teoria pode alimentar a chama revolucionária de nossa época, de qualquer época, mais de dois séculos depois de sua formação e, provavelmente, melhor que as utopias posteriores – contanto que o ideal revolucionário não se limite à reorganização efetiva de algumas dimensões da sociedade sem pôr em questão a inteireza da vida humana.

Capítulo II

DE ROUSSEAU A KANT

Selecionamos algumas linhas essenciais do pensamento de Rousseau; já havíamos aludido à influência rousseauniana em Kant; é preciso agora indicar mais exatamente os temas em que a teoria de Rousseau é retomada e desenvolvida por Kant.

Atenhamo-nos a dois pontos centrais configurados como dois paradoxos: o conceito de estado natural e o conceito de liberdade tal como se encontra no *Contrato Social*. Para tais paradoxos, solicitaremos a solução à filosofia de Kant.

O paradoxo da ideia de homem natural pode ser formulado assim: se o conceito rousseauniano de natureza humana permanece puramente regulador, como explicar que Rousseau o projete na história? Por que será que, para fundar a antropologia geral, ele escolheu a forma dessa "genealogia da moral" que se confunde com uma filosofia da história? Se for verdade que o conceito de homem natural não atua no plano do real, mas do ideal, por que será que o *Discurso* o apresenta *como uma origem*, como um instante da história, dizendo-nos ao mesmo tempo que talvez esse instante jamais tenha existido? Qual é o sentido da ambiguidade do conceito de homem natural? Essa dualidade não pode ser simplesmente descartada como artifício retórico. É como se ela fosse estrutural, e isso não apenas no *Discurso sobre a Desigualdade*: de fato, ela reaparece na versão definitiva do *Contrato Social*, em que por vezes se fala do pacto social como se ele houvesse realmente existido. Que conceito seria capaz de sobrepujar essa contradição?

Segundo Kant, todo conhecimento pressupõe uma *intuição*, isto é, uma representação direta e singular de um objeto que se impõe à consciência. No entanto, para que essa representação se torne objeto de um conhecimento garantido, válido para todo intelecto humano, é preciso que seja determinada por meio de algumas *categorias*; as categorias são "enquadramentos" que permitem que se fale da diversidade individual mediante a determinação de seus atributos que, por sua vez, são traços gerais "compartilhados" pelos objetos das representações intuitivas.

As categorias garantem a possibilidade do conhecimento certo, isto é, do saber. "Fundamentam" o saber; por isso Kant as considera conceitos *constitutivos*.

No entanto, entre as intuições e as categorias, Kant nos fala das *ideias*. As categorias sempre se relacionam com intuições, com objetos que se impõem à nossa sensibilidade. As ideias, ao contrário, são conceitos "aos quais não corresponde nenhum objeto em nossa sensibilidade". São conceitos sem intuição; não podem, portanto, fundamentar conhecimento algum e, por conseguinte, não são constitutivas, apenas *regulativas*. Por que são regulativas? Porque, impossibilitadas de estabelecer os dados do saber, representam os *problemas* do conhecimento, os limites de todo saber; são, assim, os objetivos inacessíveis do esforço da ciência. Vemos então que desempenham um duplo papel: por um lado, indicam o caráter provisório e insuficiente de toda positividade conhecida; por outro, na qualidade de *telos* fora de alcance, *dirigem* a própria inquietação do conhecimento, a aspiração à verdade total indissociável da noção de ciência.

O conceito rousseauniano de homem natural é uma ideia no sentido kantiano. Encarna um ideal situado além de toda forma social positiva. Por essa razão, contudo, assim como as ideias de Kant, definidas como conceitos vazios, deixam à experiência o direito de se justificar sozinha independentemente de validações metafísicas, sem por isso cair naquela forma de apologia do positivo que havia condenado os empiristas ao ceticismo, o conceito de homem natural remete à experiência histórica concreta da humanidade como única fonte da realidade social, ao mesmo tempo que recusa a todo e qualquer momento desse processo a pretensão de postar-se como verdade absoluta, como destinação da viagem – em suma, como fim da história.

Vemos agora que a projeção no plano histórico de um conceito puramente ideal não é um gesto de mera retórica. Embora Rousseau não o tenha explicitado, trata-se de um movimento intelectual inserido na própria estrutura do conceito. Após a desplatonização da noção de idealidade, o conceito de ideia tinha de aderir de maneira dialética à verdade da experiência. Tinha, além disso, de *garantir* essa verdade, atribuindo-se o papel de testemunhar, pela recusa do positivo, em favor da natureza necessariamente aberta, da riqueza infinita da experiência.

A principal consequência dessa revolução teórica foi o abandono de toda concepção formada da história. A história providencial – quer de Bossuet, quer de Hegel, polibiana (circular) ou linear – perdeu todo o seu sentido. Nos opúsculos de Kant sobre a filosofia da história (tão profundamente impregnados de Rousseau), existe um conceito que explica esplendidamente esse deslocamento na teoria. Trata-se da definição de profecia. No texto "Reiteração da pergunta: será que o gênero humano está em constante progresso para o melhor?" – composto vinte anos após a morte de Jean-Jacques e quatro anos após o fim do período mais "social" da Revolução, isto é, no *intermezzo* robespierrista, que Kant foi praticamente a única figura da cultura alemã contemporânea a não excomungar –, ele afirma não ser possível prever o futuro, exceto "se o próprio profeta faz e ordena os eventos que ele anuncia". Sabemos que Kant fundamentou sua interpretação filosófica da história na leitura da Bíblia. Na ação dos profetas judeus ele vê a confirmação de sua ideia sobre a essência da profecia. Moisés podia muito bem prever o futuro, na medida em que ele próprio o preparava ao conduzir o povo eleito à terra prometida. Assim, a definição kantiana de profecia contradiz toda concepção da história como processo fechado, como escatologia cujo conteúdo seria dado de antemão.

A profecia não passa de criação do futuro. O conceito de estado natural remete à ideia de liberdade. A partir de Rousseau, a razão e a liberdade se conjugam. A razão prática de Kant é a melhor prova disso: o mundo da moralidade alcança, por fim, aquele absoluto que escapava ao homem na *Crítica da Razão Pura*. Por isso mesmo, no entanto, o conhecimento abdica para sempre de falar *positivamente* do absoluto. O saber escolhe para si um discurso limitado à experiência. Para conquistar o rigor, a ciência proíbe-se de falar do que ela não pode apreender.

A projeção da ideia de estado natural no plano histórico é o primeiro indício da queda da metafísica e da inauguração da época da plena responsabilidade humana. Se de fato é na filosofia de Kant que encontramos a justificação conceitual dessa revolução radical, isso não deveria nos surpreender. Heine explicou a razão disso, ao dizer, referindo-se a Kant, que ele "decapitou Deus". Essa primeira morte de Deus – ainda que não declarada formalmente –, essa primeira recusa de toda explicação sobrenatural da realidade, foi sob muitos aspectos bem mais radical que o célebre falecimento atestado pelo fragmento 125 de *A Gaia Ciência*.

O paradoxo do conceito de liberdade tal como consignado no *Contrato Social* é bem conhecido: para Rousseau, ser livre é obedecer à lei. Da mesma maneira, para Kant, a ação moral e livre é aquela realizada em obediência a um imperativo universal, à *forma* da moralidade válida para todo sujeito ético. Lembremo-nos da experiência contraditória do eu rousseauniano que, no exato momento em que acolhe o real no devaneio místico – e quando toda iniciativa parece haver passado para a dimensão exterior –, experimenta o mais intenso júbilo de si, a mais forte consciência da própria subjetividade. A liberdade do *Contrato*, o imperativo categórico e a subjetividade no devaneio são três formas do mesmo paradoxo. Como é possível que o sujeito só se justifique e se consolide quando se entrega àquilo que o ultrapassa? Como o ego pode reconhecer sua lei e sua felicidade em princípios objetivos aos quais deve submeter-se? Como o exterior pode deixar de ser estrangeiro?

A resposta a um paradoxo assim poderia estar no fato de o homem ser um animal racional; dado que a razão procede por critérios universais, tanto no conhecimento como na vida moral, daí se segue que o indivíduo veria sua existência harmonizar-se com a verdadeira essência quando se submetesse às leis da razão. O único defeito dessa hipótese é pressupor uma razão eterna. Tal "universalidade", porém, seria apenas uma forma qualquer do pensamento hipostasiado, uma forma histórica com pretensões de atemporalidade, uma regra condicionada sob a máscara da incondicionalidade. Após a crítica kantiana das ilusões metafísicas, tal solução é inaceitável. Por isso, aliás, a *Crítica da Razão Prática* afirma que a liberdade é uma pressuposição do sentimento moral e uma condição lógica do dever e, ao mesmo tempo, não afirma coisa alguma sobre a substância dessa liberdade. Kant nos apresenta uma fenomenologia da experiência moral – da experiência do paradoxo do imperativo categórico –, mas nada postula sobre a natureza do paradoxo em si.

Não há progresso na compreensão do paradoxo da liberdade enquanto este não é esclarecido por uma nova concepção do ser, uma concepção *não substancialista* da realidade. A metafísica era *apenas uma versão particular da relação com o ser*. Essa versão foi decisivamente abalada pela filosofia de Kant. É no esforço de recuperar a intenção radical do pensamento de Kant, portanto, que se teria a chance de abordar a significação da nova versão da relação com o ser, aquela habilitada a resolver o paradoxo da liberdade e explicar por que o homem pode "se comportar diante do objetivo como se este não lhe fosse estrangeiro" (Hegel). Por isso a investigação sobre a essência da liberdade está estreitamente ligada à investigação sobre a verdade. O fracasso da metafísica não nos deixa nenhuma outra saída: é preciso encontrar na razão autêntica desse fracasso a verdadeira solução para o problema da liberdade. Então se compreenderá em que nível de profundidade teórica o pensamento de Kant coletou as concepções centrais de Jean-Jacques Rousseau e a que ponto este último, "mais que qualquer outro pensador, abriu caminho para Kant" (Cassirer).

Capítulo III

A ONTOLOGIA DE KANT E A QUESTÃO DO SER

1. A ONTOLOGIA DE KANT

Encontramos um esforço para recuperar a intenção radical do pensamento de Kant quanto à possibilidade de fundar uma nova relação com o ser no livro de Martin Heidegger: *Kant e o Problema da Metafísica*.[1] Esse livro se propõe a interpretar o tema central da *Crítica da Razão Pura*, e em particular de sua primeira edição (1781), como *o problema do conhecimento ontológico*.

A ontologia constituía uma das partes da metafísica tradicional. Já no tempo de Aristóteles a "filosofia primeira" era tomada ou por "conhecimento do ente enquanto ente" – do ente em geral – ou por conhecimento do ser supremo, a partir do qual se determinava o ente em totalidade. Em outras palavras, a metafísica era definida ou como ciência do ser do ente, isto é, do ser de todos os entes, *do ser da entidade* (em cujo caso seria chamada de metafísica geral ou ontologia), ou como ciência do ente (em cujo caso receberia o nome de metafísica especial, dado que se dividia, conforme às regiões do ser, em teologia, psicologia e cosmologia).

Diante da importância inigualável de seu objeto, a metafísica devia sempre saber impor a si mesma o mais rigoroso dos modos de conhecimento. Ora, quando Kant alcança sua maturidade espiritual, a primeira coisa que constata – bem ao contrário – é a decepcionante variedade, a diversidade contraditória e incoerente das teorias metafísicas acumuladas por séculos. Por isso decidiu abster-se de toda formulação metafísica enquanto não houvesse resolvido o problema da própria validade da metafísica. Quanto à divisão acima, essa decisão equivalia a adiar todo empreendimento no âmbito da metafísica especial até que o exame da possibilidade da ontologia fosse concluído (pela afirmativa, é claro).

[1] Martin Heidegger, *Kant et le Problème de la Métaphysique* (1929). Tradução francesa de Waelhens e Biemel. Paris, Gallimard, 1953.

A primeira pergunta de Kant é, portanto: será possível, de fato, conhecer o ente? Será possível determinar com certeza a essência do que existe, isto é, o ser da entidade? Para responder a isso, Kant dispunha de uma indicação muito útil: o sucesso do método das ciências naturais. No início da *Crítica* (segunda edição), ele deduz esse sucesso do fato de as ciências da natureza haverem compreendido que "a razão só vê o que ela mesma produz de acordo com seus próprios planos". Tais ciências "obrigam a natureza a responder a tais perguntas". Heidegger comenta: "Kant quer dizer aqui que nem todo conhecimento é ôntico, e que, lá onde tal conhecimento é dado, ele só é possível por um conhecimento ontológico". Só se pode falar do ente depois que se alcançou um consenso quanto ao ser do ente: "a manifestação do ente (verdade ôntica) depende do desvelamento da constituição do ser do ente (verdade ontológica)".

As ciências da natureza, seja qual for a ciência, expressam-se por meio de juízos. O conhecimento ôntico se realiza nos juízos sintéticos, isto é, os que fornecem um elemento *novo* a seus respectivos sujeitos, novo em relação ao simples conceito desses sujeitos. No entanto, para que o conhecimento ôntico seja certo, é preciso que haja um conhecimento sobre o ser do ente. É preciso que a validade dos juízos sobre a experiência seja garantida por uma certeza independente de toda experiência; é preciso que os juízos sintéticos se tornem juízos sintéticos *a priori*. A experiência seria então explicada por meio de princípios universais e impositivos. No entanto, nas ciências naturais, é como se isso já ocorresse. A partir daí, a questão capital de Kant será: "Como os juízos sintéticos *a priori* são possíveis?". O conhecimento da síntese *a priori*, ou verdade ontológica, é o que Kant chama de conhecimento *transcendental*. A reflexão transcendental, tal como se dá na *Crítica da Razão Pura*, diz respeito, portanto, à teoria do conhecimento ontológico. Segundo Heidegger, seria absolutamente errôneo ver nesse livro apenas uma "pura" teoria do conhecimento, perfeitamente "neutra" quanto ao problema do ser. O que preocupa

Kant, ao contrário, é a possibilidade de instaurar o fundamento da metafísica: é o problema da legitimação do conhecimento do ser do ente em geral.

Como se desenvolve a instauração kantiana do fundamento da metafísica? O ponto de partida é a primeira frase do corpo da exposição da *Crítica*, em que Kant nos declara que conhecer é antes de tudo *intuir*. A intuição é o modo direto de relação do conhecimento com os objetos, aquele que todo pensamento deve necessariamente tomar como intermediário para chegar ao objeto. A intuição humana, sendo incapaz de criar, obtém seu objeto sempre a partir de um ente: essa intuição se define assim como essencialmente *receptiva*. A sensibilidade, a faculdade de ser afetado pelos objetos insere-se no conhecimento humano, por isso mesmo, como algo que pertence à própria estrutura de seu caráter *finito*. A receptividade é inseparável da finitude.

No conhecimento como representação não existe somente a intuição. Há também outro gênero de representação que, ao invés de relacionar-se diretamente com o objeto e ater-se ao singular, relaciona-se com ele por intermediação, por meio de signos comuns a várias coisas: é o *conceito*. Se a intuição quiser ser conhecimento, e não apenas representação, deve tornar seu objeto acessível a todas as mentes. No entanto, como a intuição sempre permanece dedicada à singularidade única de seu objeto, o conhecimento deve recorrer ao conceito, dado que este o representa precisamente sob o aspecto daquilo que é em geral (*representatio per notas communes*). Mas se a intuição sem conceito é muda, o conceito sem intuição é cego: o conceito é apenas a relação intermediada com o objeto; serve-se do geral para visar o individual intuído. É, portanto, a representação de uma representação, e esse ato de representar uma representação é um *juízo*.

Podemos desde já reter duas coisas: primeiro, que nenhum dos dois termos da representação (intuição e conceito), tomados isoladamente, já constitui conhecimento, sendo este o produto da síntese entre eles; segundo, que, embora a intuição precise do conceito para tornar-se conhecimento, o papel do entendimento (isto é, da faculdade formadora dos conceitos) é pôr-se *a serviço da intuição*; esta é, portanto, o verdadeiro "centro de gravidade" da síntese cognitiva.

A sensibilidade e o entendimento (a intuição e o conceito) fazem, juntos, o conhecimento. No entanto, é evidente que essas duas faculdades possuem uma ligação mais estreita. Dado que o conhecimento não pode realizar-se sem a participação delas, deve haver acima delas uma unidade fundamental, uma síntese originária – uma *raiz comum*, na expressão de Kant. Somente essa fonte unitária pode resolver o enigma do conhecimento. De fato, como é possível que o homem, que não passa de um ente, tenha o privilégio de determinar o ser de todos os entes, e antes de tudo o ser do ente em geral, sendo ele próprio um ente *finito*, sendo ele próprio incapaz, por isso mesmo, de criar os outros entes e tendo, ao contrário, de submeter-se à presença deles? Como se explica que o conhecimento finito, que deve começar pelo reconhecimento de sua própria receptividade, de sua própria dependência, tenha a pretensão de ser certo e legítimo?

Para isso é preciso que a receptividade, sem deixar de ser aberta às afecções da experiência, encontre em si mesma o fundamento do *a priori*. É preciso que a intuição se apresente como *intuição pura*. "Sendo ela um conhecer, a síntese transcendental deve ser uma intuição e, sendo um conhecer *a priori*, deve ser uma intuição pura."

Oportunamente, na primeira parte da Analítica Transcendental – parte esta consagrada à sensibilidade e, portanto, intitulada "estética transcendental" – Kant nos fala do tempo e do espaço como *formas puras da sensibilidade*. De fato, a intuição do tempo e a intuição do espaço não têm coisa alguma por objeto, ente determinado algum. Quando concebo o tempo e o espaço em si mesmos, nada de exterior, de empiricamente reconhecível se apresenta a minha mente. O espaço é apenas a condição de toda intuição de um objeto físico; da mesma maneira, o tempo é apenas o pressuposto de toda intuição de um objeto psicológico. No entanto, embora eles assim precedam toda afecção empírica, não é menos verdadeiro que não contradizem em nada o caráter receptivo da representação: isso porque, na verdade, não posso concebê-los; jamais posso "vê-los" mentalmente; penso necessariamente em algo *no* tempo, em algo *no* espaço, sem jamais conseguir imaginar o próprio tempo ou o próprio espaço. Nem o tempo nem o espaço podem ser objeto de uma intuição *temática*. Não podem ser *postulados* como objeto de uma intuição. Estão inextricavelmente ligados aos dados empíricos, sem, contudo, dependerem deles. Eis como a intuição do tempo e a do espaço podem ser *concomitantemente* a priori *e receptivas*.

O tempo conseguirá preceder até o espaço. Isso porque, no fim das contas, toda representação cai no tempo. Pode-se afirmar, portanto, que, por intermédio do caráter temporal de todo ato de representar, todo objeto representado pressupõe a existência do tempo. O tempo era *uma* intuição pura; torna-se *a* intuição pura.

Kant, porém, não fica satisfeito. O tempo é uma intuição pura, mas ainda não explica o conhecimento. A intuição do tempo demonstra que o *a priori* coexiste com a receptividade, mas essa coexistência não tem o valor de um saber: não legitima os juízos sintéticos *a priori*. Precisamos procurar no âmbito do entendimento. O objeto de uma intuição, que é um ente particular, determina-se como conhecimento por meio de uma representação geral, isto é, de um conceito. Ora, a representação conceitual é sempre uma maneira de "guardar" um estado em uma classe; *unifica* vários entes segundo sua identificação como membros da mesma classe. A *unidade* dos elementos idênticos compartilhados pelos entes deve por isso ser discernida pela representação conceitual. É essa unidade que regulará a inclusão de vários objetos na esfera do conceito (por exemplo, todas as janelas reunidas sob o conceito "janela").

No entanto, para que essa subsunção dos dados empíricos na unidade do conceito seja possível, é preciso que a unificação conceitual seja guiada pela representação de uma unidade prévia. A essência do entendimento está na *compreensão*: para compreender o conteúdo de uma representação, devo poder enumerar suas características. É na identificação de seus atributos que reconheço o objeto de minha representação em seu pertencimento a uma classe qualquer: é por meio destes e daqueles atributos *desta* janela que eu a reconheço como *uma* janela. Ora, vemos bem que essa enumeração identificadora das características do objeto, que me permite classificá-lo sob um conceito, é apenas uma sequência de *juízos*. Eu "digo" a mim mesmo: X é uma abertura na parede, X é evidentemente uma abertura intencional na parede, X é uma abertura na parede, e não no assoalho, etc., portanto, X é uma janela. *Em sua forma*, porém, esses juízos são absolutamente gerais; isso porque os modos de julgar – os "pontos de vista" a partir dos quais as características dos objetos podem ser consideradas – são muito limitados em número. É somente com algumas regras que o entendimento se aplica à compreensão da diversidade infinita das representações particulares. Os elementos formais da compreensão não se relacionam, portanto, a objeto algum, nem mesmo a uma classe de objetos: ao contrário, são o que permite o ato de julgar, que por sua vez permite distribuir os objetos em classes de conceitos. Esses elementos diretamente formais do juízo – essas representações gerais puras, anteriores a toda subsunção conceitual – são chamados por Kant de *conceitos puros* ou *categorias*.

Heidegger se interessa menos em discutir a validade da tabela de categorias, tal como Kant a estabeleceu na segunda parte da Analítica Transcendental, do que em relembrar que as formas puras do entendimento estão a serviço da intuição e, por consequência, devem ser consideradas à luz da possibilidade de sua ligação com as formas puras da sensibilidade, a fim de que a síntese do conhecimento ontológico possa ser demonstrada.

Vimos que a ação determinante dos conceitos pressupõe uma representação prévia da unidade (segundo a qual o objeto da intuição é "medido"); que a representação da unidade em todos os conceitos empíricos (por exemplo, o conceito de janela) pressupõe a existência de regras diretivas não empíricas, não derivadas: as categorias. Ora, a categoria, como consciência de unidade em geral, é necessariamente consciência pura de si. A representação de unidade como pensamento puro é um "penso". É o que Kant denomina *apercepção transcendental*. Ele a define como "a consciência de si mesmo que, ao produzir a representação 'penso', deve acompanhar todas as outras representações".

No entanto, Heidegger pergunta: o que é representado na unidade proposta pela apercepção transcendental? Não pode ser, de uma só vez, a totalidade do ente, porque a apercepção pura é do âmbito de um pensamento finito. "A unidade representada espera precisamente que o ente se ofereça a ela." Não passa de uma "tendência essencial à unificação daquilo que ainda não está unificado". É *antecipação da unidade*; portanto, pressupõe a síntese. No entanto, a síntese *pura* é uma unificação *a priori*. A apercepção transcendental é *a priori*, porque o "penso" não deriva da experiência; ao contrário, constitui-se como condição da objetivação. A síntese pura, portanto, pode atuar com a apercepção pura. No entanto, é preciso que outro elemento da síntese seja igualmente puro: é preciso que o elemento do âmbito da intuição seja igualmente *a priori*. Ora, a intuição universal pura é o tempo. A síntese pura deve, por consequência, relacionar-se essencialmente com o tempo.

Isso condiz muito bem, aliás, com a natureza do conhecimento *finito*. Sabemos que nossa representação "não produz seu objeto quanto à existência" (Kant). Devemos também nos dar conta, porém, de que "fora de nosso conhecimento não há nada que lhe possamos opor como correspondente". Em outras palavras: nós, homens, sabemos que não criamos o real, mas sabemos também que o conhecimento é a única maneira de falar sobre o ente, que não pode existir para nós nenhuma realidade fora do contato do conhecimento. Sendo assim, como é possível que o ente seja "recebido" por nós e reconhecido como ente? É preciso que seja dotado da capacidade de *objetar-se*. Por sermos finitos, por sermos apenas entes entre outros entes não criados por nós, temos de admitir que o ente é capaz de oferecer-se. Devemos supor a *visibilidade* do ente. O fenômeno é o que se mostra, não o que se oculta. A receptividade inicial e essencial do conhecimento corresponde ao "dar-se a ver" por parte do ente. Assim, a objetivação, isto é, o processo do conhecimento, o processo que posiciona um ente diante de nós (ob-jeto), a objetivação como atividade fundamental do entendimento e como obra das categorias, deve "manifestar muito claramente" a ordenação do entendimento puro à intuição pura. Ao fazê-lo, a objetivação se identifica com a síntese.

Em decorrência do aspecto finito de nosso conhecimento, a síntese ontológica consiste em fazer o entendimento trabalhar em prol da receptividade essencial do conhecer. A síntese mediadora entre o conceito e a intuição também deve participar do caráter comum dos dois elementos associados por ela: deve ser, por sua vez, um ato de representação. Além disso, a representação mediadora deve ser *pura* ou *a priori*, visto que está encarregada da validade do conhecimento; não poderia em absoluto derivar unicamente da experiência. Por fim, estando dividida entre a intuição e o conceito, não deve, segundo as palavras de Kant, "ser simplesmente intelectual"; cumpre que seja "ao mesmo tempo sensível". Essa representação mediadora pura é denominada por Kant de *esquema transcendental*. A faculdade produtora dos esquemas – "a terceira faculdade", ao lado da sensibilidade e do entendimento – é a *imaginação transcendental*. Seu modo concreto de realizar a síntese de que se encarrega – a mediação que possibilita o conhecimento – é operando a *transposição sensível* dos conceitos. Essa é a função a que Kant se refere pelo nome de *esquematismo*.

O papel da imaginação transcendental como função sintética pura é produzir *esquemas* capazes de efetuar a transposição sensível dos conceitos. "No entanto, essa transposição sensível não pode fazer com que nos demos a *visão* direta ou a intuição de um conceito: isso porque o conceito, sendo um universal representado, não se deixa representar por uma *representatio singularis*, algo que a intuição é em todo caso." O conceito não pode ser transposto em imagem.

Sendo assim, o que significa a transposição sensível de um conceito? Não representa tematicamente a *visão* empírica nem o conceito isolado, mas apenas o *índice* da regra de unificação conceitual. Na percepção direta de um dado – desta janela, por exemplo – está necessariamente contida uma *visão* prévia da janela em geral; é por meio dessa visão esquematizante, desse autêntico "desenho mental" que me é possível encontrar uma janela específica ao reconhecê-la como janela. A partir do momento em que vi uma janela, seja que janela for, sei reconhecer uma janela. Passo a dispor de um índice para o reconhecimento das janelas. É claro que esse índice não remete à visão de nenhuma janela *particular*, assim como nenhuma janela particular poderia esgotar, para nós, o conteúdo do conceito de janela, isto é, da ideia geral de janela. Esse desenho mental de janela por meio do qual reconheço como tal *essa* janela específica não me permite ver nem o conceito nem o aspecto geral do dado. Ele "figura" para mim apenas a *regra* – abstrata demais para ser empírica, intuitiva demais para ser puramente conceitual – de objetivação das janelas como janelas; figura para mim a regra operatória que me permite elevar a representação "janela" ao patamar de um conhecimento. Ademais, essa regra, esse esquema, é algo que nem posso contemplar diretamente: prova disso é que eu jamais seria capaz de descrevê-lo. A única coisa certa é que está lá, sempre esboçado em minha consciência quando percebo uma janela, em algum lugar entre o conceito e a visão empírica da janela, realizando a síntese entre eles a fim de me proporcionar um conhecimento.

Isso quanto à transposição sensível dos conceitos empíricos. No entanto, se por um lado o esquematismo é efetivamente o *modus operandi* da imaginação transcendental e se, por outro, esta última, como faculdade mediadora, produz a síntese ontológica – *a priori* – entre sensibilidade e entendimento, então é preciso que haja também uma transposição sensível dos conceitos puros, isto é, das categorias. Já vimos que as categorias pressupõem a apercepção pura. Ora, sendo a apercepção pura antecipação da unidade, ela por sua vez pressupõe a síntese. No entanto, a síntese verdadeiramente capaz de garantir o conhecimento, de garantir a verdade ontológica, deve ser por sua vez *a priori* ou pura. É preciso, portanto, que os dois elementos reunidos por ela sejam puros. As categorias são desse gênero; são conceitos *a priori*. Além disso, visto que a condição de operação delas é a apercepção pura, elas são essencialmente relativas à síntese ontológica e, portanto, *a um elemento intuitivo puro*. A intuição pura, contudo, é o tempo. Por consequência, as categorias remetem necessariamente ao tempo.

No entanto, não basta relembrar a necessidade essencial da relação entre os conceitos puros e a intuição pura, entre as categorias e o tempo. É preciso esclarecer a estrutura íntima dessa relação. Essa estrutura *é a transposição sensível das categorias*. Vejamos como ela se apresenta.

As categorias, como sabemos, não possuem nenhuma correspondência no plano das visões empíricas. O conceito "janela" não se reduz às visões empíricas das janelas, mas ainda assim as pressupõe, ao passo que o conceito "substância" não se associa a nenhuma aparição empírica. Se as categorias são ligadas a uma visão qualquer, é preciso, portanto, que seja a uma *visão pura*, anterior a toda experiência. Ora, segundo Kant, "a imagem pura de todos os objetos dos sentidos é o tempo". O esquema das categorias é o tempo. Por isso não se pode "vê-lo", nem mesmo no sentido da visão daquele "desenho" que se mostra sem deixar-se descrever, no caso da esquematização dos conceitos empíricos.

No entanto, as categorias são múltiplas. Assim, cumpre que o tempo, como seu esquema, possa tomar forma de maneira múltipla. Heidegger dá um exemplo com a indicação da transposição sensível da categoria de substância. Kant havia dito que o esquema da substância é "a permanência do real no tempo". Mas a única coisa que subsiste no tempo é o próprio tempo. A sucessão dos *agoras* se realiza em cada *agora*. O tempo como um todo está sempre presente em cada um de seus instantes. "O tempo como sequência pura dos *agoras* existe *agora* em todos os tempos."

Assim se completa a esquematização do entendimento puro. As categorias e o tempo estavam ligados por uma necessidade lógica; acabamos de ver a articulação estrutural dessa relação. O jogo da imaginação transcendental ordena o entendimento puro no intuito de pô-lo a serviço da intuição pura. A obra das categorias se realiza no cerne da receptividade fundamental do conhecimento. O processo do conhecimento como processo de objetivação não pode escapar da receptividade, pois a receptividade faz parte da finitude do homem como ente conhecedor de outros entes. Para validar o conhecimento, a objetivação deve então legitimar a receptividade em si. A fim de obedecer simultaneamente à natureza finita do conhecimento e às exigências do saber rigoroso, o processo de objetivação deve fundamentar-se na forma pura – *a priori* – da receptividade. O esquematismo dos conceitos puros demonstra esse fundamento do conhecimento. A transposição sensível é "a recepção de algo que se forma originalmente no próprio ato de recepção, isto é, uma *visão* que, no entanto, não apresenta o ente".

"Um ser finito deve poder comportar-se receptivamente em relação ao ente, sobretudo se for preciso que este último seja manifesto como ente já dado. Para ser possível, a recepção exige algo como uma orientação; esta não será arbitrária, mas de natureza tal que permita, de saída, o encontro com o ente. No entanto, para que o ente possa oferecer-se como tal, o horizonte em que o encontro com ele poderá ocorrer deverá manifestar-se, por sua vez, sob a forma de um oferecimento solicitante. A própria orientação, portanto, terá a natureza de propor antecipadamente a si mesma algo que tenha como que a natureza de um oferecimento."[2]

[2] Ibidem, p. 148.

A objetivação deve ser fiel à recepção orientada. A recepção deve constituir o horizonte em que se insere a manifestação visível do ente. Tal horizonte, assim, é *a priori* em relação a toda manifestação particular do ente; não, porém, em relação à manifestação em si. Por isso deve ter, de certa forma, a natureza da manifestação, que é a de oferecer-se à visibilidade. Antes de qualquer oferecimento singular, o próprio horizonte deve apresentar-se como oferecimento. Ora, o fenômeno que se dá como oferecimento ininterrupto, o fenômeno que consiste em só se dar em apresentação de outro objeto é o tempo. A recepção orientada é o horizonte temporal. A temporalidade é uma *representação original*, no sentido do latim *originarius*, o que significa "que faz surgir". O tempo é o horizonte da pura visibilidade que permite ao conhecimento visar o ente. De fato, é preciso que o ente se ofereça e, ao mesmo tempo, que o ser cognoscente se organize para ver o que lhe é oferecido, se *oriente*, se "volte" para este último. A orientação receptiva do cognoscente deve ser *homogênea* em relação ao oferecimento do ente. O papel do tempo como intuição pura, receptividade pura, é precisamente o de *formar a receptividade*. Simultaneamente pressuposto por todo fenômeno e permitindo-se ser "visto" somente no fenômeno e pelo fenômeno, o tempo prova que a receptividade do conhecimento não pode confundir-se com uma atitude puramente *passiva* em relação ao ente – dado que a receptividade "prepara" a visão do ente; mas, por isso mesmo, prova também que o poder formador, a espontaneidade do conhecimento não se opõem a sua condição essencialmente receptiva. É somente no tempo que receptividade e espontaneidade param de se opor.

O tempo é a primeira condição da objetivação. A objetivação é antes de tudo o ato de *pôr* algo diante da mente. Ora, o tempo não se deixa perceber senão nesse ato posicional: não sendo tematizável, só aparece na tematização de algo. Por isso o tempo, que nunca é ele próprio visível, surge como *a forma de toda visão*: portanto, como poder de formar imagens, ou imaginação. Eis por que, a propósito da estrutura que une a forma pura da intuição (o tempo) ao conteúdo da intuição, Kant não fala de "síntese", mas antes de *sinopse*. A temporalidade é o fundamento da *visibilidade* do ente. O ob-jeto é apenas o ente que se tornou visível – visível para a compreensão, não só visível do ponto de vista físico. O tempo é a potência que "faz ver". Ele é, no conhecimento, o que faz com que este apreenda o que se oferecia – porque transforma o conhecimento em espera do visível, em solicitude para com o ente.

A lógica transcendental como doutrina das categorias na *Crítica da Razão Pura* mostra que, na realidade, o entendimento puro está a serviço da intuição receptiva. Tanto é que a síntese ontológica não estabelece nenhuma primazia da lógica transcendental sobre a estética transcendental. A teoria das categorias não é "superior" à teoria da intuição pura. A interpretação neokantiana, que faz da *Crítica* uma espécie de mãe do logicismo, não tem fundamento.

No entanto, esse erro remonta ao próprio Kant, que reduziu muito o papel da imaginação transcendental na segunda edição de sua obra (1787). Embora o capítulo do esquematismo aí permaneça inalterado, a imaginação já não é definida como "função da alma", mas como simples "função do entendimento". A síntese já não é concebida como resultado da mediação autônoma da imaginação entre o entendimento e a sensibilidade: não passa de um "efeito do entendimento sobre a sensibilidade".

Sendo assim, o logicismo começa com Kant. Na época da segunda edição da *Crítica*, ele lutava com vigor crescente contra a moral do empirismo. Por consequência, já não busca tanto os elementos *a priori* da experiência; procura antes estabelecer uma distinção decisiva entre o *a priori* puro – a liberdade moral – e todo dado empírico. Esse já é o contexto do rigorismo da *Crítica da Razão Prática* (1788). Heidegger sugere que a predominância do problema moral deslocou o centro de gravidade da epistemologia kantiana; na primeira edição, esse centro era o reconhecimento do caráter finito e receptivo (embora não passivo) do pensamento; seis anos depois, é a afirmação da independência do ato moral em relação a toda determinação empírica. Assim, o projeto central da filosofia crítica em 1781, a tentativa de fundar a ontologia, foi gravemente alterado em função do tema da moralidade – a moralidade que, segundo Kant, não era do âmbito do ser do ente, mas da identidade do dever. Na concepção de Fichte do ente como moralidade, no logicismo ôntico de Hegel – ou no logicismo dos neokantianos, que recusa pronunciar-se sobre o plano ontológico –, a lição da primeira versão da *Crítica da Razão Pura* foi sucessivamente esquecida. A análise ontológica foi descartada pela descrição triunfal da ôntica – ou então, como entre os neokantianos, o ontológico se transformou em pura "teoria do conhecimento", e a preocupação em determinar a verdade do ser do ente desapareceu em favor de um agnosticismo ontológico declarado.

Parece que estamos em plena contradição. Não havíamos dito, no fim da segunda seção desta apresentação, que o entendimento do paradoxo da liberdade dependia de uma revisão da concepção de realidade? Não havíamos acrescentado que tal revisão deveria ser buscada no esforço de recuperar a intenção radical do pensamento de Kant? Ora, eis que o próprio pensamento kantiano parece coroar-se no fracasso do empreendimento de fundação da ontologia, e isso no exato momento em que a análise da liberdade prima sobre qualquer investigação ontológica.

No entanto, antes de concluir quanto a essa contradição, examinemos o conteúdo da moral kantiana. Não é o conceito de razão prática que ameaça a ontologia fundada na receptividade não passiva do conhecimento? Nada de mais natural do que investigar a base da ameaça em si. Heidegger não se abstém de fazê-lo, no trigésimo parágrafo de seu livro.

A razão prática se relaciona essencialmente com a liberdade. "Denominamos prático tudo o que é possível por liberdade", diz Kant. A liberdade é antes de tudo consciência de si. O ato livre é o ato de um eu que se determina a si mesmo. Esse eu ético é chamado por Kant de *pessoa*. No entanto, a personalidade é definida por ele – no estudo de 1793 intitulado *A Religião nos Limites da Simples Razão* – como "a ideia da lei moral com o respeito que lhe é inseparável". O respeito é, assim, *a receptividade para com a lei moral*. A relação triádica entre liberdade, personalidade e respeito é o centro da análise do respeito fornecida no capítulo 3 do primeiro livro da primeira parte da *Crítica da Razão Prática*. É nessa passagem célebre que Kant afirma que o respeito à lei é o respeito por si mesmo, na medida em que este último se recusa a ser determinado pelo amor-próprio. Para obedecer à lei moral, o eu decide abster-se das inclinações que o aprisionam. A obediência à lei se identifica com o fim de toda submissão empírica.

Quem não vê que a estrutura do respeito – dessa liberdade que só existe na livre autoimposição da lei – é perfeitamente análoga à imaginação transcendental como espontaneidade receptiva? O conhecimento como livre formação de sua receptividade fundamental apresenta, de fato, a mesma estrutura que a liberdade como livre aceitação da lei. O conhecimento prepara suas afecções, assim como a liberdade decide submeter-se à lei universal. Trata-se, decerto, de uma única e mesma estrutura, que poderíamos chamar de *elaboração da abertura*: livre elaboração pelo *cogito* de sua própria permeabilidade ao exterior. É somente assim que a exterioridade para de ser estrangeira. A relação ao ser definida como receptividade espontânea do conhecer explicita a razão do paradoxo rousseauniano da liberdade.

Por isso não basta encontrar o aprofundamento teórico do pensamento de Rousseau na moral de Kant. É claro, a ética "leibniziana" de Kant – a concepção de uma moralidade universal oriunda de um movimento essencial do indivíduo no exercício de sua liberdade – retoma num grau profundo a dialética da liberdade, apresentada em termos eminentemente políticos no *Contrato Social*.

Isso foi bem observado por Ernst Cassirer em seu estudo de 1932 dedicado a Rousseau.[3] Essa leitura kantiana de Rousseau teve o mérito inolvidável de fornecer a primeira interpretação sintética de sua obra, de aceitar sua complexidade em nome do reconhecimento de uma unidade filosófica superior. No entanto, o sentido total dessa unidade em si permanecia oculto enquanto nos limitávamos a ver na obra de Rousseau apenas uma *moral*. Se a *Crítica da Razão Prática* se mostra capaz de explicar o cerne da problemática rousseauniana, essa explicação deve por sua vez ser integrada à unidade radical e global do pensamento de Kant – ainda que para isso seja preciso entrar em discussão com o próprio Kant, num esforço de recuperar a orientação mais fértil de sua filosofia. Tal orientação é tão fundamental que precede qualquer divisão regional do pensamento; não é uma orientação "ontológica", em oposição a uma ética; é simultaneamente ontológica *e* moral, teoria do ser *na* teoria da liberdade e teoria da liberdade *na* teoria do ser.

Mediante a leitura "geológica" da *Crítica da Razão Pura*, no intuito de redescobrir certas camadas teóricas apagadas na evolução da obra de Kant, é possível chegar ao estabelecimento de uma homologia estrutural entre o pensamento de Rousseau e a filosofia crítica. O parentesco assim exposto por Cassirer é antes uma analogia de conteúdo. Em contrapartida, a convergência entre o kantismo como teoria do conhecimento ontológico e o núcleo conceitual dos textos rousseaunianos é o resultado teórico de uma confrontação de estruturas ideológicas cujos conteúdos quase nunca coincidem – o que explica, talvez, que a simples herança intelectual direta do kantismo (em que se insere a obra de Cassirer) não tenha logrado conduzir essa confrontação, pois ser fiel aos conteúdos é por vezes a melhor forma de permanecer cego para a percepção das relações de estrutura.

---

[3] Cuja substância foi de imediato comunicada ao público francês por meio de uma conferência logo publicada no boletim da Société Française de Philosophie.

2. A QUESTÃO DO SER

Contudo, ainda não compreendemos por inteiro qual é a natureza do conhecimento ontológico. Reconhecemos que a estrutura paradoxal da liberdade corresponde à da relação do homem ao ser; precisamos agora esclarecer o problema do ser propriamente dito. Heidegger o declara expressamente: "Esse privilégio de não estar simplesmente entre outros entes, que entre si não estão manifestos, mas de estar em meio a entes e dirigido a eles de tal modo que estes se tornam, como tais, manifestos; o privilégio, ainda, de ser responsável por si mesmo como ente; o privilégio, em suma, de existir implica por si mesmo a necessidade de compreender o ser".

A pergunta relativa à essência da ontologia, "o que é o ente como tal?", deve transformar-se em uma pergunta ainda mais radical: "o que é o ser como tal?".

Mas por que essa nova radicalização? Lembremo-nos de duas coisas. A primeira, que nosso conhecimento é finito, portanto, receptivo. Nós conhecemos o ente; não o produzimos. O homem é um ente ordenado ao ente que ele não é, do qual não é senhor nem criador. A segunda, que não faz sentido falar do ente fora do conhecimento que dele temos. Do ente, na medida em que este nos ultrapassa, sabemos apenas isto: que nos ultrapassa. Vemos assim que a questão do ser – não a do ser do ente já dado, do ente conhecido –, a questão do ser da entidade, do ser do ente conhecido tanto quanto do ente desconhecido, relaciona-se à finitude do homem. Por isso as três primeiras perguntas centrais da filosofia, segundo Kant: "Que posso saber? Que devo fazer? O que é permitido esperar?" se resumem na quarta: "Que é o homem?". A verdadeira tarefa da ontologia é, no fundo, "evidenciar a imbricação essencial, no homem, entre o ser (não o ente) como tal e a finitude".

A questão do ser leva em consideração a finitude essencial do homem. Por um lado, sabe que o ente se dá como *parousia*, isto é, como *presença*, como posse direta ou como "ter". Visto que não faz sentido falar do ente fora do conhecimento que dele temos, ele está sempre presente. Sabemos também, contudo, que o ente nos ultrapassa: portanto, o ser do ente não pode reduzir-se ao ser presente. Existe, assim, uma diferença entre o ser e o ente presente. O ser é sempre excessivo em relação ao ente presente; e sendo impossível falar do ente fora de sua presença, poderemos dizer que há *uma diferença* essencial *entre o ser e o ente*.

Mas o que é o ser fora do ente? Será que faz sentido falar de algo – mesmo do não-ente – fora do horizonte do conhecimento? Haverá uma única possibilidade: a de falar a seu respeito para considerá-lo o *nada*. O ser "menos" o ente, o ser fora do ente, é o nada. Hegel o havia visto, ele que, em sua *Lógica*, escreveu: "o ser puro e o nada puro são, portanto, a mesma coisa". Tanto é que, na afirmação da diferença entre o ser e o ente, o fundamental – na formulação de Jacques Derrida – é apenas a diferença em si. A questão do ser não se justifica senão como rememoração crítica da finitude do conhecimento e do excesso do ser em relação ao conhecido. A negatividade é seu único conteúdo positivo.

Desde a época de *Kant e o Problema da Metafísica*, livro paralelo a *Ser e Tempo*, a questão do ser não deixará mais de ocupar a mente de Heidegger. Nos múltiplos estudos dedicados a esse tema, a própria terminologia dá testemunho da intensidade do esforço para refletir sobre a diferença entre o ser e o ente. Assim, a metafísica – que ainda comportava uma significação positiva no livro sobre Kant – terá nos escritos posteriores de Heidegger uma acepção totalmente distinta; neles se indica precisamente a experiência teórica *esquecedora do ser*, isto é, o pensamento que se põe a falar do ente no esquecimento da diferença que o separa do ser. No livro sobre Kant, a fundação da metafísica está implicada na instauração da verdade ontológica; nos textos posteriores, o empreendimento da metafísica se confunde com a tradição filosófica desde Platão e consiste na sucessiva "ocultação do ser". Da mesma maneira, o conceito de finitude cede o lugar central ao conceito da diferença entre o ser e o ente.

Trata-se aí de uma estratégia analítica muito bem fundamentada, mas que não cabe a nós seguir aqui. O primeiro terreno dessa confrontação entre a reflexão sobre o ser e a tradição metafísica como esquecimento do ser foi o debate sobre o conceito de *verdade*. Tal questionamento é apresentado, quanto ao essencial, em dois textos que remontam ao início dos anos 1930: *Da Essência da Verdade* (*Vom Wesen der Wahrheit*) e *A Doutrina de Platão sobre a Verdade* (*Platons Lehre von der Wahrheit*). *Vom Wesen der Wahrheit* começa com a retomada do esboço do conceito de verdade proposto em *Sein und Zeit*. A verdade é associada à resolução antecipadora do *Dasein*, que é liberdade e fundamenta a historicidade. A verdade é definida tradicionalmente como a concordância de um juízo com seu objeto, mas Heidegger insiste em que um conhecimento só se apresenta como *verdadeiro* na qualidade de "descobridor". O esboço do conceito de verdade na fase da analítica da existência já ressalta o lado *dinâmico* do verdadeiro. A verdade é um processo. A "descoberta" pressupõe a resolução antecipadora, isto é, a consciência autêntica da temporalidade. A motivação teológica de seu pensamento havia ensinado a Heidegger a essencialidade da relação entre verdade e história. O parentesco entre a palavra hebraica *'emunah* (verdade) e a noção de sustentação, de fidelidade, mostra o quanto a ideia hebraica do verdadeiro se associa a uma perspectiva temporal. Na fé judaico-cristã, "a verdade é a fidelidade que deve ser mantida ao longo da história que se modifica e que é preciso assumir".[4] *Amen* vem da mesma raiz de *'emunah*.

A conferência *Vom Wesen der Wahrheit* ultrapassa a retomada dos temas do livro *Ser e Tempo* quando transpõe a interpretação da verdade do plano da analítica existencial ao plano do ser. A verdade é sempre associada à liberdade do *Dasein*, mas essa liberdade é

---

[4] Otto Pöggeler, *La Pensée de Heidegger*. Paris, Aubier, 1967.

compreendida como "uma libertação tendo em vista o que é manifesto no aberto, como um *deixar-ser* do ente, e assim como o fato de entregar-se ao aberto do desvelamento e de seu desvelado" (Otto Pöggeler). Pouco a pouco a questão da verdade se torna a questão do ser. A relação essencial entre o verdadeiro e o tempo se prepara para ser concebida de maneira mais íntima. A temporalidade já não é pensada como um atributo da verdade em função de sua dependência do *Dasein*; o tempo é antes reconhecido como um elemento constitutivo da estrutura interna do próprio sentido do ser.

No entanto, é somente com *Platons Lehre von der Wahrheit* que o debate sobre o conceito de verdade entra no âmbito da crítica da tradição metafísica. Em sua interpretação magistral do mito da caverna, Heidegger indica como o conceito de *aletheia*, de verdade como *desvelamento*, acaba por ceder o lugar principal ao conceito de *ideia*. Ora, ao mesmo tempo que a ideia só é o-que-se-mostra, o-que-é-visível em virtude do desvelamento, ainda assim ela apaga toda lembrança do *encobrimento* sem o qual o desvelamento não faz sentido. A *aletheia* liga a verdade à dialética da manifestação e da reserva do ser; não concebe o ser fora do tempo em que ele simultaneamente se mostra e se esconde. Em contrapartida, a ideia conduz diretamente à noção do ser como *presença constante*. Sabemos, porém, que o ser como presença constante é o ser do ente-dado e não o ser como *diferença* em relação ao ente. A predominância da ideia na metafísica platônica inaugura assim o primado do ente, em detrimento da consciência autêntica do ser.

Como a ideia já não está subordinada ao desvelamento, a verdade já não é essencialmente a abertura ao ente; é antes "a exatidão do olhar". "A verdade se torna *orthotes*, exatidão da percepção e da linguagem." A exatidão como concordância do conhecimento com um objeto (*homoiosis*, *adaequatio*: cf. "*veritas est adaequatio intellectus et rei*") é determinada a partir de um traço da mente humana, não a partir da relação originária do homem ao ser. Por isso a valorização unilateral do homem está contida na reflexão sobre o ente e em seu conceito de verdade. "O início da metafísica que se observa no pensamento de Platão é ao mesmo tempo o início do humanismo."

O itinerário da filosofia moderna[5] se insere ainda mais nitidamente nessa direção. Em particular, o idealismo cartesiano aparece como o início da consumação da metafísica. O conhecimento do ente se torna objetivação "investigante e dominante". A presença contém então a agressividade do conhecimento que se tornou *interpelação*. O homem se tornou o *subjectum*, isto é, a substância do real, não como ego empírico, mas como *cogito*-medida do mundo. No entanto, esse *cogito*-medida nada tem a ver com o *metron* cético e prudente dos sofistas; o *cogito* idealista é a *coagitatio*, o empreendimento dominador da representação que se prepara para dispor do real. Leibniz não tardaria a definir o *subjectum* como *ens percipiens et appetens*; desvelará pela primeira vez a essência voluntária do ente. Restaria a Nietzsche garantir o apogeu da metafísica pela subordinação da própria certeza à ideia de valor e de vontade de poder.

Assim, a metafísica consumada – a metafísica moderna – surge como teoria do imperialismo do ente disfarçada de preocupação epistemológica. O verdadeiro zelo do conhecimento dormia na reflexão sobre a finitude receptiva esboçada pelos primórdios da filosofia crítica. No entanto, Heidegger está muito longe de julgar que a metafísica não passe de um erro monstruoso acumulado durante séculos – na realidade, durante toda a história do Ocidente. É que, se "a eclosão do ente [...] obscurece o ser", isso nada tem de acidental. Faz parte da essência do ser ocultar-se enquanto o ente se mostra, ou antes: ocultar-se *na* manifestação do ente. Isso porque o ser não vive apenas de sua discrepância em relação ao ente: não obstante essa discrepância, o ser não existe fora do ente. Essa ocultação necessária do ser no ente é a *errância*.

[5] Ver a conferência de 1938, "A época das 'concepções do mundo'", in *Chemins qui ne Mènent Nulle Part* (*Holzwege*).

Toda grande construção histórica da metafísica renova essa errância. Nós nos lembraríamos da exteriorização necessária da Ideia em Hegel se a eclosão do ente pudesse ser tomada, com simplicidade, por uma manifestação do ser – mas, justamente, não pode. A errância não abole a diferença entre o ser e o ente: confirma-a. Se o destino do ser é perder-se, ele jamais se reencontrará em nenhuma de suas partes, em nenhuma de suas amnésias, nem mesmo na soma consciente de todas as suas peregrinações. Não existe o perigo, para o ser da diferença, de tornar-se o Espírito colecionador de suas próprias metamorfoses. O ser sempre ultrapassará o conhecimento. Tanto para Heidegger como para Hartmann, o idealismo absoluto não passa de uma tentação do passado.

O ser é reserva: a história do ser é uma simples história do esquecimento do ser. O ser não pode em absoluto fundamentar-se na história. Ao contrário: é o ser, como ruptura com o ente, o ser como não-ente, que pode fundamentar a historicidade. A história radical saiu da história. O tempo verdadeiramente novo não pode nascer do tempo transcorrido.

O ser que ultrapassa a consciência sem que por isso seja transfenomenal não é uma exterioridade. Não poderia ser análogo a uma positividade qualquer.[6] Bem ao contrário, conhecemos a hostilidade de Heidegger em relação a todo dado positivo; rigorosamente falando, o ser que se opõe ao ente se opõe, na realidade, ao *ente-dado*, ao ente já-dado: em suma, ao positivo. A crítica heideggeriana à metafísica é apenas uma crítica à teoria do ente-dado: é *a verdadeira crítica radical de todo positivismo*. Heidegger denunciou várias vezes a positividade disfarçada de novidade da criação. Toda a grande tradição da metafísica moderna poderia ser considerada um positivismo mascarado – da descoberta cartesiana do sujeito à substância apetitiva de Leibniz e ao princípio hegeliano da "substância que se torna sujeito". O "positivismo" idealista, o

[6] Eis por que a reflexão sobre o ser não é em absoluto equivalente ao positivismo, como acredita Dufrenne – ver apêndice B, 1ª seção.

positivismo do *cogito* e do Espírito, é apenas a metafísica antiga que se tornou dinâmica; mas é também – e não sem motivo – a metafísica plenamente realizada, visto que o discurso do ente é sempre a justificação imperialista da força do real-dado. Por isso, segundo Heidegger, Descartes leva a Nietzsche. E por isso também a essência da metafísica abriga a essência da técnica moderna.

De fato, a técnica moderna é o apogeu do poder do ente. É uma conduta autoritária. Submete a natureza e o homem a uma constante *requisição*; inspeciona e interpela; intima a natureza a entregar seus recursos; é conquistadora. A técnica não quer ultrapassar o ente, exceto no sentido da vontade de poder que, segundo Heidegger, "não aspira ao que ela quer como a algo que ela ainda não tem, [...] pois a vontade quer seu querer". A técnica é a organização do imperialismo do ente.

Porém, assim como o esquecimento do ser na reflexão sobre o ente nada mais é que a errância do próprio ser, a origem da técnica se dá para além da metafísica. A técnica é apenas uma forma de desvelamento do ser. Se o ser se ocultou na metafísica-técnica, então ele é *originário* em relação a seus próprios disfarces. "A essência da técnica não tem nada de técnico." Visto, porém, que o ser sempre extravasa o ente, temos o direito de pensar que a técnica como autojustificação do ente e a metafísica como expressão teórica desse fenômeno podem, por sua vez, ser ultrapassadas.

A técnica moderna, no ensaio heideggeriano *A Questão da Técnica* (1953), aparece como realização de uma disposição inerente ao homem ocidental da época metafísica. Parece-nos que tal ideia coincide com a noção lévi-straussiana (no ensaio sobre Rousseau) de um aumento da crueldade dos costumes causado pelo desenvolvimento da técnica, que apequena o universo e confirma em todo lugar a ruptura entre o homem e a *physis*. Pode-se reconhecer aí o eco moderno da célebre condenação por Rousseau, no segundo *Discurso*: "Foram o ferro e o trigo que civilizaram os homens e causaram a perda do gênero humano", sobretudo porque essa frase poderia ser lida de um modo muito mais rico e profundo à luz da dialética da errância, diferentemente do que nela se via de costume: a mera rejeição romântica da obra civilizacional.

Por intermédio do tema da técnica, a meditação sobre o ser converge para o rousseauísmo lévi-straussiano em seu aspecto mais libertário. A contestação da técnica cega corresponde ao combate contra a opressão e a força na sociedade contemporânea. Na *aletheia* que se desvela fora de toda requisição imperativa habita a forma ontológica de uma construção social que não seja o resultado do exercício do poder e da coerção. De fato, se por um lado a vontade de poder é realmente a culminação da metafísica como pensamento da técnica interpeladora, por outro Rousseau, o anti-Hobbes, já havia falado de uma sociedade nascida da paz, mais do que da força. No *Ensaio sobre a Origem das Línguas*, na aurora da vida social, não são os "mais robustos" que constroem a sociedade. "Estes se tornaram caçadores, violentos, sanguinários; depois [...] guerreiros, conquistadores, usurpadores", enquanto "a maioria, menos ativa e mais pacífica, se deteve quanto antes, acumulou gado [...] e assim iniciou a vida pastoril".

A bem dizer, no entanto, o tema da crítica da técnica apenas traz à luz um aspecto fundamental da diferença entre o ser e o ente, aquilo que se poderia chamar de dimensão *política*. De fato, a diferença ser/ente apresenta também uma feição política, no sentido em que pressupõe a inexistência de qualquer relação de dominação entre o ser e o ente. Como se deve compreender isso? Não seria possível dizer que o ser é a origem do ente? O ente não depende do ser? Decerto. Contudo, visto que o ser não existe fora do ente, visto que o ser não é "nada", como poderia ser mais forte que o ente? A relação de poder só ocorre entre entes. Entre a negação do ente e o ente não há dominação possível. Jacques Derrida foi feliz em sua formulação disso: o ser não é senhor do ente. A reflexão sobre o ser não estabelece *arquia*; a reflexão sobre a diferença é politicamente igualitária.

Quando Heidegger interpreta a palavra *tisis* em seu ensaio *A Fala de Anaximandro* (1946; publicado em *Holzwege*), menciona a "ausência de consideração" manifestada pelos entes entre si, aquela "fúria de persistir" que leva cada ente a perseverar em sua presença, esquecido da finitude e desrespeitoso para com os outros. O ente-dado persiste na paixão de garantir para si uma presença constante. Vimos o modo como, nesse apego cego e selvagem ao presente, se detecta o caráter volitivo e agressivo do ente. Segundo Heidegger, tal agressividade do ente aparece sem máscara e de maneira definitiva na frase em que Zaratustra associa a *vingança* ao ressentimento da vontade de poder contra o tempo. O conceito central de Nietzsche, mais do que qualquer outro, esclarece a fúria do ente rebelado contra a lei do tempo; nessa fúria, porém, o ente também se volta contra o tempo-como-possibilidade-de-realização de *outros* entes. Nesse aspecto, a vontade de persistir é vontade de dominação. É precisamente por isso que Heidegger lhe opõe a verdade do Ser como *deixar*-o-ente-ser. O conceito de *mundo* nas conferências "A Coisa" e "Linguagem", de 1950, se situa exatamente nessa perspectiva. Como tão bem observou William Richardson em seu excelente *Heidegger: through Phenomenology to Thought*,[7] o *mundo* é o Ser como Unidade polivalente, Unidade-que-permite-aos-entes chegar a existir.

No ser que ultrapassa o ente sem por isso ser seu senhor existe a figura de outro fundamento, distinto do poder. Longe de se unir para a glorificação do positivo, parece que a reflexão sobre o ser e a reflexão sobre a estrutura coexistem na aspiração a uma ordem livre, para além de todo ente. É até possível que a recusa da positividade em nome da diferença para com o ente seja mais coerente e eficaz que a negação do positivo meramente inspirada na crítica à sociedade. Sabe-se que a Escola de Frankfurt – em seu marxismo revigorado pelo culto à negação hegeliana do positivo – não pôde escapar do

---

[7] Den Haag, M. Nijhoff, 1963.

mais negro pessimismo quanto a toda possibilidade efetiva de reconstrução da sociedade. Basta ler a amarga lamentação marcusiana quanto à impotência da crítica social para indicar (sem cair no profetismo) a abertura do porvir. "A teoria crítica da sociedade não possui nenhum conceito capaz de transpor o abismo entre o presente e seu porvir." É uma confissão difícil de fazer para alguém que se considera herdeiro do pensamento revolucionário do século XIX. A razão disso talvez resida em que o antipositivismo de Frankfurt ainda sofre demasiadamente o peso de uma ancestralidade metafísica, isto é, do marxismo. Será preciso acreditar, talvez, junto com Lucien Sebag, que a filosofia da práxis é o último dos idealismos? Isso nos explicaria ao menos por que a tentativa de fundamentar a negação do positivo em algo que ainda é positivo está fadada ao fracasso; já a reflexão sobre essa tentativa deve resignar-se com a amputação daquilo exatamente que a inspirava: a esperança de uma transformação radical da sociedade.

Mas o que é essa diferença entre o ser e o ente senão a transposição para o plano da ontologia – uma ontologia tão radical que precede a nomeação do ser que faria dele um ente – do conceito rousseauniano do homem natural, do homem que não se confunde com nenhuma forma específica de humanidade? Para Rousseau, todo homem específico é social, mas o homem em si, o homem como tal ultrapassa toda sociedade. Para Heidegger, todo ser conhecido é um ente, mas o ser como tal não é um ente. Foi possível dizer sobre o homem rousseauniano que ele era um "homem revoltado contra toda positividade" (Éric Weil). Será que não se poderia dizer o mesmo sobre o ser heideggeriano? De fato, para Heidegger o ser é a diferença pura em relação a todo ente; da mesma maneira, o homem de Rousseau, medida de análise ou promessa de felicidade, vive apenas da contestação da humanidade existente. Será que não basta articular essa analogia para trazer à mente o parentesco profundo entre o pensamento de Rousseau – como reflexão fundadora das ciências humanas e inspiradora de uma moral da liberdade – e a intenção radical da filosofia de Kant, que contém a semente de uma nova interpretação da realidade?

No entanto, se o pensamento de Heidegger expresso como problemática do ser de fato recuperou a raiz da teoria de Kant como transformação filosófica da antropologia rousseauniana, devemos buscar quais seriam suas relações com o estruturalismo. De fato, embora Heidegger tenha sido para nós uma retomada de Kant, começamos pela retomada de Rousseau no pensamento de Lévi-Strauss. É preciso, portanto, realizar uma segunda confrontação: a da reflexão sobre o ser com o pensamento estrutural.

Capítulo IV

O ESTRUTURALISMO COMO PENSAMENTO RADICAL

Eis que chegamos à parte final da nossa reflexão, que deve estabelecer o paralelo entre a reflexão sobre o ser e o estruturalismo. Partindo da indicação de Lévi-Strauss de que Jean-Jacques Rousseau deve ser considerado o fundador das ciências humanas, vimos que existe um parentesco muito profundo entre o pensamento de Rousseau e a orientação originária da filosofia de Kant. Em seu livro sobre Kant, Heidegger definiu seu próprio questionamento como o projeto de explicitar o sentido da revolução ontológica esboçada por Kant em torno do conceito de imaginação transcendental. Por isso evocamos as características principais do pensamento heideggeriano.

Por outro lado, lembremo-nos de que Lévi-Strauss afirmou sua parcela na herança de Rousseau e, ao mesmo tempo, aceitou a definição do estruturalismo como "um kantismo" – ainda que se trate apenas, é claro, de um kantismo "sem sujeito transcendental". Tanto é assim que, no intuito de representar graficamente as relações ideológicas examinadas até aqui, chegamos a um diagrama em forma de quadrilátero,

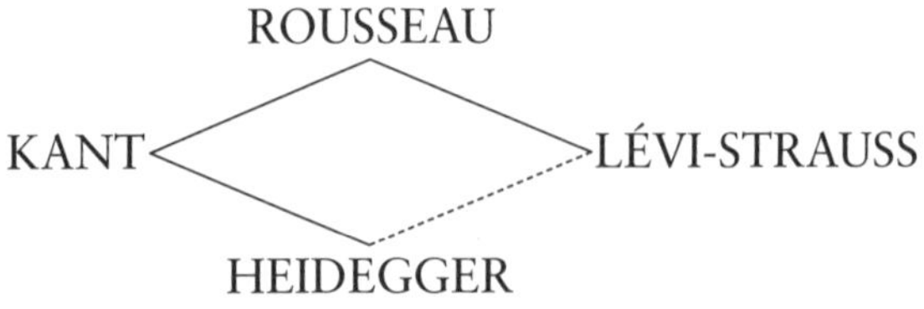

cujo último lado precisa ser traçado agora: o das relações entre o estruturalismo e a filosofia heideggeriana.

O projeto de demonstrar a analogia entre a "visão" estruturalista – as pressuposições filosóficas da antropologia lévi-straussiana – e a reflexão sobre o ser deve antes de tudo respeitar o caráter específico de cada uma das construções ideológicas comparadas. Somente esse cuidado permitirá que elaboremos um paralelismo sem falsear a análise nem cair numa comparação arbitrária. Ora, o caráter específico do estruturalismo antropológico – nunca será demais repetir – é que ele se apresenta *como ciência*. Por consequência, a primeira tarefa de nossa demonstração consiste em identificar os elementos essenciais do modelo de conhecimento científico tal como definido pela antropologia estrutural. Só depois que a noção de cientificidade em Lévi-Strauss for caracterizada será possível enunciar e descrever – no capítulo "Estrutura e Filosofia" – os pontos de convergência entre a visão estruturalista e a de Heidegger. Esta quarta parte se inicia, portanto, com um apanhado sintético da noção de estrutura como conceito-chave da ideia de ciência segundo Lévi-Strauss.

Esse procedimento é ainda mais válido pelo fato de os próprios pontos de convergência se depreenderem da noção estruturalista de ciência. Limitemo-nos a um único exemplo. O objetivo da ciência é o desvelamento da realidade social efetiva – a estrutura escondida por trás dos dados diretos: as relações sociais diretamente observáveis. Enquanto estas se ligam às particularidades de cada sociedade, a estrutura remete aos universais da cultura – e sendo os fenômenos culturais antes de tudo representações, e a etnologia, em decorrência disso, "uma psicologia",[1] os "universais da cultura" se confundem com o modo universal de funcionamento da mente humana. Ora, veremos que Lévi-Strauss não concebe a mente como entidade autônoma, *ontologicamente* distinta da realidade do mundo. A seus olhos, a mente é apenas uma *grade* que recorta a natureza fenomenal para torná-la inteligível. Seu modo de ação é próprio, mas nem por isso ela deixa de ser parte da natureza. Como a mente, portanto, não tem nenhuma "substância" separada a opor ao universo, só elabora suas redes, só aplica sua "grade" por meio do material que o mundo lhe fornece. A mente se alimenta do mundo. É aberta por natureza à realidade exterior.

Assim, a posição da mente como objeto das ciências humanas evidencia um aspecto essencial do pensamento de Heidegger, qual seja, a abertura do homem em relação ao ser. O *objeto* da ciência, segundo Lévi-Strauss, apresenta características análogas às de um traço fundamental da investigação ontológica heideggeriana. O mesmo

---

[1] Claude Lévi-Strauss, *La Pensée Sauvage*, p. 173-74.

vale para o *modus operandi* da ciência antropológica. A experiência prática do outro no *field work* e a transformação de modelos no plano puramente intelectual oferecem uma analogia impressionante com a *diferença* em Heidegger. Por fim, a própria natureza da ciência tal como Lévi-Strauss a entende – a antropologia como unidade indivisível de conhecimento e moral, de saber e sabedoria – corresponde também a outro elemento da reflexão sobre o ser: a noção de autenticidade filosófica. O questionamento de Heidegger se apresenta como objetivo teórico e, ao mesmo tempo, como ética.

No entanto, se dentro de sua própria estrutura interior – e não apenas em suas aplicações à vida prática – as ciências humanas se consideram uma moral, seria natural deduzir daí que sua análise da cultura obedece à inspiração de um ideal da vida social igualmente exigente. A ideia estruturalista da sociedade deve ser tão radical quanto o rigor da práxis científica do estruturalismo. Por isso pretendemos completar a caracterização do estruturalismo como pensamento radical pelo exame da ética social pressuposta pela obra de Lévi-Strauss. Esse exame é o tema de nosso último capítulo: "Rumo ao anarquismo científico".

Os resultados de nosso estudo nos levam a concluir que a antropologia científica de Lévi-Strauss está em relação harmoniosa com a corrente mais significativa da filosofia contemporânea, e o entendimento dessa relação permite captar, ao mesmo tempo, a unidade radical dos dois elementos-chave da posição lévi-straussiana: a defesa do progresso da ciência e a afirmação da vocação revolucionária das ciências humanas.

1. Estrutura e cientificidade: a grade e o real

Consideremos, portanto, a teoria da ciência em Lévi-Strauss e, em particular, a ideia de estrutura como transformação de modelos. Para Lévi-Strauss, a etnologia é uma antropologia geral. A antropologia estrutural retoma em outro nível de cientificidade a vocação universalista dos etnólogos do século XIX, que haviam sucumbido ao peso da tendência excessivamente empírica e descritiva dos antropólogos modernos. A antropologia havia se tornado a ciência das culturas; caíra em esquecimento o programa rousseauísta, em que o estudo das diferenças entre as sociedades era apenas o meio de chegar à compreensão do *anthropos*, portanto, do universal. Contudo, a antropologia não pode se contentar com um inventário de crenças e costumes exóticos: afinal, como a própria palavra o expressa, ela é a "ciência do homem". A antropologia estrutural se relembrou disso: extrai sua força dessa restauração etimológica.

O conceito de *estrutura social* deve ser interpretado dessa perspectiva. Não se trata, portanto, de uma estrutura localizável numa cultura específica[2] (hipótese explicitamente rejeitada em *Antropologia Estrutural*); a estrutura diz respeito ao homem, mais que à sociedade. Como, porém, chegar a discernir esse conjunto universal, que se estende ao gênero humano? A resposta de Lévi-Strauss é conhecida: pela transformação de *modelos* aos quais se atribui a função de descrever as relações sociais. Tais modelos refletem a realidade social; é preciso, portanto, que se assemelhem a ela. No entanto, a semelhança entre os modelos e a realidade não é total, nem precisa sê-lo. Segundo um velho princípio científico redefinido por John von Neumann, a semelhança pode ser "restrita a alguns aspectos julgados essenciais".

O modelo se assemelha ao real, mas de maneira *abstrata*, e tal abstração é requerida por sua função, que consiste em tornar a realidade social inteligível. No entanto, qual é o fundamento dessa abstração? O fundamento está em que o modelo não se reveste de sentido como reprodução perfeita do real (algo que ele não é), mas na medida em que é similar e, ao mesmo

---

[2] Idem, *Anthropologie Structurale*, p. 306.

tempo, distinto em relação a outros modelos. Eis a condição da inteligibilidade: *o mesmo deve coexistir com o diferente*, deve ocorrer no jogo da diferença. Assim, na música, o prazer surge do reconhecimento da unidade na variação; na análise, esse mesmo reconhecimento será a fonte do saber.

No entanto, isso equivale a dizer que a análise da realidade social coincide com o modo de operação da própria mente. De fato, a grande lição do estudo lévi-straussiano do totemismo consistiu em ensinar-nos que os pretensos "primitivos" concebem o real de maneira tão lógica quanto a nossa e que seu senso de unidade contém a diferenciação classificatória. As diferenças que eles observam entre as espécies animais ou vegetais lhes servem não apenas para classificar a natureza, mas também para expressar as distinções entre grupos sociais. Isso significa que a rede das diferenças é usada como elemento de identificação entre o homem e o animal. A tese da mentalidade "pré-lógica" dos primitivos não se sustém. A percepção da unidade nas distâncias diferenciais e por meio delas é o motor da mente, tanto no totemismo e nos mitos como na construção de modelos científicos.

A ciência não "fotografa" a realidade; ela reflete o funcionamento universal da mente humana. A noção de *grade*[3] caracteriza a mente como um sistema de distâncias diferenciais aplicado aos fluxos indistintos da realidade, que só se torna inteligível por meio desse recorte. A mente discerne e distingue em toda parte: as situações empíricas são apreendidas somente por seu intermédio. (Note-se o quanto o uso do conceito de *episteme* por Foucault se assemelha a essa ideia.)

Sendo assim, a análise da mente – não em seus aspectos concretos ou psicológicos, mas em sua função de ordenar o real, em sua função lógica – ocupa o centro da pesquisa estruturalista. Já não sabíamos que os fenômenos sociais são antes de tudo representações? A tarefa da análise será estabelecer, por meio (e para além) das

---

[3] Idem, *La Pensée Sauvage*, p. 100, 197.

diversas aplicações da mente efetuadas por diferentes culturas, os universais da situação humana; em suma: fazer com que as diferenças se iluminem umas às outras, sem negligenciar a especificidade de cada uma. Isso porque "a explicação científica não consiste na passagem da complexidade à simplicidade, mas na substituição por uma complexidade mais inteligível de outra, menos inteligível".[4]

A estrutura se edifica a partir do movimento de transformação dos modelos. A condição desse movimento é a constância do surgimento da diferença. Os modelos só ganham sentido quando confrontados com *outros* modelos. Visto, porém, que os diferentes modelos são todos considerados modelos, visto que a transformação os reúne num mesmo conjunto, é necessário que haja aí alguma identificação. Identidade e diferença não podem permanecer em oposição absoluta; a relação entre elas é, evidentemente, dialética. Segundo a formulação em *O Totemismo Hoje*:[5] "não são as semelhanças, mas as diferenças que se parecem".

Essa dialética entre o idêntico e o diferente é ilustrada em *O Pensamento Selvagem*[6] por atitudes complementares observadas em certas sociedades ditas totêmicas em relação às partes dos animais epônimos. O povo elema do sul da Nova Guiné "observa para com seus totens uma proibição alimentar muito estrita, mas cada clã detém um privilégio exclusivo sobre o uso ornamental do bico, das plumas caudais, etc.". Os elemas usam como emblema as partes não consumíveis do animal totêmico; ora, tais partes (bico, plumas, etc.) são o que diferencia o homem e o animal um do outro. Assim, o que é usado como sinal de identificação entre o indígena e o animal é precisamente o que os *distingue*. Em contrapartida, as partes consumíveis, que são naturalmente assimiláveis, são proibidas; tornam-se assim sinais de diferenciação. Vê-se o duplo jogo de inversões:

---

[4] Ibidem, p. 328.

[5] Idem, *Le Totémisme Aujourd'hui*, p. 111.

[6] Idem, *La Pensée Sauvage*, p. 141-43.

o que aproximava se tornou indício de uma distinção, enquanto o que diferenciava passou para o lado da assimilação. Os etnólogos costumavam destacar apenas o fenômeno da proibição alimentar: imaginavam sempre que o pensamento primitivo "identificava" o homem ao animal. Na realidade, as relações são muito mais complexas; pertencem ao âmbito de uma articulação lógica que estabelece entre a natureza e a cultura "um escambo entre similitudes e diferenças".

Que um exemplo totêmico possa ilustrar o procedimento analítico, isso é algo que acrescenta uma prova suplementar à ideia de que a ciência não faz outra coisa senão universalizar as aplicações da mente. No entanto, o que gostaríamos de ressaltar nessa dialética entre a identidade e a diferença é que ela implica a *superação do plano da evidência*. As diferenças que se assemelham não se mostram ao primeiro olhar: expõem-se somente na confrontação dos modelos. Não saltam aos olhos; são antes o resultado de um cálculo. Edmund Leach[7] – depois de haver mostrado que o "aumento da familiaridade com as demandas da programação de computadores digitais tornou o pesquisador científico mais habituado à ideia de que a 'semelhança', considerada em termos estatísticos, representa uma aglomeração, mais que uma identidade de características" – assinala que não se trata de semelhanças evidentes, passíveis de serem estabelecidas por meio de um exame direto.

Se a ciência é a superação da evidência imediata do senso comum rumo a significações mais profundas, a análise estrutural assume a responsabilidade dessa superação. A remissão vai além do conhecido; a diferença, motor da análise, não permite que ela se detenha. A explicação sempre recomeça. A remissão não se limita a superar a realidade direta rumo a uma teoria consumada das causas profundas, como em Marx e em Freud; cumpre que ela persista e que a interpretação jamais se "feche".

---

[7] Em "Telstar et les Aborigènes ou 'La Pensée Sauvage'", *Annales*, nov./dez. 1964.

Tal *interminabilidade* da análise encontra seu lugar favorito na interpretação dos mitos. Foi o que Jean Pouillon[8] captou sob a forma de uma analogia muito instrutiva, ao observar que o estudo das estruturas de parentesco na obra de Lévi-Strauss corresponde à fonologia – à análise dos sistemas de unidades pouco numerosas –, ao passo que o estudo dos mitos equivale à semântica – à análise dos sistemas cujos elementos se agregam em séries abertas.

O sentido de um mito está sempre por trás de seu sentido literal. No entanto, a determinação do sentido "oculto" requer a comparação entre *várias* versões ou variantes do mito. *Um* mito nada pode dizer-nos: seu sentido sempre permanecerá superficial.[9] A interpretação só alcança as profundezas por intermédio do exame das variantes: o esquema interpretativo torna-se, então, "tridimensional". Em caso extremo, a apreensão das relações entre as múltiplas versões, sendo estas demasiado numerosas, supera a capacidade dos procedimentos intuitivos e impõe o recurso ao cálculo matemático.

No entanto, a interminabilidade da análise não se deve apenas ao número dos mitos e de suas versões, ao fato de que o sistema mítico seja composto de séries abertas. A interminabilidade se deve à própria natureza dos mitos, à essência do mito. A análise mítica não termina, "não tem unidade secreta passível de ser apreendida ao fim de um trabalho de decomposição",[10] porque "o pensamento mítico procede da tomada de consciência de certas oposições e tende à mediação progressiva"[11] – porém nunca consumada – entre elas. Essa ideia é sinteticamente exemplificada pelo mito de Édipo, interpretado no capítulo XI de *Antropologia Estrutural*, e pelo mito *tsimshian* de Asdiwal.[12] No entanto, na conclusão de

---

[8] "L'analyse des mythes", *L'Homme*, jan./mar. 1966, p. 100-05.

[9] Claude Lévi-Strauss, *Anthropologie Structurale*, p. 242.

[10] Idem, *Le Cru et le Cuit*. Paris, Plon, 1964, p. 13.

[11] Idem, *Anthropologie Structurale*, p. 248.

[12] Annuaire de l'École Pratique de Hautes Études, seção V, 1958-9.

O Cru e o Cozido, a "mistura de impotência e tenacidade" – traduzida na repetição dos mitos e na recorrência de seus temas – é atribuída à necessidade de ordenar o real. A repetição seria, assim, ao mesmo tempo, o preço da inteligibilidade da realidade, da passagem "do contínuo ao discreto",[13] e a forma do empreendimento – fadado ao fracasso – de tornar manifesto o sentido supremo do universo, para além de toda contradição.[14]

Ora, visto que o mito como repetição encarna a condição da compreensão do real – visto que o mito "significa a mente" –, nada de mais natural do que o fato de que o mito representa a tentativa sempre recomeçada de apreensão do sentido unitário da realidade. Isso porque tal ambição é o objetivo e também o limite do conhecimento, da organização do *continuum* da realidade empírica. Sendo assim, se, ao se repetirem, os mitos contam o tempo inteiro a história de uma origem e de uma inauguração, é porque refletem tanto o modo de operação da mente (a aplicação da "grade" ao *continuum* empírico) como sua ambição fatal: a tentativa de desvelar o sentido do mundo como se este último pudesse preceder a organização dele que a própria mente estabelece.

Seria possível objetar que essa interminabilidade diz respeito unicamente aos mitos e não poderia valer para outras dimensões da cultura. Na verdade não é o caso, não apenas porque, como vimos, para serem compreendidas as "ordens vividas" pressupõem a existência das "ordens concebidas" (entre as quais o mito) – dado que a práxis opera por meio da mente[15] –, mas também porque uma das ambições da antropologia é a *totalidade*:[16] a análise só decompõe o fato social total no intuito de "descobrir uma forma comum às diversas manifestações da vida social". Por conseguinte, se comparássemos essa característica fundamental da criação

---

[13] Claude Lévi-Strauss, *Le Cru et le Cuit*, op. cit., p. 347.

[14] Idem, *Anthropologie Structurale*, p. 231.

[15] Ibidem, p. 347-48.

[16] Ibidem, p. 399.

mítica aos outros aspectos do âmbito social, chegaríamos a qualificá-la e a relativizá-la, não a suprimi-la. O que é verdadeiro para o mito é verdadeiro também para a mente como mediadora entre infraestruturas e superestruturas e, nessa qualidade, como objeto por excelência das ciências humanas.

O mito – a mente – vive a um só tempo do recorte do real e da paixão de unificar sua significação. Vê-se que a ciência o encontra nesses dois pontos. É nesse sentido – e não como "estetismo" ou confissão de uma pretensa renúncia à explicação – que é preciso tomar a expressão de Lévi-Strauss a respeito da interpretação dos mitos, quando ele denomina esta última de "o mito da mitologia".[17] Por isso a ciência, em razão de seus modelos, só se afasta do mundo em prol de uma reunificação final, sob a forma de uma compreensão integral da realidade – para sempre situada fora de seu poder. Talvez encontremos aqui o cerne da noção estruturalista de mente e de ciência. Em seu excelente artigo "L'esprit humain selon Lévi-Strauss",[18] Eugène Fleischmann distinguiu o postulado estruturalista sobre a identidade entre estruturas do pensamento e estruturas do mundo[19] das teorias que concebem as relações pensamento/mundo ao modo da negação – à maneira de Hegel e Marx – e da identificação idealista, espinosana, do pensamento com o universo. Para o estruturalismo, o funcionamento do pensamento o separa do mundo, ao qual o pensamento impõe a "grade" dos distanciamentos diferenciais; no entanto, esse recorte do real é animado unicamente pelo sonho de unificação perfeita entre mente e mundo, entre pensamento e cosmo.

O importante é não tomar a mente por uma realidade que substituiria o mundo como objeto de análise. A imagem da grade não autoriza tal ideia. De fato, nenhuma grade esconde aquilo a que se aplica; limita-se a dividi-lo

[17] Idem, *Le Cru et le Cuit*, op. cit., p. 20.

[18] *Archives Européennes de Sociologie*, tomo VII, 1966, n. 1.

[19] Claude Lévi-Strauss, *Anthropologie Structurale*, p. 102; *La Pensée Sauvage*, p. 328.

segundo regras. Para Lévi-Strauss, a mente não se opõe ao mundo, mas, em vez disso, compartilha sua natureza. "Como a mente também é uma coisa, o funcionamento dessa coisa nos instrui sobre a natureza das coisas".[20] Lembremo-nos de que os modelos *se assemelham* à realidade. A mente figura o mundo, e sua manifestação nada mais é, em última instância, que uma "interiorização do cosmo" – ideia que reencontramos na conclusão de *O Cru e o Cozido*: "[...] os mitos significam a mente, que os elabora por meio do mundo de que ela mesma faz parte". A mente, portanto, não se justapõe ao mundo; não projeta sobre este as secreções de um conteúdo qualquer que lhe seria irredutivelmente próprio e "íntimo". A interiorização do cosmo nada tem em comum com a difícil contiguidade entre o *cogito* clássico e a extensão ou com a exteriorização do Espírito em Hegel.

Por isso, a transformação dos modelos, segundo a natureza "mundana" da mente, sempre se fundamenta na referência ao real. Tanto na combinatória dos modelos como na transformação dos mitos, "a permutabilidade do conteúdo não equivale a algo arbitrário" (*A Gesta de Asdiwal*). E Lévi-Strauss define a estrutura como uma unidade inseparável de elementos formais (relações) e materiais (unidades semânticas).[21] O estruturalismo não é um formalismo.

A estrutura é, portanto, referencial. Os modelos não são peças intercomunicáveis de uma álgebra caprichosa, que prescindiria por completo da realidade exterior. Assim como a linguagem possui em sua própria autonomia uma dimensão mimética (Jakobson), a estrutura social mantém em seus modelos "abstratos" o sentido do mundo descrito por ela. A estrutura é *aberta*. Como a mente pertence ao mundo, não poderia fechar-se para o real.

A possibilidade de confundir a tese da unidade mente/mundo com a dissolução de toda especificidade da

---

[20] Idem, ibidem.

[21] Ver "La structure et la forme", *Cahiers de L'I.S.E.A.*, XCIX, 1960.

mente, diante da superestimação do universo psicoquímico, suscita em numerosos críticos do estruturalismo o alarme que conhecemos. Para os defensores do humanismo clássico e da análise da vivência, essa confusão de fato ocorreu na obra de Lévi-Strauss. Para outros, como Fleischmann, não passa de um perigo, por vezes fomentado pelos textos lévi-straussianos (como aquela página 397 de *Antropologia Estrutural*, citada por esse autor, em que o objetivo do método estruturalista se define pela preocupação de elaborar um "sistema de referência [...] independente tanto do observador como de seu objeto"). Contudo, em última análise esse risco é desmentido pela maior parte da teoria e da prática do estruturalismo, que em vez disso teria sido capaz de "mostrar a possibilidade de um sistema de referência *dependente* tanto do observador como de seu objeto" (Fleischmann).

De nossa parte, observaremos que, quanto aos escritos de Lévi-Strauss, esse perigo não raro é exagerado, mesmo por aqueles que fazem questão de negar que aderem a um humanismo retórico e anêmico, temeroso do estruturalismo como das correntes de ar. Assim, a citação de *Antropologia Estrutural* que acabamos de reproduzir, quando reinserida em seu contexto, não parece em absoluto destinada a definir o método estruturalista, mas antes a compará-lo – como estratégia da antropologia aplicada à sociedade "civilizada" – aos procedimentos analíticos da sociologia. Tanto é que, ao caracterizar a *objetividade* buscada pela antropologia três parágrafos depois, Lévi-Strauss afirma que a "busca intransigente de uma objetividade total só pode desenrolar-se num nível em que os fenômenos conservam uma *significação humana* e permanecem compreensíveis – intelectual e sentimentalmente – para uma consciência individual".[22] E também: "a antropologia [...] pretende ser *ciência semiológica*; situa-se resolutamente no nível da significação".[23] Aliás, quatro anos

[22] Claude Lévi-Strauss, *Anthropologie Structurale*, p. 398; grifo nosso.

[23] Ibidem, p. 399.

antes desse texto, em *Introdução à Obra de Marcel Mauss*[24] – que retomava a noção maussiana de fato social total –, já se lia que a "prova do social [...] só pode ser mental", sendo o psíquico "a um só tempo simples *elemento de significação* para um simbolismo que vai além dele e único meio de verificação de uma realidade cujos múltiplos aspectos não podem ser captados sob forma de síntese fora dele". A mente e o sentido não podem desaparecer "numa ciência em que o observador tem a mesma natureza de seu objeto" e na qual, por consequência, "*o observador é, por sua vez, parte de sua observação*".

Da mesma maneira, em *O Pensamento Selvagem*,[25] quando se fala em "reintegrar a cultura na natureza e, por fim, a vida no conjunto de suas condições físico-químicas", essa "dissolução do homem" não é em absoluto um reducionismo. É o próprio autor quem o diz, ao observar que "o verbo 'dissolver' não implica de maneira alguma (e até exclui) a destruição das partes constitutivas do corpo submetido à ação de outro corpo" e que "no dia em que formos capazes de compreender a vida como uma função da matéria inerte, descobriremos que esta última possui propriedades bem diferentes das que antes lhe atribuíamos".

Aliás, por que duvidar disso? Se para tecer a significação do mundo a mente estabelece a diferença e não concebe a identidade fora do diverso; se a análise postula constantemente a distinção; se mesmo a fonte do progresso (em *Raça e História*) é atribuída unicamente à frequência dos encontros entre culturas distintas – por que a mente, em sua identificação com a natureza, perderia suas qualidades específicas? Dizer que a mente é uma coisa não significa dizer que seja por inteiro como as outras coisas; ela já é a coisa para a qual todas as coisas, inclusive ela mesma, têm um sentido.

---

[24] Claude Lévi-Strauss, *Introduction à l'Oeuvre de Marcel Mauss* (1950). Paris, Presses Universitaires de France, 1968, p. XXV-XXIX.

[25] Idem, *La Pensée Sauvage*, p. 327.

2. Estrutura e filosofia

Segundo Fleischmann, o sucesso da demonstração da possibilidade de um sistema de referência capaz de explicar a um só tempo o observado e o observador aproxima o estruturalismo da dialética hegeliana, contanto, naturalmente, que esta última seja "desmetafisicada". Fleischmann confere assim um senso positivo ao que os etnólogos ingleses Edmund Leach, Mary Douglas e, sobretudo, K. O. L. Burridge[26] consideraram especificamente negativo em Lévi-Strauss: seu pretenso "hegelianismo". No entanto, a ideia que esses antropólogos fazem da mente em Lévi-Strauss – grosso modo, algo correspondente ao espírito objetivo de Hegel – não é muito defensável; já foi adequadamente criticada por Jean Pouillon.[27] Ademais, a compreensão por parte deles do próprio pensamento de Hegel é bem pouco dialética, o que não se poderia dizer da de Fleischmann.

Deixemos, no entanto, a questão do "hegelianismo" do estruturalismo. Conforme a tese que nos propomos demonstrar, a caracterização filosófica da visão estruturalista deve antes nos aproximar de outra corrente de ideias: a reflexão ontológica de Heidegger. Acabamos de evocar as características dos dois conceitos-chave do pensamento de Lévi-Strauss: as noções de estrutura e de mente. Essa evocação teve a vantagem de nos relembrar a feição específica da antropologia estrutural. Enquanto a mantemos diante do nosso olhar, cumpre-nos agora realizar o projeto de demonstração da analogia estrutural entre a visão estruturalista e a reflexão sobre o ser. Com essa demonstração, consideraremos filosoficamente fundamentada a classificação do estruturalismo como teoria radical, tanto no plano do conhecimento como no da ética.

---

[26] In *The Structural Study of Myth and Totemism*, ed. por Edmund Leach. London, Routledge, 1967.

[27] "L'analyse des mythes", op. cit.

Concentraremos nossa análise em três pontos de convergência. É ocioso dizer que nenhum deles foi, como tal, tematizado pelos dois autores comparados. Nosso objetivo principal não é evidenciar as ligações ideológicas conscientes e reconhecidas, mas antes indicar certas analogias de *estrutura*, como, por exemplo, a relação entre a ontologia de Kant e a antropologia de Rousseau, ou a relação entre o pensamento de Heidegger e o estruturalismo. Consideramos que são justamente tais analogias que dão todo o seu relevo às relações reconhecidas, tais como a inspiração rousseauniana de Kant ou de Lévi-Strauss. Está igualmente implícito que a brevidade de nossa apresentação nesta seção se deve precisamente ao fato de ela ocupar um lugar central em nossa tese: se a apresentação passa agora a ser sintética é porque sua tarefa é dar o nó entre várias linhas de argumentos desenvolvidos ao longo do ensaio.

O *primeiro ponto de convergência* se depreende do caráter de *abertura* da dupla noção estruturalista de mente e de ciência. A mente que nos instrui sobre o mundo e cujos produtos haurem sua matéria de um universo inesgotável; a estrutura como resultado sempre incompleto de uma transformação sem fim; os mitos intermináveis, e a análise deles, que não se interrompe – todos esses são sinais de uma concepção em que o conhecimento e o saber parecem essencialmente abertos ao exterior, essencialmente *receptivos*. No entanto, essa receptividade não poderia se confundir com simples passividade. Nem a mente, que *elabora* os mitos e as redes lógicas de todo tipo, nem a ciência, que *constrói* seus modelos escolhendo no real os dados que ela pressupõe como decisivos para a explicação, são destituídas de autonomia. Para a mente e para a ciência, o real é a um só tempo matéria-prima e objeto de descrição. A receptividade delas não exclui a espontaneidade de sua ação. Será que é preciso enfatizar o quanto isso se assemelha à ideia kantiano-heideggeriana de um conhecimento simultaneamente aberto e formador – do conhecimento como *espontaneidade receptiva* –, à qual dedicamos toda a terceira parte deste trabalho?

Tal receptividade – tanto sofrida como formada – da mente e da ciência encontra sua manifestação concreta no surgimento da *diferença*. A mente interpreta o mundo rompendo a indistinção do contínuo pela aplicação de uma "grade", de um sistema de distanciamentos – em suma, da diferenciação. A ciência só confere sentido a seus modelos de análise pela confrontação das diferenças entre eles. No entanto, embora o movimento da diferença seja a condição da inteligibilidade do real, vimos também que uma diferenciação absoluta não teria sentido: para que os modelos possam garantir-se mutuamente uma significação, cumpre que sejam ao mesmo tempo similares e diferentes; cumpre que o idêntico coexista com o diferente. Visto que as diferenças "se parecem", a identidade e a diferença não podem permanecer em separação absoluta. É preciso que a relação entre elas seja transitiva e dialética. Por isso, a identidade também não pode deixar de ser suscitada pela obra da mente na articulação do inteligível. O idêntico absoluto – bem como o absolutamente diferenciado – pertence ao fluxo sem rosto do real fora do sentido (ambos se situam no espaço do impensável); já o idêntico relativizado, por sua vez, reside no ato de compreensão, a operação da "grade".

Ora, essa dialética da identidade e da diferença, pressuposta pela análise estrutural, tem sido um tema filosófico há muito tempo. Quando Platão, já envelhecendo, empreendeu a crítica do absolutismo parmenidiano, definiu o diferente como essencialmente relativo, o idêntico na perspectiva da diferenciação, e o não-ser[28] como um gênero do ser que inclui toda coisa *que não é* algo determinado. Mostrou que, em cada alternativa dos dilemas eleáticos, o conhecimento se torna impossível. Durante a elaboração de *Sein und Zeit*, Heidegger ministrava um curso sobre o *Sofista*. Trinta anos depois, publicou um ensaio dedicado ao problema da diferença: *Identidade e Diferença* (1957). Nunca se afastou da reflexão sobre a dialética da diferenciação. Sua investigação nesse âmbito

---

[28] Platão, *Sofista*, 257e-259d.

foi a mais constante e a mais persistente desde a de Hegel. Por isso o *segundo ponto de convergência* entre o estruturalismo e o pensamento de Heidegger diz respeito à dialética da diferença.

O tema da diferença é concebido por Heidegger no horizonte da questão do ser. A diferença eclode a partir do momento em que a presença já não é considerada a manifestação do ser em si, do ser em sua verdade, mas antes de seu disfarce pelo ente. O ente dado na presença esconde o ser em que se baseia. O destino do ser é essa ocultação. O sentido do ser impõe o desvelamento. No entanto, o desvelamento é, por sua vez, apreensão da diferença que separa o ser do ente. Se o conhecimento quiser alcançar o fundamento de todo ente, deve começar rejeitando o conhecido, o presente da presença; deve operar uma espécie de rememoração crítica da finitude essencial do conhecimento e lembrar que o ente ultrapassa e sempre ultrapassará nosso conhecer, que ele não pode, portanto, definir-se na esfera do conhecido. O ente fora da presença é o ser.

Contudo, sobre o ente fora do conhecimento nós nada sabemos, é claro. A única coisa que dele sabemos é um saber negativo: é que esse ente – o ser – não é o conhecido. Portanto, podemos dizer que a única coisa que sabemos sobre o ser é que ele é *diferente*. Mas o ser diferente do conhecido é o fundamento do conhecido. É a esse título que o pensamento o procura. A diferença, assim, é o princípio do idêntico, pois "ser" é, sem dúvida, a determinação mais geral, aplicável a todo ente, conhecido ou desconhecido. Se o ser do conhecido remonta ao que é diferente do conhecido, o ser deve conter a unidade radical entre identidade e diferença. O mesmo seria então o idêntico e o diverso. A dialética do idêntico e do diferente se enraíza na verdade do ser.

O ser ultrapassa o homem e, no entanto, entrega-se ao homem. O ser ultrapassa o conhecimento finito do homem e, contudo, se de fato existe conhecimento, é apenas porque o ser se manifesta ao homem. Somente a compreensão de que o tempo pertence à natureza íntima do ser pode tornar concebível tal paradoxo. Assim, a *mesma* dialética, a diferença como movimento do ser, não pode estar em oposição à temporalidade. O mesmo se apresenta como mudança. É nesse sentido que Heidegger, numa frase que concentra toda a sua filosofia, afirma: "Heráclito, que as pessoas opõem brutalmente a Parmênides [...], diz na verdade a mesma coisa que ele".[29] A diferença surge da identidade como *história. O mesmo deve, ele próprio, engendrar o diferente.*

Kant nos ensinou definitivamente que o conhecimento é finito. Se o conhecimento quer ser seguro, só lhe resta encontrar uma forma de certeza conciliável com seu caráter finito. O conhecimento finito é, por definição, receptivo; sendo ente entre outros entes, não pode criar seus objetos, apenas apreendê-los. A única maneira de dar à recepção um valor universal é descobrir uma recepção que pressuponha todas as outras, sem exceção. O tempo é aquela forma pura da recepção. Somente o tempo já está no conhecimento de cada objeto conhecido. Por isso, pelo tempo o homem pode realmente receber o ser e não apenas sujeitar-se a ele. No entanto, o tempo é também o que faz com que o ser ultrapasse o homem. Por consequência, na temporalidade a fuga do ser coexiste com a autonomia do conhecimento. Pelo tempo podemos compreender por que o ser e o homem não estão justapostos antes de estarem unidos, mas existem numa relação de unidade originária e pertencimento recíproco. A diferença faz parte dessa relação. Aí encontra seu elo de origem, de onde parte para constituir o conhecimento. Este se define como receptividade espontânea porque o homem faz de seu privilégio entre os entes o exercício de uma abertura à manifestação do ser. Eis a tradução, na linguagem da reflexão sobre o ser, dessa "aplicação de uma grade ao real", que é obra da mente. A mente elabora o sentido e, ao mesmo tempo, instrui-nos sobre o mundo ao qual se abre e do qual é tão íntima que dele faz parte.

---

[29] Martin Heidegger, *Introduction à la Métaphysique*. Paris, Gallimard, 1967.

Não é apenas por sua recusa do *cogito* clássico que a teoria estruturalista converge para o tema da abertura: é também por sua concepção da mente. Não é apenas ao encontrar o outro no trabalho de campo que ela recupera o tema da diferença: é também na análise, na transformação de seus modelos. Ora, eis aí dois temas relevantes de que a reflexão sobre o ser se apropria. A reforma da ideia de intencionalidade num sentido ontológico situou a abertura no cerne da reflexão do conhecimento *orientado para o ser*. Quanto à diferença, é o assunto de uma das analíticas mais desenvolvidas entre aquelas subordinadas ao tema forte da reflexão sobre o ser, isto é, o tema da relação ser/tempo. É ocioso dizer que não se poderia falar de tais analogias sem tomar consciência da diversidade dos planos em que seus termos se apresentam. A abertura e a diferença são postuladas pela antropologia no plano do ente, ao passo que a meditação sobre o ser, tirando-as desse âmbito, religa-as diretamente ao fundamento não-ôntico do ente – ao ser. O campo da ciência não se identifica em absoluto com o da reflexão sobre o ser. No entanto, acreditamos que é precisamente essa diferença que garante a analogia entre eles. Para esclarecer essa afirmação, precisamos considerar mais de perto as relações entre ciência e filosofia, e isso na dupla perspectiva da definição estruturalista de ciência e da definição não metafísica – no sentido heideggeriano – de filosofia. É o que faremos, antes de passar ao último dos pontos de convergência entre estruturalismo e reflexão sobre o ser examinados neste escrito.

O início de *Ser e Tempo* condicionava o nível de sucesso de uma ciência "à amplitude da crise de que ela é capaz quanto a seus conceitos fundamentais". No entanto, nessa época Heidegger considera basear as ciências nos princípios de uma ontologia fundamental, aquela que constitui o horizonte da analítica do *Dasein* e que ele tenta redescobrir em sua excursão "arqueológica" pela filosofia de Kant. A ontologia fundamental seria a base das ciências.

Entretanto, no período radical da meditação heideggeriana, naquela reflexão sobre a questão do ser que rompeu com as formulações da fase de *Sein und Zeit* e do livro sobre Kant, essa concepção deixa de ser pertinente. É claro, o ser é sempre o fundamento de todo ente, portanto, o fundamento de todas as regiões de entes compartilhadas pelas ciências; mas tal fundamento, por sua vez, não tem fundamento. *O Princípio de Razão* (1956) diz isso de maneira plástica. O ser não tem fundo, é "abismo". Como construir as ciências sobre tal ausência de fundo? O ser concebido a partir da entidade podia ainda ser figurado como base; o ser concebido "em seu retiro", o ser que é antes ocultado por todo ente, só pode fazer com que seja contestada, pela simples suspeita de sua existência, toda teoria do ente. Os *Holzwege* (*Caminhos de Floresta*) associam, portanto, as ciências e a metafísica – a doutrina do ente esquecedora do ser. A reflexão sobre o ser, radicalizada, parece opor-se à ciência.

No entanto, não se deve conceber essa oposição como simples rejeição. *Caminhos* fala também de "passar diante das ciências sem desdenhá-las". Curiosamente, a superação das ciências é preparada por "uma educação do pensamento em meio às ciências". É então que a metáfora heideggeriana do salto – que ultrapassa em vários pontos sua origem kierkegaardiana – assume toda a sua dimensão. O salto é a ruptura com o espírito metafísico; no entanto, assim como, no último instante antes do salto, apoiamo-nos mais firmemente do que nunca no solo que vamos abandonar, o "pensamento preparatório" lida com a consumação da metafísica. Em *O Princípio de Razão*, o salto vai do "pensamento" da tradição filosófica ao "impensado" aí contido. A superação da metafísica se torna de certa forma uma *inversão* dialética do conteúdo superado.

Será isso assim também quanto à ciência? Se o pensamento pode consumar sua educação em meio às ciências, não será necessário acreditar que sua oposição lhes é *interior*? De fato, o que pode significar a renúncia do pensamento em fundar as ciências, exceto que ele já não se reserva nenhuma camada do real – nem mesmo a mais originária – e que, em nome de um fundamento sem fundo, já não pode julgar-se anterior às ciências? Mas se esse é o caso, a ideia de uma hierarquia entre a filosofia e as ciências em que estas se subordinariam àquela perderia todo o sentido. Aliás, essa ideia é, de fato, uma noção tipicamente metafísica. Revela o imperialismo da metafísica, sua ambição de conter, em potencial, todo o saber. Com o tempo ela transformou a filosofia num pensamento dependente das ciências (neopositivista) ou numa eidética infeliz, sobrecarregada pela necessidade de conquistar a aprovação sempre recusada dos dados empíricos recolhidos por várias análises "regionais" (fenomenologia).

Quando a filosofia falava do ser como de um ente, um ente supremo, um *summum ens*, a relação entre ela e as ciências só podia ser *vertical*: a teoria do ente supremo não poderia renunciar ao direito de comandar as várias teorias regionais dos entes específicos. No entanto, a partir do momento em que a filosofia já não fala do ser como de um ente, tal relação se torna *horizontal*: como o ser não é um ente mais poderoso, não cabe à filosofia comandar as ciências. Isso não quer dizer em absoluto que basta inverter a antiga relação e fazer da filosofia uma *ancilla scientiarum*, mas antes que se instala uma nova forma de relação, uma coexistência sem coerção entre ciência e filosofia.

A reflexão sobre o ser não pretende substituir as ciências, nem mesmo no plano dos princípios mais gerais. Como poderia, dado que ela não diz *nada* sobre o conteúdo do ser, seu objeto? A partir daí, se ela se opõe às ciências, é a seus resultados e a suas aquisições; é à ciência "feita" – mais que àquele movimento de autocrítica e autorreconstrução fora do qual o saber científico afundaria no dogmatismo. A experiência do ser não delimita campo teórico algum; portanto, se pudermos encontrar-lhe um análogo no âmbito da ciência, precisaríamos pensar naquele impulso de superação do já-conhecido, naquele lugar em que o rigor se torna *denúncia* no progresso do saber. Aquém da problematização de suas próprias pressuposições, a ciência não passa de técnica. O antietnocentrismo da antropologia está consciente disso. Eis por que, na análise estrutural, a destruição dos estereótipos caminha junto com a formalização. A conquista do rigor coincide com o despertar permanente da atitude crítica.

É aqui, porém, que o sentido da abertura e da diferença, cuja forma pura pertence ao pensamento incumbido de destruir a ilusão reconfortante da presença, aparece como essencial à ação do conhecimento científico. É aqui que o salto para além do saber acumulado se prepara na intimidade da ciência. Assim, a reflexão sobre o ser, recusando-se a tomar por modelo um ente qualquer, indica à ciência o que ela já pratica quando inspeciona sem cessar os fundamentos de sua erudição. Então se compreende por que Martin Heidegger, o matemático, se propôs a tarefa de demolir a metafísica. Não o fez em prol de nenhum transcendentalismo incompatível com o espírito da ciência, de nenhuma apologia do desconhecido suscetível de atrair o desprezo da análise científica. Muito pelo contrário: em uma página do livro sobre Kant, ele próprio definiu a essência do desconhecido de um modo que só pode honrar toda cientificidade verdadeira: "o desconhecido não é aquilo de que nada sabemos, mas aquilo que, no conhecido, se impõe a nós como elemento de inquietação".

Tais reflexões, tão pouco desenvolvidas, sobre a relação entre ciência e filosofia no duplo horizonte do estruturalismo e do pensamento sobre o ser não deixam de suscitar em nós algumas dúvidas, cuja natureza, contudo, tende não tanto a enfraquecer nossa sensação de que tais analogias têm fundamento, mas a proibir-nos de tomá-las levianamente. Um gênio maligno talvez nos dissesse que o nascimento do estruturalismo em antropologia ocorreu precisamente quando um jovem professor de filosofia, nauseado pela gratuidade do clima metafísico da época (ecos neokantianos, bergsonismo triunfante, primícias do existencialismo...), desviou-se de suas "reviravoltas especulativas" para dedicar-se à ciência – àquela ciência de que, a seu ver, a filosofia deveria ser "servidora e auxiliar". A história dessa decepção de Claude Lévi-Strauss se encontra no sexto capítulo de *Tristes Trópicos*, "Como alguém se torna etnógrafo", em que serve de prelúdio ao impressionante resumo, traçado pelo autor, de sua formação intelectual.

Pode-se dizer que o próprio Lévi-Strauss, se não em seus textos teóricos, ao menos em sua biografia intelectual, recusa toda legitimidade à aproximação que estabelecemos. Contudo – e sem que seja necessário relembrar aqui que a dimensão biográfica jamais poderia prevalecer sobre a obra, com que não raro está em relação de descontinuidade –, podemos ler nesse mesmo capítulo expressões que nos tranquilizariam. Assim, na definição do tipo de inteligibilidade buscada pela ciência (página 44), a crítica estruturalista da evidência adota uma formulação curiosamente semelhante ao tema heideggeriano da superação da presença: "[...] a realidade verdadeira nunca é a mais manifesta; e [...] a natureza do verdadeiro já transparece no cuidado com que se esquiva". Basta avançar um parágrafo a mais para descobrir – ao fim de um ataque contra a presunção fenomenológica de uma continuidade entre o vivido e o real e contra o existencialismo, por causa "da complacência" que demonstra "para com as ilusões da subjetividade" – que a missão "atribuída à filosofia até que a ciência seja forte o suficiente para substituí-la" é "compreender o ser em relação a si mesmo e não em relação a mim". Não obstante esse torneio frasal polêmico, logo diluído no contexto da teoria estruturalista (em que a relação com o eu, como vimos, longe de ser negligenciada, surge como uma ferramenta indispensável da pesquisa etnológica), a frase traduz às maravilhas o movimento essencial da reflexão sobre o ser. Até ficamos tentados a dizer que expressa igualmente bem a *evolução* da filosofia de Heidegger, desde o período analítico existencial até a fase definida, aproximadamente em meados dos anos 1930 (no momento em que Lévi-Strauss dava adeus à metafísica e rejeitava suas manifestações modernas, fenomenologia e existencialismo), em torno da meditação sobre o ser; de fato, o sentido dessa evolução foi justamente a substituição do tema da finitude pelo tema do ser no centro da análise filosófica.

Será que não poderíamos entender por aí que a relação ciência/filosofia é tão dialética do ponto de vista estruturalista quanto do ponto de vista heideggeriano? Em ambos os casos, quando a própria ideia de relação é negada, parece restabelecer-se – contanto que não seja concebida como relação simples e simplista entre qualquer gênero de ciência e qualquer gênero de filosofia. Saberíamos então por que, no essencial, a crítica estruturalista às ingenuidades substancialistas no interior da ciência aparece como o equivalente da destruição da metafísica pelo pensamento de Heidegger como inversão da tradição filosófica – tanto é que o zelo da cientificidade nas ciências humanas se aproximaria em vários pontos da abordagem sobre a verdade do ser.

No entanto, o descontentamento da reflexão sobre o ser com as ciências parece ultrapassar semelhante "composição" dialética. Ele não se limita a exortá-las ao exercício da atitude crítica; afinal, se fosse esse o caso, o desenvolvimento das ciências no século XX deveria antes deixá-lo satisfeito. A fonte suprema da identificação heideggeriana entre ciência e metafísica é também uma razão *moral*. A recusa do presente e do conhecido, o distanciamento do conjunto dos entes rumo à promessa da verdade do ser é a radicalização filosófica do horror inspirado pela "inspeção" do universo conduzida por uma técnica incapaz de garantir ao homem uma felicidade verdadeira. A reflexão sobre o ser não é contra a ciência, mas exige mais do que aquilo que a ciência, como pura análise, pode lhe oferecer.

O motivo fundamental da superação heideggeriana da fenomenologia de Husserl é precisamente a necessidade desse "mais que a análise". Já dissemos que o próprio Heidegger tinha seu ponto de partida na filosofia da vida. O objetivo de Husserl era consolidar a epistemologia da vivência; o de Heidegger era tornar ontologicamente válido o conceito de *vida*, deixado por Dilthey em estado de "indiferença ontológica", segundo *Sein und Zeit*. Desde o tempo em que ainda era assistente de Husserl em Freiburg, ele se recusa a "suspender na redução a abordagem que acompanha a vida" (Otto Pöggeler). Heidegger substitui o eu transcendental, desencarnado e teoretizante, pela vida em sua facticidade. Quer escapar do âmbito exclusivamente teorético: substitui a intuição de Husserl pela compreensão (hermenêutica), em que o conceito de ser não tem o sentido de uma essência, de um *eidos*, de um objeto "visto".

A superação de Dilthey decorre de que, em Heidegger, a proximidade da vida não equivale em absoluto à redução da ontologia a uma sequência relativista de várias "visões do mundo". Ao transformar a "vida" em ser, Heidegger quer vincular a descoberta da facticidade a toda a tradição de elaboração filosófica do problema do ser. Assim, a hermenêutica do *Dasein* deve revelar o ser em si e o ser de todo ente, não apenas a essência do homem no sentido de uma "antropologia filosófica" de inspiração relativista. A relação essencial ser/tempo, ser/história jamais terá, para Heidegger, uma significação "historicista", como era o caso em Dilthey. O próprio *hermeneuein* já não remeterá a um espírito do passado, a um *Zeitgeist*, mas antes ao futuro: *hermeneuein* significa "anunciar". O ser da existência humana anuncia o ser. A analítica existencial tem por único objetivo mostrar como o sentido da existência é em sua relação com a manifestação do ser. A analítica existencial, portanto, não é de maneira alguma uma "antropologia"; ela fala da relação ser/homem, não de uma "situação humana". É bem conhecido que o "existencialismo" não tem relação alguma com a teoria de *Sein und Zeit*. A analítica existencial não tem correspondente nem no discurso filosófico sobre a condição humana (ao estilo de Jaspers) nem no discurso positivo sobre o fenômeno homem (antropologia).

O sentido do ser do *Dasein* está sempre além do dado, esquivando-se de todo ente. Em *Sein und Zeit* toda a tradição metafísica é acusada de haver concebido o sentido da existência humana do ponto de vista do ente dado, impedindo-se assim de compreender a natureza do ser, visto que a temporalidade originária ultrapassa todo ente dado. Mesmo Husserl não teria saído dessa perspectiva, mas apenas invertido o sentido da existência, transformando-a em ego transcendental "fora do mundo". Esse ego transcendental já não é um ente dado, *mas também não é ente*. Por isso o sentido do ser escapa à fenomenologia transcendental, que jamais poderá apresentar-se como ontologia. O *cogito* ontologicamente vazio de Husserl ainda se dá no horizonte da metafísica; não passa de uma forma invertida da metafísica. Assim como no caso do idealismo clássico, a fenomenologia transcendental não formula a questão do ser fora do primado do ente dado. Esse primado é algo que ela só supera ao *suprimir* a questão do ser.

Ora, o ser-aí heideggeriano está plenamente no mundo; está aí até mais do que poderia estar uma simples consciência teórica. Pela preocupação, pela angústia, pela previsão da morte e pela decisão de assumir seu destino de ser finito, a existência é bem mais que conhecimento. Ela nada estabelece "antes" do conhecer, pois a relação com o ser é também conhecimento; mas remete a uma *unidade originária entre teoria e prática*, saber e sabedoria, em que o fundamento da ciência é, ao mesmo tempo, o da moral.

Essa unidade inaugural, que se assemelha à experiência do sagrado sem por isso postular nenhum transcendentalismo, nenhum além do homem que prescindisse dele, não foi compreendida por Husserl. A exigência de uma raiz comum em que moral e ciência não fossem passíveis de dissociação lhe era estranha. Ele não se despreocupava com o problema ético, mas acreditava que a recuperação da razão teórica forneceria sua solução. A ética ainda consistia, para ele, num "resultado", mesmo que da mais alta nobreza e da mais elevada importância. Husserl não estava em condições de compreender a motivação profunda do pensamento de Heidegger; isso explica por que, no posfácio de *Ideen*, ele se tornou o ancestral mais ilustre de todos os que se enganaram quanto à analítica existencial ao considerá-la uma simples "antropologização" da filosofia.

Voltemos agora ao terreno das analogias entre reflexão sobre o ser e estruturalismo. Será que podemos fazer desta exigência de unidade radical entre saber e ética um *terceiro ponto de convergência* entre essas duas correntes do intelecto moderno? Será que haveria no estruturalismo uma preocupação equivalente quanto à unificação entre "*sophia*" e sabedoria? Será que nessa teoria científica – criticada com tanta frequência por seu pretenso "cientificismo" – poderíamos detectar uma autêntica vocação moral?

Já vimos (1ª parte, 1ª seção) como o conceito rousseauniano de piedade, retomado por Lévi-Strauss, intervém tanto no plano intelectual como no plano moral. A piedade é o princípio pressuposto pela passagem da natureza à cultura, o fundamento, portanto, da possibilidade das ciências humanas; mas é também a fonte de toda verdade moral em uma época dominada pela exacerbação da distância entre o homem e a vida. Por consequência, o fundamento da teoria social é igualmente a base da ética. Ciência e moral se enraízam no fenômeno da piedade de um modo unitário. A origem comum do saber e da sabedoria, requerida pela reflexão sobre o ser, reside no próprio limiar do pensamento estrutural.

Esse pertencimento mútuo, garantido pelo enraizamento comum, existiria também no caso das relações entre a obra de arte (ou o mito) e a análise científica. Tal como se lê em *Tristes Trópicos*,[30] "a obra do pintor, do poeta ou do músico, os mitos e os símbolos do selvagem devem nos aparecer, se não como uma forma superior de conhecimento, ao menos como a mais fundamental, a única verdadeiramente comum, e da qual o pensamento científico constitui tão somente a ponta mais aguçada". Além disso, se cada obra de arte é apenas um exemplo da *lógica do sensível*, o objetivo da ciência deve ser precisamente "uma espécie de *super-racionalismo*" que visa

[30] Claude Lévi-Strauss, *Tristes Tropiques*. Paris, Plon, 1955, p. 103.

a integrar o sensível ao racional "sem nada sacrificar de suas propriedades".[31]

(Tal "integração do sensível ao racional" se relaciona naturalmente com o papel de exemplo desempenhado pela análise linguística diante da antropologia estrutural. Aliás, o significante é, segundo *Tristes Trópicos*, "a mais alta maneira de ser do racional".[32] Decerto seria útil, contudo, estudar também as relações entre a análise estrutural em antropologia e o método *iconológico* aplicado à interpretação das obras de arte por Erwin Panofsky. Algumas analogias são impressionantes. Primeiramente, a análise estrutural – tão logo ultrapassado o âmbito dos sistemas de parentesco – deve examinar sistemas em que os elementos são muito numerosos, como é o caso dos mitos e, evidentemente, das obras de arte. Em segundo lugar, o nível da interpretação, ou iconológico, opõe-se em Panofsky ao nível da descrição, ou iconográfico, de modo claramente análogo à distinção lévi-straussiana entre etnografia e etnologia, entre a observação dos fatos sociais e a transformação dos modelos. Depois, a crítica estruturalista da evidência, a busca do sentido oculto, junta-se à noção de *conteúdo* da obra, definido por Panofsky, segundo Peirce, como "o que a obra deixa transparecer sem mostrar". Por fim, esse "conteúdo", a um só tempo distinguido do tema e da forma visível da obra [no sentido de Wölfflin], só é determinado por meio de um jogo complexo de remissões entre a obra, outras obras e documentos extra-artísticos. Em todo esse processo, a obra é tomada por um conjunto de significantes cujo sentido está sendo buscado. Assim, a interpretação iconológica, que se apresenta como "disciplina humanista" e afirma sua filiação à filologia clássica, na medida em que repousa no senso de ruptura entre os períodos culturais inaugurado pelo espírito do Renascimento em sua nostalgia da Antiguidade, *começa pelo significante*, exatamente como a antropologia é

---

[31] Ibidem, p. 44.

[32] Ibidem, p. 42.

obrigada a fazer quando busca a significação dos produtos de uma cultura. O casamento warburguiano entre o *Kunstwollen* de Riegl, despojado de seu psicologismo, e a teoria das formas simbólicas do neokantiano Cassirer teria dado em Panofsky aproximadamente o mesmo resultado que a linguística em Lévi-Strauss.)[33]

A aproximação arte/ciência acaba por levar esta última a comprometer-se com a ação social. "As grandes manifestações da vida social", nascendo no âmbito da vida inconsciente, podem assim também ser consideradas obras de arte: nesse sentido, uma cidade é comparável a uma sinfonia ou um poema.[34] Nada mais natural, portanto, do que ver a ciência – "ponta aguçada", porém menos substancial, do conhecimento fundamental expresso na arte – pôr-se a serviço da atividade artística quando alcança o plano anônimo e coletivo da criação social, em particular na constituição das cidades. Essa participação da ciência na obra social seria sua contribuição para "um humanismo global e concreto".[35] Num projeto assim, o lugar da ciência está no cerne da ação social.

No entanto, nós nos afastamos da relação ciência/moral. Essa contribuição da ciência à sociedade é em si mesma uma participação nos costumes, mais que um exercício ético. Em nossa questão, não se trata, para a ciência, de participar da vida; trata-se antes – tal como o expressa o duplo sentido da piedade – de ver a ciência abrigar na intimidade de seu projeto o movimento de uma *crítica* social. É a isso que se dedica o etnógrafo, em quem a humanidade de sua "missão" coexiste com o distanciamento de visão exigido pela ciência.[36] De fato,

---

[33] Ver em especial os respectivos ensaios introdutórios dos dois livros de Panofsky: *Studies in Iconology*, 1939 (tradução francesa de 1967), e *Meaning in the Visual Arts*, 1955, bem como os ensaios dedicados à discussão crítica dos conceitos metodológicos de Wölfflin e de Riegl coligidos por Guido D. Neri na edição italiana de *Die Perspektive als "symbolische Form"*, 1961.

[34] Claude Lévi-Strauss, *Tristes Tropiques*, op. cit., p. 103.

[35] Ibidem.

[36] Ibidem, p. 41.

o antropólogo descobre sua vocação na necessidade de vencer a desumanidade etnocêntrica, a recusa iníqua e cega do outro e de sua cultura.

Ora, a profundidade da reflexão de Lévi-Strauss consiste em que ele não parou na condenação do etnocentrismo. Fez-nos compreender que o verdadeiro problema começava além do abandono desse egoísmo e dessa arrogância: lá onde, liberto da cegueira para os valores alheios e da complacência com as imperfeições de sua própria sociedade, o cientista experimenta o perigo de um relativismo em que toda ação moral desmoronaria: "[...] na gama das possibilidades abertas às sociedades humanas, cada qual fez certa escolha, e tais escolhas são incomparáveis entre si: são equivalentes. Surge então, porém, um novo problema: de fato, se no primeiro caso éramos ameaçados pelo obscurantismo, na forma de uma recusa cega daquilo que não é nosso, corremos agora o risco de ceder a um ecletismo que nos proíbe de repudiar o que quer que seja de uma cultura qualquer: a crueldade, a injustiça ou a miséria contra as quais protesta, por vezes, a própria sociedade a elas submetida. E como tais abusos existem também entre nós, qual será nosso direito de combatê-los em domicílio se basta que existam em outro lugar para que diante deles nos inclinemos?".[37]

Como sair do impasse? A resposta de *Tristes Trópicos* consiste em salvar o senso do relativo de uma absolutização que o transforma em indiferença. Se nenhuma sociedade é inteiramente boa, nenhuma tampouco é inteiramente má. A comparação de todas poderá fornecer-nos os princípios da reforma da nossa: "As outras sociedades talvez não sejam melhores do que a nossa; mesmo que estejamos propensos a acreditar nisso, não temos à nossa disposição método algum para prová-lo. Ao conhecê-las melhor, ganhamos, no entanto, um meio de nos desprender da nossa; não porque esta seja má de modo exclusivo ou absoluto, mas porque é a única de que devemos nos emancipar: das outras, já estamos naturalmente. Assim

[37] Ibidem, p. 346.

nos tornamos capazes de abordar a segunda etapa, que consiste, sem nada reter de sociedade alguma, em usar todas elas para depreender os princípios da vida social que poderíamos aplicar na reforma de nossos próprios costumes, e não na dos costumes das sociedades estrangeiras: em razão de um privilégio inverso ao anterior, é somente a sociedade à qual pertencemos que estamos em condições de transformar sem correr o risco de destruí-la; pois tais mudanças, introduzidas por nós, também vêm dela".[38] Assim, o conhecimento e o respeito às outras culturas voltam a inspirar a correção de nossa própria sociedade; e a ciência manifesta por completo sua estreita união com o sentimento moral.

No entanto, essa posição equivale a reconhecer que o esforço humano foi sempre o mesmo. Se *todas* as sociedades conhecidas contribuem para a síntese da qual deduzimos nossos princípios de ação, então nenhuma delas terá o privilégio do progresso. Todos os homens viveram sempre a mesma aventura, a de inventar uma sociedade em que seja possível viver; "as forças que animaram nossos ancestrais longínquos também estão presentes em nós". Se for assim, todavia, podemos a qualquer momento retomar o combate. Se a luta foi a mesma em toda parte, decorrente da simples existência do homem, é porque também pertence a nós. Se podemos recomeçá-la, é porque não terminou. "Nada está decidido. [...] sabendo que há milênios o homem só conseguiu se repetir, alcançaremos aquela nobreza de pensamento que, para além de todas as repetições, consiste em estabelecer como ponto de partida para nossas reflexões a indefinível grandeza dos inícios."[39]

"A indefinível grandeza dos inícios"... Essa evocação lírica da dignidade da escolha nos fornecerá um último elemento de analogia entre a visão estruturalista e a reflexão sobre o ser. Sabemos que o conceito de *repetição* – de origem kierkegaardiana – ocupa um lugar muito

---

[38] Ibidem, p. 353.

[39] Ibidem, p. 354.

importante na filosofia de Heidegger. Quando a existência se torna autêntica, ao vivenciar a previsão da morte e a decisão de assumir o próprio destino, isto é, quando alcança a compreensão da inseparabilidade entre ser e tempo e "constitui" o futuro, "repete" assim o que ela sempre foi. De fato, se o ato de *decisão* significa tomar para si a própria finitude, ele apenas confere autenticidade à experiência daquilo que era a condição da existência, a saber, a de ser finita. Contudo, a passagem à autenticidade, que é consubstancial à abertura para o ser e a liberdade, não é repetição no sentido vulgar; é uma repetição profundamente *modificadora*. A repetição existencial reproduz o passado, mas olha para o futuro. Não nega a liberdade, apenas indica que o ato livre é meramente um nobre recomeço. Se considerarmos essa dialética da repetição não no plano da existência individual, mas no plano da experiência da espécie humana, não poderemos deixar de constatar que a "grandeza dos inícios" a que Lévi-Strauss se refere corresponde essencialmente à repetição da existência autêntica em Heidegger.

A ciência está ligada à reconstrução social; a recepção ativa do ser é também, simultaneamente, uma experiência ética. Já em Kant a estrutura do conhecimento coincidia com a estrutura da liberdade. No entanto, o que realmente interessa nessas aproximações é a concepção de uma unidade originária entre o teórico e o moral, que precede toda dissociação e repete toda subordinação de um âmbito ao outro. É de fato nesse sentido que se deve compreender a metamorfose imposta pelo pensamento de Heidegger ao tema kierkegaardiano do autêntico. Enquanto Kierkegaard jamais reflete sobre a posição ontológica da inautenticidade, Heidegger dialetiza a relação entre o autêntico e o inautêntico, ao considerar que ambos são modalidades de uma mesma estrutura ontológica: o *Dasein*. Isso foi muito bem destacado por Alphonse de Waelhens em uma obra muito conhecida, *La Philosophie de Martin Heidegger*, de 1942. Para nós, essa metamorfose (de acordo com *Études Kierkegaardiennes* de Jean Wahl, mas em desacordo com De Waelhens, que contesta a obra de Wahl nesse ponto) é apenas uma consequência muito importante da "inversão", realizada por Heidegger, do "acosmismo" de Kierkegaard. Ora, tal inversão significa a superação do absolutismo ético. Por isso mesmo, a incapacidade kierkegaardiana de fundar uma teoria – já que o irracionalismo do credo escapa a toda linguagem – cede lugar à reflexão sobre a unidade entre a ciência e o gesto moral. No âmbito da ciência, "a inautenticidade do ser-aí também recebe certa justificação", na medida em que "falar da inautenticidade não é enunciar uma avaliação moral, mas simplesmente evidenciar um modo de ser que pertence inelutavelmente ao ser-aí".[40] A totalidade do real torna-se então concebível a partir do sentido do ser oferecido à existência autêntica.

Somente o horizonte do ser fundamenta a um só tempo a ciência e a moral. O projeto de fundação da cientificidade nada mais é que a exigência de autenticidade da vida humana. A ciência que é bem-sucedida nesse projeto conhece também sua face ética. A reflexão sobre o ser se eleva para além do perigo de separação entre elas. "O pensamento que formula a questão da verdade do ser [...] não é nem ética, nem ontologia. Eis por que, nesse âmbito, a questão da relação entre as duas disciplinas deixou de ter fundamento."[41]

A radicalidade da teoria científica (e o lugar em que ela encontra o movimento fundamental da questão do ser) se manifesta na acuidade do senso de abertura, que a reconcilia tanto quanto possível com a natureza inesgotável de seu objeto. Mostra-se igualmente na força de reconhecer a diferença – que a protege do reducionismo e salva da ignorância disfarçada de atitude dogmática. No entanto, essa radicalidade da análise sempre quer superar a evidência do conhecido para apreender sua verdade precisamente lá onde esta se empenha em esquivar-se. A ação problematizadora de toda ciência digna desse nome

---

[40] Otto Pöggeler, *La Pensée de de Heidegger*. Paris, Aubier, 1967.

[41] Martin Heidegger, *Lettre sur l'Humanisme* (1947). Paris, Flammarion, 1983.

é nutrida por essa ambição nunca satisfeita. Esse diálogo interminável do rigor com a denúncia da presença, do visível e do já-sabido foi evocado pelo conceito kantiano de *ideia*; isso porque, para Kant, a ideia não apenas demarca o limite do saber; indica também o impulso perpétuo do conhecimento que tenta reduzir o mistério à razão; não é simplesmente a representação sem conteúdo, por ser figura do desconhecido; é também um conceito *regulatório*, pois dirige o esforço do saber, constantemente retomado, para esgotar a significação do universo.

Cada instante desse esforço é autêntico; para ele também, todo valor reside no recomeço. A radicalidade da ciência alia-se assim, muito naturalmente, à autenticidade do gesto humano. Por aí ciência e moral já não se dissociam. Mas se a moral desde sempre – e conscientemente, desde Rousseau – não pode ser separada da vida social concreta e historicamente dada, é preciso de fato que a radicalidade da síntese análise/ética possa inspirar as posições mais profundamente revolucionárias, mais inteiramente dedicadas à supressão dos abusos da sociedade e à substituição deles por uma ordem mais justa. Por isso a íntima radicalidade da ciência do homem, aliando-se ao imperativo ético, deve acompanhar-se de uma visão social igualmente radical e libertária. Concluiremos, portanto, com a indicação do caráter radical da concepção estruturalista da sociedade. Ao fazê-lo, reencontraremos o ponto de partida de nossa tese: a atenção dada à importância do elemento radical na concepção da vida social – representado por Rousseau – como fundamento filosófico da teoria estruturalista.

3. Rumo ao anarquismo científico

É difícil esquecer a beleza pungente dos três últimos parágrafos de *Tristes Trópicos*. O adeus à ilusão "humanista" assume aí uma forma depurada, em que o senso do humano se evidencia ainda mais nitidamente depois da experiência de uma lucidez que se pretende absoluta. Qual é, nessa elegia em prosa crítica, a significação atribuída por Lévi-Strauss ao aspecto verdadeiramente *humano* da vida? Onde será que ele vê desenhar-se uma chance – ainda que fugidia – de felicidade? Sabemos que os instantes realmente felizes são identificados por ele com aqueles "breves intervalos em que nossa espécie suporta interromper seu trabalho de colmeia", com a "suspensão da marcha" que retém sua agitação e proporciona ao homem alguns momentos de lazer, prazer, repouso e liberdade. O antropólogo rousseauísta, demasiado ciente da desumanidade que se abriga por trás do ruído das aglomerações contemporâneas, da intolerável pressão que a vida social exerce no homem na era do apogeu da técnica, reencontra, para evocar a figura apenas vislumbrada da felicidade, quase as mesmas palavras do primeiro grande poeta da cidade moderna. As ciências humanas evocam *L'Invitation au Voyage*.[42]

Contudo, a pausa da felicidade é também um minuto de conhecimento. "A oportunidade vital de se *desprender*" consiste, para a humanidade, "em saber a essência do que ela foi e continua a ser, aquém do pensamento e além da sociedade". E esse conhecimento, que não entra nas palavras, ensina ao homem que sua natureza profunda se une ao mineral, à planta e ao animal: "[...] aquém do pensamento e além da sociedade: na contemplação de um mineral mais belo que todas as nossas obras; no perfume, mais sofisticado que nossos livros, aspirado nos recessos de um lírio; ou na piscadela cheia de paciência, serenidade e perdão recíproco que, num entendimento involuntário, trocamos com um gato".

Lá onde a natureza do homem encontra a natureza, eis onde reside a fonte das raras ocasiões do viver feliz. "Aquém do pensamento"... pois, em ocasiões assim, a mente se anula diante do sentimento do universo. Não esqueçamos que o pensamento selvagem não se limita a

---

[42] "Convite à viagem", poema de Charles Baudelaire, poeta francês do século XIX. (N. T.)

postular – para aplicar ao mundo a grade de suas classificações – uma identidade ideal entre sociedade e natureza; "pensamento selvagem" é também o nome de uma flor.[43]

No entanto, essa dimensão *cisintelectual* é, ao mesmo tempo, *trans-social*: "aquém do pensamento", mas "além da sociedade". A supressão da vida social é tão inconcebível para Lévi-Strauss quanto o é para Rousseau. A condição da felicidade é uma sociedade que supera a si mesma, não uma sociedade que destrói a si mesma. Tal ideia é particularmente bem ilustrada pelo conceito de *família*, tal como definido num texto de 1956 ainda inédito em francês, "The family",[44] e também no volume italiano *Razza e Storia e altri Studi di Antropologia.*[45] Lévi-Strauss aí refuta as teorias que explicam a existência da família por razões puramente naturais, como procriação, instinto de maternidade e relações psicológicas entre homem e mulher ou pai e filho. Mostra que é a divisão social do trabalho que, ao estabelecer uma dependência mútua entre os sexos, obriga-os a se perpetuarem e a fundar a família, ao passo que a proibição do incesto – preço pago pelo homem a fim de escapar da brutalidade da luta pela subsistência – estabelece, por sua vez, uma dependência recíproca entre as famílias, obrigando-as a originar novas famílias.

A preocupação fundamental da sociedade em relação à família não é, portanto, protegê-la ou reforçá-la; é antes uma espécie de desconfiança, uma conduta essencialmente exigente. A sociedade concede às famílias – como união dos cônjuges e seus filhos – apenas um período "controlado" para que vivam a própria vida antes de desempenhar obrigatoriamente seu papel no conjunto das unidades, fornecendo indivíduos ao jogo de trocas em

---

[43] *Pensée sauvage*, nome popular francês de uma flor natural da Europa e da Ásia cujo nome científico é *Viola tricolor*; em português, "amor-perfeito". (N. T.)

[44] In *Man, Culture and Society*, ed. Harry L. Shapiro. London, Oxford University Press, 1956.

[45] Organizado por Paolo Caruso. Torino, Einaudi, 1967.

que a subsistência do grupo inteiro se baseia. Assim, a sociedade constitui a família, mas como um *meio*; e cabe ao meio, uma vez constituído, opor-se por pouco que seja à ditadura dos imperativos sociais, para garantir a alguns seres humanos um refúgio sentimental em que os apegos naturais possam encontrar um espaço de manifestação. "A sociedade pertence à ordem da cultura, ao passo que a família é a emanação, no âmbito social, daquelas exigências naturais sem as quais não haveria sociedade e, no fundo, não haveria gênero humano."[46]

É evidente, contudo, que a sociedade não pode ignorar por completo as demandas da natureza. Por isso, a contragosto tem de aceitar a vida familiar, aceitar que o "meio" estabeleça a si mesmo como fim. E o curioso é constatarmos o maior grau de docilidade para com a família como emanação das necessidades naturais nos dois extremos da escala cultural: entre os povos mais "primitivos" e entre os mais civilizados. "Aqueles não podem pagar o preço de um afastamento excessivo, ao passo que estes já se enganaram o bastante e sofreram demais, compreendendo assim que a submissão é a melhor política."

O ideal da vida familiar também se relaciona ao anseio de suspender o ritmo opressivo que a sociedade requer de nós. "The family" se conclui com a nostalgia do repouso, de maneira análoga ao final de *Tristes Trópicos*: "A vida social impõe às linhagens consanguíneas da humanidade uma incessante ida e volta, e a vida familiar nada mais é que a expressão da necessidade de alentecer o passo nos cruzamentos e aproveitar para repousar. No entanto, a ordem para prosseguir caminho é dada. Tampouco se pode dizer que a sociedade é feita de famílias, assim como uma viagem não consiste na soma das etapas em que os viajantes repousam. Em relação à viagem, estas últimas são a um só tempo a condição e a negação".

Momento da natureza, o repouso expressa simultaneamente o *telos* e a base da sociedade. Tanto é assim que poderíamos conceber todo o movimento da vida social,

[46] Tradução nossa.

em toda a sua urgência exigente e imperativa, como grandes parênteses entre a natureza que ele pressupõe, visto que esta lhe empresta seus agentes, e a natureza à qual esses mesmos agentes aspiram, para além de suas tarefas, e com que sonham como se ela fosse o teatro do prazer, o palco da felicidade numa liberdade reencontrada. Para Lévi-Strauss, esse *direito ao lazer* – em que se reconhece um tema rousseauniano – mantém o senso humano da vida. Define um primeiro aspecto da dialética estruturalista de natureza e sociedade; já desvela a importância do conceito de *trans-social* e da ideia de que o homem, embora não seja capaz como tal de prescindir da sociedade, de certa forma lhe é *superior*. E isso a tal ponto que o homem, e o *indivíduo* nele, se estabelece como objetivo e valor supremo da construção social.

Não se pode conceber o homem fora da sociedade e, no entanto, esta não basta para sua felicidade. Será preciso considerar que a cultura está destinada ao fracasso? Decerto, contanto que isso seja feito dialeticamente. A cultura garante a sobrevivência da espécie humana, mas o preço disso é algum coeficiente de repressão. Tudo se passa em parte como naqueles mitos sul-americanos do veneno e do animal sedutor, cuja interpretação estrutural é o tema de uma das seções mais interessantes de *O Cru e o Cozido*, a "Peça cromática" da quarta parte. Nos mitos da origem do veneno e do animal sedutor, o pensamento indígena opera com mediações entre cultura e natureza. Como produtos naturais, os venenos de caça ou pesca (curare, timbó) preenchem a distância entre o homem e a natureza, pondo esta última a serviço da humanidade. No caso do animal sedutor, a distância é eliminada de novo, mas desta vez em detrimento da ordem social, subvertida no âmbito puramente humano do casamento. Ora, a avaliação desse *cromatismo* – desses fenômenos de redução de intervalos – fornecida pelo pensamento dos indígenas, tal como transparece em seus mitos, é de uma ambivalência muito instrutiva. O cromatismo é a um só tempo objeto de condenação e nostalgia. A descoberta do veneno útil se acompanha sempre da perda, pelo herói do mito, de um ser querido; ou então, é a própria perda que propicia a revelação das virtudes da planta venenosa. Os mitos expressariam ao mesmo tempo a nostalgia de uma unidade originária homem/natureza e a compreensão de que a cultura impõe o dilaceramento – os intervalos – que eles parecem lamentar. O pensamento indígena seria, segundo as palavras de Lévi-Strauss, "pessimista por sua inspiração, diatônico por sua orientação". O caráter queixoso do gênero cromático em música corresponderia, assim, a um traço essencial de nossa atitude psicológica diante da natureza. O sonho do retorno à unidade não pode expressar-se sem sofrimento. O tema da obra musical cromática por excelência, *Tristão e Isolda*, só pode consistir na tristeza, na amargura de saber que o amor está inextricavelmente ligado à morte. A humanidade, "diatônica" por necessidade, é cromática em seu coração. A cultura é tão somente um tributo; jamais poderemos esquecer nossa mãe *physis*.

Aderimos à crítica do "Iluminismo" de T. W. Adorno: Ulisses, o *homo faber* arquetípico, poderosamente atraído pela voz da natureza no canto das sirenes, deve ser miseravelmente amarrado ao mastro em que ele próprio havia ordenado a seus companheiros que o amarrassem. Também não estamos muito longe de Freud, para quem a repressão era o preço da organização da sociedade. Seria até possível colher no estruturalismo elementos para um nível de sublimação: mesmo o mito, que jamais reflete automaticamente a cultura de que saiu, sempre esconderia um esforço de superar as contradições da vida social por meio de mediações falhas, de "comprometimentos" virtuais.[47]

No entanto, o mito é apenas uma "imitação enfraquecida" da função sintética em sua forma mais pura, *hipermediadora*, constituída pela *música*. Na música, o acordo entre cultura e natureza é ainda mais firme, por

[47] Ver, em particular, *Anthropologie Structurale*, p. 248, e também duas amostras da análise mítica, *La Geste d'Asdiwal* e *Four Winnebago Myths*.

resultar do reforço dos dois planos articulados. De fato, a "grade cultural" – a escala dos intervalos e a hierarquia das notas – remete a uma "descontinuidade virtual", a dos sons musicais, que são "objetos integralmente culturais pelo fato de se oporem aos ruídos, os únicos dados *sub specie naturae*", enquanto "a grade interna ou natural", de ordem cerebral, é reforçada também por uma segunda, a dos ritmos viscerais.[48] Essa obsessão pela música, que, em Lévi-Strauss, integrando-se ao conjunto dos motivos rousseaunianos, confere também a sua obra não apenas encanto como profundezas sugestivas, mereceria com certeza ser comparada à musicologia filosófica de Adorno. Seria proveitoso, decerto, determinar em que medida se emaranhariam essas diferenças em suas respectivas visões da música: o gosto schoenberguiano e o neo-hegelianismo de um, a inspiração wagneriana e o ponto de vista antropológico do outro. Essa confrontação foi abordada, aliás, na revista italiana *Op. cit.*,[49] por um texto publicado sob a responsabilidade de Ruggiero Guarini. Contudo, a comparação aí se estabelece um tanto rápido demais em detrimento do estruturalismo; além disso, não se baseia no "eixo das preferências musicais", como sugerimos. Resta saber se a última metamorfose da teoria crítica da sociedade – a "reflexão sobre o negativo" da escola de Frankfurt, em que a dialética hegeliana se junta à simbiose de Marx e Freud – é capaz de ser mais sistematicamente *radical* que a concepção antropológica. Parece-nos que esta suporta melhor a assimilação do elemento *trágico* à relação homem/natureza.

Como conseguir ver em tal pessimismo a legitimidade de uma ação social? Nessa perspectiva o homem não apenas é incapaz de construir sua felicidade de modo duradouro, mas apenas cria a desintegração de estruturas naturais por meio de construções fadadas à inércia: a antropologia se torna "entropologia", ciência da entropia, e o tema da "tragédia da cultura", tão ao gosto do final do

---

[48] Claude Lévi-Strauss, *Le Cru et le Cuit*, op. cit., p. 36.

[49] Maio de 1967.

século XIX, metamorfoseia-se com Lévi-Strauss em verdadeira tragédia *na* cultura: impossibilidade trágica, por parte da sociedade, de edificar-se sem contradições e dilaceramentos, impossibilidade esta cujo resultado palpável e penoso é a permanência de nossa infelicidade.

Esse reconhecimento do trágico no cerne da cultura seria ainda mais radical do que o foi em Freud. Para este, mesmo no período "sombrio" das obras da velhice (*Além do Princípio do Prazer*, *O Ego e o Id*, *Mal-Estar na Civilização*, etc.), o combate sem saída entre os instintos rivais, entre *Eros* e *Tanatos*, é concebido num horizonte biológico; a contradição que atormenta o homem é um dado da própria vida. Para Lévi-Strauss, a fonte do conflito está do lado da humanidade. O pessimismo já não tem a desculpa de considerar a *physis* tão culpada quanto nós. A desintegração é própria do homem.

Também aqui a sombra de Rousseau se perfila. Se a infelicidade é imputada à obra do homem, isso apenas significa que ele é responsável por seu destino. Daí o fato de a célebre passagem sobre a entropia[50] ser seguida de um parágrafo dominado pelo tema da *opção*. É evidente que o aparecimento da liberdade no estruturalismo (assim como no caso de Weber) não pressupõe em absoluto aquela mística da escolha de que a retórica "humanista" se alimenta. Após a queda da metafísica idealista e o declínio da noção de homem como fonte de todos os sentidos – criador de si e de tudo, soberbamente erigido contra a natureza "cega" –, seria muito difícil não conferir um ar mais modesto ao fenômeno da liberdade. No entanto, junto com ele existe a dimensão da moral. Já vimos que, em Rousseau, a ausência de fé no automatismo do progresso se associa de fato a um reforço do senso da responsabilidade humana. A atitude pessimista não pode, portanto, encerrar-se num fatalismo cínico. A dialética do pessimismo se abre para a perspectiva revolucionária. O desagrado

[50] Claude Lévi-Strauss, *Tristes Tropiques*, op. cit., p. 374.

com a história cumprida se transforma em visão da sociedade ideal: o *Discurso sobre a Desigualdade* leva ao *Contrato Social*.

Porém, nenhuma perspectiva revolucionária poderia prescindir de uma ideia histórica da sociedade. É evidente que se nos acreditamos capazes de agir para mudar a sociedade é por julgarmos que ela pode ser mudada, que a ordem social é perecível – ou seja, é uma realidade *histórica* cuja duração é essencialmente limitada. Sendo assim, se o estruturalismo desemboca – pela via da "conversão" do pessimismo – numa atitude revolucionária, cumpre então que disponha de uma visão da história. Ora, consideramos justamente que, no estruturalismo, tal metamorfose dialética do pessimismo em atitude revolucionária está profundamente relacionada com uma problematização decisiva do conceito de história. O interesse teórico dessa problematização é grande o suficiente para merecer nossa atenção por algumas páginas. Somente depois de haver examinado as características da ideia estruturalista de história poderemos tentar depreender as implicações definitivas da visão social do estruturalismo – a saber, as feições de sua "filosofia" *política*.

A obra do homem como entropia pressupõe que as construções da sociedade sejam transitórias. Os sistemas criados pelo homem (na maioria dos casos de modo inconsciente) estão fadados à destruição. Isso porque, pelo próprio fato de os sistemas montados pelo homem representarem somente a desintegração de estruturas mais bem organizadas, é impossível para eles conservar-se no equilíbrio. O desintegrador será, por sua vez, desintegrado. Enquanto cada sistema se empenha em perdurar – como uma máquina que funciona indefinidamente –, o leque de sistemas provoca o fracasso desse projeto. Assim, a estrutura do parentesco, a ordem econômica, a ordem política, etc. atuam umas "contra" as outras, e a defasagem entre os sistemas acaba por produzir transformações diacrônicas. Essa concepção em *Antropologia*

Estrutural[51] é um argumento poderoso contra o amor ao imobilismo de que se acusa a reflexão sobre a estrutura. Forneceu a Maurice Godelier o tema de uma interessante revisão da ideia de diacronia em *O Capital*.[52]

Por sua própria natureza, o conjunto de sistemas constituído pela sociedade elabora a mudança. Para a cultura, é inelutável que a passagem do tempo traga transformação. Nesse sentido, a entropia ressurge como acontecimento. No entanto, o estruturalismo não se limita a supor o caráter necessariamente histórico da cultura: por meio da ideia de defasagem entre sistemas, de tensão entre diversas ordens da estrutura social, ele suscita uma revisão muito fecunda do próprio conceito de história. A análise estrutural não se contenta em postular a história: leva a repensar o sentido da historicidade.

Qual é a significação da história para a análise estrutural? Também nesse ponto as concepções da linguística são particularmente reveladoras. Tentemos recapitular, portanto, a evolução da teoria linguística quanto aos fenômenos diacrônicos e à possibilidade de análise deles.

Saussure dedicou a essa nossa questão o terceiro capítulo da primeira parte de seu *Curso*, sob o título "A linguística estática e a linguística evolutiva". Aí ele propõe uma distinção inicial entre "os eixos em que se situam as coisas de que elas (isto é, as ciências) se ocupam"; o eixo das simultaneidades e o eixo das sucessões. O eixo das simultaneidades contém "as relações entre coisas coexistentes, de que toda intervenção do tempo está excluída"; o eixo das sucessões jamais nos permite considerar mais que uma coisa por vez, porém engloba "todas as coisas do primeiro eixo, com suas mudanças". As relações entre entidades coexistentes constituem o aspecto *sincrônico* de uma língua; informam-nos sobre um estado linguístico. Em contrapartida, os fenômenos de mudança são o aspecto *diacrônico* da mesma língua. Saussure observa de imediato que, para o sujeito da fala, a dimensão temporal

---

[51] Idem, *Anthropologie Structurale*, p. 342.

[52] Ver *Les Temps Modernes*, nov. 1966.

dos fatos da língua não existe. Ele sempre está "diante de um estado"; seu papel consiste apenas na obediência às regras da língua, sem a menor preocupação em refletir sobre as origens ou vicissitudes evolutivas do material de que se serve. Para chegar à descrição científica dessas regras, o linguista repete a atitude do sujeito da fala; ser-lhe-ia impossível agir de outro modo, pois é somente de um estado determinado, considerado de um ponto de vista fixo, que é possível dar uma descrição racional. A infelicidade da linguística boppiana foi não compreender isso; fascinada pela diacronia, não soube superar uma percepção fragmentária dos estados linguísticos. A pesquisa genética precede a definição, ainda que indispensável, daquilo cuja origem se queria encontrar. A gramática de Port-Royal, um século e meio antes, tinha uma ideia mais nítida da língua; deu uma descrição válida de um estado (o francês sob Luís XIV), porque seguiu a direção frutífera do estudo sincrônico, sem embaralhar os aspectos de estrutura com perguntas precipitadas sobre os processos de evolução. (Esse elogio da linguística clássica viria a fazer carreira: em particular, na gramática gerativa.)[53] No parecer de Saussure, a linguística moderna, enriquecida pelas observações fornecidas pelos grandes trabalhos históricos ao longo do século XIX, deveria retomar a perspectiva sincrônica e restabelecer a primazia do sistema sobre a gênese.

Os fenômenos de ordem diacrônica não teriam a menor relação com a organização sistemática da língua, limitando-se a "condicioná-la". O plural do anglo-saxônico *foot* foi outrora *footi*; essa forma se tornou *feeti*, depois *feet*. Mas tanto no tempo de *footi* como no tempo de *feet*, sempre houve distinção singular/plural; pouco importa se ela se expressa por *foot/footi* ou por *foot/feet*. A nova forma não afeta em nada sua significação no sistema, que é a de marcar o plural. Em latim, o acento recaía na penúltima sílaba, se esta fosse longa; se fosse breve, na

[53] Ver a retomada da doutrina de Port-Royal por Noam Chomsky em *Cartesian Linguistics*, 1966.

antepenúltima; a*mi*cus, *a*nima. Em francês, o acento recai na última sílaba, com exceção das que têm um *e* mudo: a*mi*, *â*me. Saussure observa que se trata de duas normas perfeitamente diversas. O fato de que em francês e em latim o acento incida sempre na mesma sílaba – não quanto a sua posição, mas quanto a sua materialidade (a*mi*cus, a*mi*; *a*nima, *â*me) – não muda nada. Conhecemos as transformações pelas quais *amicus* se tornou *ami*, e *anima*, *âme*: no entanto, Saussure alega que não há relação necessária entre tais alterações e as duas regras de acento. Uma vez estabelecida, a norma francesa se impõe a toda forma nova: por isso, nos empréstimos do latim após a formação do francês, o acento foi inteiramente adaptado à lei francesa: fa*ci*le, e não *fa*cile (*facilis*). Vemos por esse exemplo que a posição, mais que a qualidade da sílaba, é o dado sistemático. A coincidência na mesma sílaba de dois acentos, latim e francês, não apresenta um caráter de necessidade. O sistema de uma língua é formado por uma rede de relações entre seus elementos. As relações só existem nas formas, e nesse sentido elas não raro requerem, para ocorrer, o contributo da evolução. Compreende-se sem dificuldade que a queda das sílabas pós-tônicas no latim vulgar tenha condicionado fortemente a constituição da norma do acento francês; no entanto, esse fato não basta para explicar a norma. Os fenômenos diacrônicos são perfeitamente estranhos às consequências sincrônicas que deles resultam. Em si mesma a transformação verbal não incide no sistema, apenas em seus elementos.

Saussure comparava "o jogo da língua" a uma partida de xadrez. De fato, a jogada de xadrez põe uma única peça em movimento. No entanto, repercute em todo o sistema. O jogador nunca pode prever exatamente o alcance dessa repercussão. Por fim, haja o que houver, o deslocamento de uma peça nada tem a ver com os dois estados vizinhos, o que o precedeu e o que o sucedeu; e a posição, seja qual for, não é prisioneira de seus antecedentes.

A diacronia não explica o sistema. Como o jornalismo, ela leva a tudo... contanto que a abandonemos. Essa observação bem-humorada, de autoria do próprio

Saussure, mostra a que ponto ele estava convencido da natureza não sistemática da mudança linguística. Por isso recomendava enfaticamente que o estudo da evolução e o estudo dos estados se realizassem em separado. A natureza de seus respectivos objetos lhe parecia distinta, bem como sua extensão. Em contraste com o método comparativo da linguística histórica, que se dedica à consideração de elementos pertencentes a várias línguas, Saussure desejava submeter uma única língua de cada vez à investigação sincrônica, que preferia chamar de "estudo idiossincrônico", enfatizando assim a necessidade de examinar em profundidade as determinações internas de cada sistema verbal.

Qual é, portanto, em suma, a resposta de Saussure à pergunta sobre a essência das relações entre sistema e história, entre estrutura e temporalidade? Sem dúvida ele disse *não* à possibilidade de uma compreensão sistemática da diacronia. Concebeu o sistema como algo *indiferente* em relação à história. No entanto, por isso mesmo o tempo não é para ele um agente desintegrador; se as mudanças não afetam o sistema, mas apenas seus elementos, então não poderiam causar-lhe dano nem benefício. Assim, a resposta de Saussure não parece apropriada para nossa alternativa: o tempo como destruição do sistema ou como dimensão pressuposta por este. A relação de indiferença entre história e sistema não autoriza nem uma opção nem a outra.

Contudo, embora Saussure não oponha a sincronia à diacronia, limitando-se a distingui-las, o fato é que ele fecha decididamente a porta para a ideia de uma análise estrutural das mudanças. Ora, eis um ponto sobre o qual os linguistas de hoje, os mesmos que respeitaram a distinção metodológica entre sincronia e diacronia, não seguiram a atitude de seu mestre. Ainda mais que, pelo fato de o método estrutural se aplicar atualmente a muitos outros âmbitos, parece mais natural requerer que se estenda a mais de uma dimensão. Roman Jakobson – no ensaio de 1958 intitulado "Os estudos tipológicos e sua contribuição à linguística histórica comparada", publicado em *Ensaios de Linguística Geral*[54] – critica Saussure por não haver examinado a análise estrutural da passagem de um estado linguístico a outro. Seu raciocínio começa pela menção ao isomorfismo linguístico. Para o sujeito falante, a língua estrangeira é, no comportamento alheio, o que pode ser aprendido. Essa impressão se baseia na existência de princípios comuns subjacentes às estruturas de todas as línguas. Por exemplo, existem línguas sem fricativas, mas nenhuma língua sem oclusivas; existem línguas desprovidas de sílabas com inicial vocálica e/ou sílabas com final consonantal, mas todas possuem sílabas com inicial consonantal e sílabas com final vocálica. O isomorfismo legitima os estudos tipológicos. A linguística moderna pode retomar com sucesso a tipologia geral das línguas esboçada por Friedrich Schlegel. Ademais, Jakobson matiza a noção saussuriana de idiossincronia: considera a descrição dos sistemas isolados e a comparação entre várias línguas como tarefas complementares – idiossincronia e taxonomia se implicam necessariamente. A extensão dos campos de análise já não é capaz de fornecer uma base de distinção rígida entre linguística histórica e linguística sincrônica.

Contudo, o isomorfismo não pressupõe obrigatoriamente o tempo, tampouco a contiguidade espacial. Pode unir estados diferentes de uma mesma língua ou estados, simultâneos ou não, de línguas diferentes, contíguas ou distantes, parentes ou não. Quanto ao nosso assunto, a única coisa ao alcance dos estudos tipológicos é indicar as relações de estrutura entre estados separados no tempo; eles não poderiam prever totalmente as mudanças. As transições de um estado a outro são regidas por leis de probabilidade, não de necessidade. "A linguística estrutural assim como a mecânica quântica ganham em determinismo mórfico o que perdem em determinismo temporal." *Não podemos prever exatamente as mudanças, mas sejam quais forem as transformações, não*

[54] Roman Jakobson, *Essais de Linguistique Générale*. Paris, Les Éditions du Minuit, 1963.

escapam à sincronia: em nosso exemplo de há pouco, ambas as formas, *footi* e *feet*, devem ter coexistido em certo momento na mesma comunidade linguística como dois subcódigos do mesmo sistema – e obedecendo a seu papel estrutural de opor-se ao singular *foot* –, enquanto disputavam a posse exclusiva do lugar.

Considerada em seu conjunto, a língua se apresenta como um *continuum* que possui zonas de formas constantes na vizinhança de outras zonas, habitadas por formas variáveis. Entre as constantes e as variáveis, existe uma tensão de vários graus de intensidade, segundo diversos casos de enfrentamento entre as formas fixas e as formas fluidas. Nessa *tensão* reside a energia transformadora do sistema. Variáveis não raro se tornam constantes, constantes degradam-se em variáveis; e as novas constantes, por sua vez, passarão pela prova da tensão fornecida por suas vizinhas variáveis. Por isso Saussure, que soube reconhecer esse fato tão bem, não tinha razão para confundir o sincrônico com o estático. As leis do sistema reduzem o número de transformações. Não é possível prognosticá-las com precisão, mas sabe-se ao menos que algumas são mais prováveis, do ponto de vista estatístico, e que outras estão excluídas, na impossibilidade de serem concebidas em função do nosso conhecimento do conjunto dos sistemas. Os estados não são totalmente "fortuitos", como julgava Saussure. Não existe motivo razoável para proibir o estudo estrutural da diacronia.

No artigo "Estrutura e história",[55] que ressalta o parentesco entre a ideia linguística de diacronia e a noção lévi-straussiana de história, Greimas chamou a atenção para o aprofundamento, por Hjelmslev, do conceito de estado linguístico. A estrutura de um estado de língua é de certa forma um "mecanismo acrônico", que contém virtualmente certo número de transformações. O desdobramento dessas transformações ao longo da história e, sobretudo, o fato de não estar em nosso poder profetizar sem erro a ocorrência delas nos levam a falar de

---

[55] "Structure et histoire", in *Les Temps Modernes*, nov. 1966.

"mudanças históricas" onde só existem localizações na história de formações contidas no caráter conversível e transformável dos sistemas linguísticos. No entanto, se brincamos daquele jogo de "profeta em marcha a ré" a que Friedrich Schlegel se referia – isto é, se tentamos encontrar em cada estado de língua os elos que o vinculam a outros estados da mesma língua ou de várias outras, sendo estes simultâneos ou anteriores ao estado em questão –, ficamos convencidos de que tudo se passa como se a estrutura fosse *aberta*, sempre mais rica que suas manifestações, e como se por fim o uso efetivo da língua, historicamente dado, é que representasse, em comparação com as potencialidades da estrutura, uma espécie de *cerco* (Greimas), uma seleção – necessariamente restritiva – de certas formas dentro da totalidade das combinações possíveis.

Sabemos que Hjelmslev retomou a dicotomia saussuriana língua/fala para distinguir três planos no interior da língua: o esquema (o sistema como forma pura), a norma (a língua já concretizada numa realização social dada) e o uso (a língua como conjunto de hábitos, detalhada em relação à norma); ora, se desconsideramos o plano mais metodológico da norma, resta entre, de um lado, o esquema e, de outro, a fala o conceito muito útil de uso.[56] É evidente que a validação pela língua de uma forma nova é do âmbito do uso, situado a meio caminho entre a fala – criação individual, concretização precária – e o esquema, sistema puro. Assim, *footi* e *feet* disputaram entre si o uso do plural de *foot*, até que a forma recente, uma vez preferida, expulsasse a outra do uso linguístico e a lançasse entre os arcaísmos.

Tal passagem obscura da fala à língua por meio do uso, a razão de ser das escolhas concretas no leque combinatório do sistema, isso incumbe à análise estrutural

---

[56] Ver Louis Hjelmslev, *Essais Linguistiques*, 1959, p. 69-81; Roland Barthes, "Éléments de Sémiologie", in *Communications*, 1964, p. 94; e também o importantíssimo ensaio de Eugenio Coseriu, "Sistema, norma y habla", in *Teoría del Lenguaje y Linguística General*. 2. ed. Madrid, Gredos, 1967.

da diacronia. Embora na penúltima página de seu *Curso* Saussure tenha se referido ao "acaso" da permanência e à natureza "cega" da evolução, ele reconheceu também que a verdade sincrônica não excluía a verdade diacrônica.[57] Situado bem antes do nascimento da fonologia, tendo de combater o historicismo triunfante de sua época, Saussure por vezes negligenciou os matizes para garantir o advento do estudo imanente dos fatos linguísticos. No entanto, Robert Godel – quem melhor seguiu a evolução de seu pensamento – não hesitou em dizer que, enquanto a distinção língua/fala pertence à realidade, a distinção sincronia/diacronia só existe para a ciência; não pode ultrapassar o âmbito metodológico.[58] Na realidade, existem o sistema *e* a história. A história fornece sem cessar novos elementos e o sistema se serve deles, mas nem por isso o sistema é "constituído" pela história. Não acreditamos de forma alguma que nos esquivamos dos problemas suscitados pela dimensão do tempo ao dizer que a história não é o caos, o reino da contingência absoluta; é antes a *história das estruturas* – uma sucessão sistemática da qual, no entanto, não se suprime o caráter de imprevisibilidade, visto que é *a posteriori* que sua necessidade é descoberta.

A história não é previsível, mas tampouco é arbitrária. O estruturalismo não postula a recusa da história; exige apenas a superação de duas concepções rivais, igualmente insuficientes, da dimensão histórica: o determinismo causal, doença infantil da análise radical; e o mito da história "criadora", sede da liberdade absoluta, solidária da exaltação humanista do homem e também da incapacidade desta última para compreendê-lo de fato.

A superação da alternativa história mecânica/história mítica é um progresso na inteligibilidade da mudança. Um progresso na inteligibilidade científica de algo significa

[57] Ver Ferdinand de Saussure, *Cours de Linguistique Générale*. Paris, Payot, 1916, p. 135.

[58] Ver Godel, "F. de Saussure's theory of language", in *Current Trends in Linguistics*, ed. por Thomas A. Sebeok. Den Haag / Paris, Mouton, 1966, p. 483.

um aprimoramento do modelo de sua *determinação*. No entanto, o próprio conceito de determinação costuma estar mesclado a equívocos fundamentais. A correção da física newtoniana, a derrocada da ideia de necessidade absoluta, provocou a contestação precipitada da noção de determinação. A especulação sobre as descobertas da física moderna não raro redundou em irracionalismo. É preciso, portanto, tirar proveito do surgimento de um novo modelo de análise da diacronia para reafirmar a determinação como pressuposto da inteligibilidade científica. Diante da jovial proclamação do "princípio da liberdade" estendido ao âmbito da natureza, parece muito sábio relembrar que: a) a evolução da física moderna, em particular na teoria dos quanta, de forma alguma põe o determinismo em causa. O que se abandona é apenas uma versão insuficiente do determinismo, qual seja, o conceito de uma causalidade absoluta; b) a relação de causalidade (que, aliás, subsiste perfeitamente em vários aspectos da teoria quântica) é apenas uma das expressões possíveis da determinação; c) "Em toda iniciativa científica, os pressupostos em que se baseia a análise de um acontecimento são sempre escolhidos de maneira tal que esse acontecimento seja determinado".[59] Segue-se que os fracassos da explicação causal não devem ser atribuídos ao indeterminismo. Devem ser considerados como vitórias de *outros* princípios de determinação.[60] O que se perde de um lado se ganha de outro; como já assinalamos, tanto em mecânica quântica como em linguística, o que se perde em matéria de determinismo temporal se ganha do ponto de vista da determinação mórfica. O arbitrário não é um dado universal, e menos ainda um princípio geral de interpretação da realidade. Existe apenas uma arbitrariedade *localizada*. Aquilo que não é necessário,

[59] Max Planck, *L'Image du Monde dans la Physique Moderne*. Paris, Gallimard, 1963, p. 35.

[60] É a tese de Mario Bunge em *Causality – The Place of the Causal Principle in Modern Science*. Cambridge, Harvard University Press, 1959.

que é tão somente provável (por exemplo, a trajetória das partículas em mecânica quântica), só o é em relação à causalidade, não em relação a outros modelos de determinação. Tanto no estudo da natureza como no estudo do homem, o determinismo é a condição de todo saber rigoroso. Existem casos em que a medida precisa não é possível, em que é necessário contentar-se com médias estatísticas. Ademais, existem fenômenos para os quais praticamente não há explicação rigorosa, mesmo não métrica; neste caso, porém, em vez de falar da ação da "liberdade" – um jargão cujo antropocentrismo se torna ainda mais ridículo pelo fato de o progresso das ciências humanas autorizá-lo ainda menos –, seria melhor reconhecer a imperfeição relativa de nossos instrumentos de análise. De fato, embora a ciência esteja sempre por fazer, não há razão para considerar que a realidade é o contrário da imagem que a ciência nos oferece dela. A interpretação da mecânica quântica pelo empirismo lógico – por Philipp Frank, por exemplo – não tem outro sentido: institui a indeterminação, mas atribuindo-a por inteiro aos resultados da observação, ainda que tenha de admitir que, na matéria, tida como incognoscível em si, a determinação seja a chave do real. Não há passagem legítima da constatação do indeterminado à afirmação do indeterminismo ontológico. A ciência não explica tudo, mas fora da ciência só se pode afirmar sem explicar.

Podemos agora fazer o balanço da evolução do pensamento linguístico em relação ao conceito de diacronia. Esse balanço aproxima decisivamente a noção linguística de história e a concepção antropológica. De fato, vimos como, para Jakobson, as transformações do sistema linguístico vêm da tensão existente entre zonas de formas constantes e zonas de formas variáveis. Essa tensão não se exerce no plano do sistema como estrutura pura (o "esquema" de Hjelmslev), mas antes no plano do uso – no âmbito da comunicação entre a fala (a criação linguística individual) e o esquema. Isso significa que a tensão entre as formas se situa no plano da língua encarnada.

Da mesma maneira, para a análise estrutural em antropologia é a tensão entre os diversos sistemas cujo conjunto constitui a realidade da cultura – a discrepância entre as várias ordens ou dimensões da estrutura social – que produz as mudanças históricas. Essa semelhança na concepção da história reaparece na maneira de conceber sua análise. Em linguística, as mudanças diacrônicas podem ser explicadas por um determinismo *mórfico*, mas nem por isso este é previsível; em antropologia, as modificações da estrutura social tampouco podem ser previstas, mas integram-se tão bem na análise da estrutura que chegam a ser sua condição – no sentido em que, como as diferenças se parecem, a diversidade dos dados (as novas versões de um mito, por exemplo) é a própria condição do progresso da análise.

Percebe-se que, na visão estrutural, a história não é nem totalmente previsível, nem totalmente aleatória. Não podemos deixar de notar as afinidades entre essa concepção do diacrônico e a historicidade dialética e "aberta" de Rousseau. Para este, como assinalamos, a história se faz no diálogo entre o homem e as circunstâncias exteriores; não é, portanto, arbitrária. No entanto, como o desenlace desse diálogo nunca é dado de antemão, a história tampouco é inteiramente previsível. Essa convergência entre as visões de Rousseau, por um lado, e as concepções estruturalistas (em linguística e em antropologia), por outro, parece-nos do mais alto valor teórico. É como se, a propósito do conceito de história, as ciências humanas, confluindo para a posição de Rousseau, iniciassem um debate capital com outra linha de pensamento: a que nasceu na obra de Herder e vive ainda hoje na herança de Marx.

Esse debate prossegue sob os nossos olhos naquilo que existe de mais interessante entre as pesquisas sobre a compatibilidade ou incompatibilidade entre marxismo e estruturalismo. Citamos há pouco a revisão por Maurice Godelier do conceito de diacronia em *O Capital*. Essa visão leva a considerar Marx como um estruturalista precoce. As razões para isso seriam essencialmente duas: 1)

Marx distinguiu a estrutura real da sociedade e seu aspecto visível, empiricamente dado; ao mesmo tempo, teria estabelecido a prioridade do estudo sincrônico sobre a investigação genética; 2) no exemplo concreto da análise do capitalismo, Marx nos ensina que o sistema econômico é "a combinação de duas estruturas irredutíveis uma à outra, as forças produtivas e as relações de produção" (Maurice Godelier). A importância desse ponto decorre do fato de ele não considerar o processo de evolução e superação do capitalismo como resultado da operação de uma contradição *interna* de uma dessas duas estruturas – tal como seria o caso da contradição entre os interesses da classe capitalista e da classe operária –, mas antes como resultado da contradição "entre duas estruturas", isto é, entre a estrutura "forças produtivas" e a estrutura "relações de produção", advinda em certo momento do desenvolvimento delas. Sendo assim, a estrutura não causa as modificações históricas a partir de seu interior, *mas antes a partir do encontro com outra estrutura*; o processo não é manifestação progressiva de uma essência, mas produto do contato que se estabelece entre várias estruturas em princípio *invariantes*, cuja coexistência acaba por acarretar suas respectivas transformações. Para Godelier, *essa* concepção da contradição como fonte da diacronia – embora ela não tenha sido suficientemente elaborada por Marx, do ponto de vista teórico – distancia o marxismo de toda visão finalista da história e, portanto, do fantasma de Hegel.

Eis, porém, que os próprios marxistas parecem pouco dispostos a aceitar essa caracterização de sua doutrina. Lucien Sève,[61] ao criticar a leitura do *Capital* por Godelier, observa que ela implica a supressão de todo reconhecimento do "papel motor da luta de classes" na filosofia marxista da história. Por quê? Porque a luta de classes é apenas a expressão mais aguda do modelo de contradição rejeitado por Godelier: a contradição no interior de uma estrutura, no caso, da estrutura "relações (sociais)

---

[61] In *La Pensée*, n. 135, out. 1967.

de produção". Ora, desde Marx e Engels, o remate da análise do *Capital* sempre foi reconhecido como demonstração da necessidade da luta social. O objetivo de Marx não era o exame do desenvolvimento do capitalismo, mas a afirmação – que ele julgava cientificamente fundamentada – da certeza de sua ruína. No fim das contas, a unidade da obra de Marx – dos *Manuscritos* de 1844 ao *Manifesto* e ao *Capital* – consiste na convicção de que a história de fato tem um sentido, identificado com a superação do capitalismo.

Essa superação exige, para Marx, o desenvolvimento não só da "contradição interna" da luta de classes, mas também da contradição entre forças produtivas e relações de produção. Quanto à fidelidade ao espírito do marxismo, estimamos que Sève tem razão. Pensamos, contudo, que o verdadeiro erro de Godelier não está onde Sève o aponta. O erro de Godelier não é esquecer a luta de classes, é antes imaginar que o marxismo como tal pode deixar de postulá-la para se tornar absolutamente científico. Como Sève o demonstra, o marxismo não pode prescindir da ideia do "sentido da história". Ele é finalista em seu cerne; e como tal afasta-se da concepção puramente científica da história, dando espaço a uma vontade política indiferente à análise objetiva da realidade. Por isso, como bom marxista Séve não se limita a rejeitar a tentativa de "estruturalização" de Marx por Godelier; tira proveito dela para reabilitar (contra Godelier e Althusser) a origem hegeliana da filosofia marxista da história e, além disso, para elogiar Lênin, que compreendeu tão bem o papel motor da luta de classes no processo histórico. Em suma: a fidelidade a Marx implica logicamente a valorização do finalismo, tanto na forma da teoria como na forma do ativismo – a valorização de Hegel, por um lado, e a de Lênin, por outro. Não seria isso reconhecer implicitamente que o marxismo está próximo tanto da metafísica como do voluntarismo político?

Em contrapartida, Godelier tem toda a razão desde o instante em que já não fala de Marx, mas simplesmente de diacronia. Isso porque a história das estruturas, de fato, não tem nenhum sentido fixo; é uma história *aberta*, estranha por natureza a todo finalismo. A coexistência das estruturas provoca sua mudança: a história é obra dessa tensão. No entanto, como o homem não para de criar novas estruturas, menos por sua atividade consciente que pela operação anônima e "oculta" da práxis social, a tensão entre as diversas ordens do sistema constituído pela sociedade jamais se esgota. A história mantém-se verdadeiramente por vir. Em relação à sua realidade efetiva, a explicação finalista, a ilusão de um "fim da história" é analiticamente tão frágil quanto o mito antropomórfico da história "criadora".

Para compreender isso a fundo, convém voltar à época de Rousseau, porque as raízes ideológicas do sentido da abertura da história são contemporâneas da fundação do finalismo moderno e da história "criadora". O diálogo a que nos referimos tem dois séculos de existência.

Tal diálogo é antes de tudo a crônica da superação do conceito iluminista de história. Como sabemos, o Iluminismo havia herdado do racionalismo cartesiano um sólido desprezo pela história. "O desígnio da Natureza é uniformizar os homens." Essa observação de Espinosa poderia ter sido pronunciada por quase todos os iluministas. Os homens eram considerados, em função de sua razão, como essencialmente uniformes; as variações históricas eram vistas como acidentes enganadores. Os homens sempre foram os mesmos, em todos os tempos; o importante é o que eles têm em comum. O deísmo em religião, o classicismo em arte são expressões desse credo fundamental. O primitivismo é seu atributo lógico: visto que os homens são iguais, nossos ancestrais mais distantes sabiam e sentiam – quanto ao essencial – o mesmo que nós, e isso de maneira ainda mais pura, sem a mediação dos preconceitos acumulados que perturbam nossa mente. Com os trabalhos de Arthur Lovejoy,[62] a história das ideias mostrou que o primitivismo não é em absoluto

[62] Reunidos em *Essays in the History of Ideas*. Baltimore, Johns Hopkins Press, 1948.

um traço ideológico de Rousseau, mas do Iluminismo clássico. "Um deísta é da religião de Adão", como disse Voltaire em sua defesa de Bolingbroke. Ele também compartilhava com o grande deísta inglês a única avaliação da história admitida no âmbito do modelo clássico da ideologia das Luzes: a ideia de que a história é um quadro de "exemplos" instrutivos. Mas é evidente que a *historia magistra vitae* apenas reproduz a natureza humana universal, acima de toda contingência.

O universalismo primitivista havia assumido, é claro, uma significação revolucionária, na forma de uma recusa das convenções existentes. Mesmo o classicismo autêntico aí desempenhava um papel: basta pensar nas relações entre o ideal artístico preconizado por um Winckelmann e a crítica ao antigo regime nos Estados alemães. No entanto, o universalismo iluminista dificilmente podia escapar de formulações etnocêntricas; era demasiado abstrato para conseguir evitá-las. Ademais, barrava o caminho da análise da vida social. Pode-se compreender, portanto, por que a superação da "filosofia negativa da história" (Lovejoy) foi obra de um grupo especial de iluministas: mais precisamente, daqueles entre os quais a crítica social alcançou os níveis mais profundos no interior do racionalismo do século XVIII.

Esse resgate da história foi próprio, em especial, da *Aufklärung*. Embora franceses – Montesquieu, Diderot – tenham sem dúvida dado sua contribuição, a virada decisiva não pertence nem ao pensamento francês nem à filosofia, mas ao pensamento germânico e à teologia. O *Tratado Teológico-Político* de Espinosa já havia inaugurado a análise dos textos bíblicos, mas de um ponto de vista mais negativo: a Bíblia se explicava pela história, isto é, por aquilo que o racionalismo do Grande Século só pode considerar secundário e falso. Os perseguidores do *Tratado* não se enganaram quanto a isso. Essa crítica histórica do livro santo conduz diretamente ao verbete "Bíblia" na *Enciclopédia*: escrito por Diderot, ele trata a Revelação como doutrina historicamente condicionada. A grande originalidade da *Educação do Gênero*

Humano,[63] de Lessing, foi dar um valor positivo ao que os racionalistas julgavam negativo: a historicidade da religião. Em seu livro sobre a filosofia das Luzes, Cassirer enfatizou a importância dessa inversão para a reforma do conceito clássico de verdade. A religião lessinguiana, desdobrada ao longo da história, identificada à avaliação da humanidade, reconcilia o âmbito das verdades eternas com o temporal.

No entanto, a teologia não havia chegado ao conceito total de história. O ensaio de Lessing não intersecta a história universal. Por isso, a extensão e o aprofundamento da dimensão histórica não ocorrem antes de Herder. Desde 1725, *La Scienza Nuova* de Vico propusera a substituição dos critérios cartesianos da verdade pela tese do "*verum est factum*": o homem só conhece o que ele criou. Isso era o enobrecimento gnosiológico da história. No entanto, a obra de Vico permaneceu sem influência, e Herder fez figura de inovador quase absoluto quando afirmou o pleno e respeitoso reconhecimento da singularidade irredutível de cada época histórica. "Cada nação possui em si mesma seu centro de gravidade." A diversidade dos povos é considerada vontade de Deus. Herder opõe a Kant – que, num opúsculo lançado no mesmo ano (1784) de publicação da primeira parte de *Ideias para a Filosofia da História da Humanidade*, defendeu a noção de um Estado ideal situado fora de alcance em relação aos esforços do presente – sua crítica ao conceito de progresso absoluto. Nenhuma época é inteiramente superior a outra: todo progresso é compensado por algumas perdas.

O universalismo abstrato era, por fim, superado. E também seu corolário, o primitivismo: "O tempo da juventude grega já passou". A diversidade das formações humanas deve corresponder à dos organismos: de fato, se o universo é infinitamente variado, o homem foi posto pelo Criador numa situação privilegiada: o gênero

---

[63] Gotthold Ephraim Lessing, *Die Erziehung des Menschengeschlechts*, 1780 (primeira edição).

humano é o coroamento da Criação. O homem não está separado do mundo, mas é sua perfeição suprema. A história reflete a criatividade divina: "Se há um Deus na Natureza, também há um Deus na História".

A história recebeu sua justificação. Herder forneceu à teologia imanentista de Lessing uma amplitude total. As *Ideias* são, na realidade, uma fusão do imanentismo de Espinosa, da concepção dinâmica do real e do senso do individual em Leibniz, e do sentimento otimista da harmonia do cosmo devido, antes de tudo, à influência de Shaftesbury.

Segundo Lovejoy,[64] a filosofia herderiana da história é o antigo determinismo cosmológico traduzido em determinismo histórico. No original, que era uma visão estática do universo, pressupunha-se que cada entidade tinha seu lugar no todo, sem estar nem abaixo nem acima do papel que lhe fora atribuído pela Natureza. Ora, eis que a versão historicista mudou inconscientemente a regra do jogo: a abolição do primitivismo obedecia à primeira ordem (não estar abaixo de seu lugar, sendo fiel a sua época), mas o sentido da historicidade acarretou a desobediência ao segundo mandamento: não se deve retroceder, e sim superar o presente; é preciso pôr em prática a potência criadora que habita a história, tanto quanto a natureza. Por isso, Lovejoy discerne no historicismo de Herder uma contradição central: o choque entre a fidelidade ao *Zeitgeist* e a vontade de superação do *status quo*.

Porém, o próprio Herder tinha pouquíssima consciência dessa contradição, pois não era muito sensível "à relação entre o descontentamento e o progresso" (Lovejoy). Em vez disso, via as mudanças históricas como um processo tranquilo, automático, semelhante ao crescimento de uma planta. Compartilha com Goethe o culto ao orgânico, ao desenvolvimento sem espasmos e sem crises. É um progressista, não um revolucionário. Aprova a Revolução Francesa até 1792, mas recua diante do terror.

---

[64] *Essays in the History of Ideas*, op. cit.

No fundo, como observa Max Rouché em sua introdução às *Ideias*,[65] esse reformista apenas toma o partido do Terceiro Estado numa Alemanha fraca e fragmentada. Mesmo seu respeito às nacionalidades soa antes de tudo como necessidade de garantir a defesa do mundo germânico. A atitude fundamental de Herder, portanto, é extraordinariamente diversa da de Rousseau. Herder tem profundo amor a sua sociedade (reclama apenas de sua liberalização), ao passo que Jean-Jacques é, por definição, alguém que não está à vontade, o estrangeiro, o *outsider*, o revolucionário. Essa diferença transparece no "cosmopolitismo" dos dois pensadores. Herder quer captar a especificidade das outras culturas – no tempo e no espaço – por meio de um conhecimento intuitivo e empático. Nisso ele é o antepassado da epistemologia da "vivência". Já Rousseau se fez precursor da pesquisa etnográfica ao demandar que o estudo da humanidade se baseasse numa comparação avançada entre o maior número de culturas; vislumbrou a análise científica da diversidade das sociedades. Por fim, enquanto Herder se concentrou no exame da "história das civilizações", Rousseau empreendeu a reflexão num âmbito mais vasto: o da aventura humana inteira, desde a pré-história. Sua "genealogia da moral", tal como exposta no segundo *Discurso*, é uma *macro*filosofia da história; perto dela, as *Ideias* de Herder são uma *micro*filosofia da história, uma interpretação essencialmente dedicada ao período "histórico" da evolução humana. Essa diferença tampouco é irrelevante; de fato, a micro-história de Herder, embora estranha a toda espécie de nacionalismo exclusivista, ainda se situa muito visivelmente no âmbito do etnocentrismo europeu. Para prová-lo, basta lembrar os preconceitos que ele demonstra para com os negros e os amarelos. Na verdade, o humanismo herderiano tem um horizonte menos amplo que a crítica rousseauniana do humanismo.

---

[65] Johann Gottfried Herder, *Idées sur la Philosophie de l'Histoire de l'Humanité*. Paris, Aubier, 1962.

Herder constrói o conceito de historicidade, mas seria errôneo dizer que ele compreendeu em profundidade o sentido da abertura da história. Embora tenha criticado o Iluminismo clássico, hostil à história, permaneceu essencialmente um "iluminista" de um novo gênero: o representante típico de uma filosofia das Luzes com uma consciência social mais aguda, sem por isso ser radical. Esse aprofundamento da consciência social foi, aliás, uma das grandes contribuições da *Aufklärung* ao panorama intelectual do século XVIII. O progressismo concreto de Herder – burguês e eurocêntrico – e seu cosmopolitismo moderado abrem caminho para o finalismo de Hegel e, em certa medida, o de Marx. É por isso que Georg Lukács, o marxista de maior viés hegeliano, reivindica a herança de Herder para o materialismo histórico. Pois, se em última análise Hegel não passa de um Lessing mais completo, Herder por sua vez é o sistematizador da teologia imanentista de Lessing. Lukács pode postular – com legitimidade – a existência de uma tradição progressista *Aufklärung*-Hegel-Marx.

No entanto, seria faltar com a verdade identificar em Herder um simples Hegel precoce. Não obstante as oscilações de seu pensamento, Herder está decididamente muito longe do finalismo declarado de Hegel. É lastimável que essa discrepância não se traduza em afirmação radical da abertura da história: antes se expressa por uma metafísica de cunho conservador. Quando Herder se liberta da concepção finalista, não se alia à antropologia radical, não substancialista, de Rousseau – em vez disso prefigura o mito romântico da história "criadora", a filosofia da história antropomórfica e acrítica, na tradição de Ranke e, mais perto de nós, de Friedrich Meinecke.

Entre suas múltiplas direções, o historicismo de Herder contém assim os dois conceitos de história rejeitados pela visão estruturalista. Esta se encontra na noção rousseauísta da história como produto de uma colaboração complexa e imprevisível entre o homem e o meio, tal como evocamos na segunda seção da primeira parte.

Tanto é que o conceito estruturalista de diacronia se mostra como um dos principais aspectos – até o que melhor revela a superação de todo substancialismo e de toda metafísica – do parentesco ideológico entre a teoria de Rousseau e o ensino das ciências humanas.

Se, porém, como supusemos, a teoria de Rousseau foi aprofundada, na forma de uma ontologia, nas camadas originárias do pensamento de Kant, e se este foi por sua vez retomado nesse nível pela filosofia de Heidegger, então não podemos nos surpreender em constatar que, na destruição da metafísica por Heidegger, um lugar absolutamente central seja atribuído ao conceito de história. A reflexão sobre o ser é, muito profundamente, uma reflexão sobre a história, a tal ponto que não concebe o ser fora da historicidade e de sua essencial abertura. É o que está inscrito no próprio título do livro *Ser e Tempo*. No entanto, isso também é o que faz com que toda esta quarta parte de nosso trabalho repouse muito fortemente nas bases teóricas da antropologia de Rousseau e da ontologia de Kant recuperada por Heidegger. No conceito da abertura da história se enraízam todos os temas principais do pensamento antimetafísico.

Isso quanto à historicidade considerada de um ponto de vista geral. É evidente que o sentido desse movimento, por sua vez, é produto da diversidade das culturas. Os conceitos de sociedade "fria" e "quente", a distinção entre história "estacionária", "flutuante" ou "cumulativa", expostos em *Raça e História*[66] e retomados dez anos depois em *O Pensamento Selvagem*,[67] empenham-se em descrever os vários *projetos históricos* de acordo com cada gênero de sociedade. Não se opõem – tal como afirmado levianamente – à ideia de progresso. Muito pelo contrário, ao mostrar que esta última é tão somente "um modo particular de existência, próprio de nossa sociedade",[68]

[66] Claude Lévi-Strauss, *Race et Histoire*. Paris, Unesco, 1952.

[67] Idem, *La Pensée Sauvage*, p. 305-23.

[68] Idem, *Anthropologie Structurale*, p. 368.

prestam implícita homenagem à liberdade, mesmo relativa, com que a cultura molda sua maneira de ser.

Como sabemos, o papel do pessimismo no aprofundamento da análise social não foi insignificante – desde Tucídides ou, em todo caso, desde as grandes figuras "cassândricas" do século XIX. Se a lição de Rousseau não nos satisfizesse, bastaria relembrar a constância da atmosfera "trevosa", a falta de qualquer otimismo no que há de mais belo e mais crítico na literatura ocidental, em particular a partir do romance realista e do lirismo de Baudelaire, para atrair a atenção dos que se escandalizam com qualquer pessimismo para este ponto: a visão sombria do destino – o desânimo de certos intelectos com o volume e a intensidade esmagadora dos problemas de nossa era, das angústias da vida urbana e da civilização tecnológica – pode de fato coexistir com a mais autêntica radicalidade crítica. Mesmo a literatura que em aparência se situa além da expressão da angústia não aboliu de fato a visão lúgubre da vida: em vez disso, ultrapassou o campo da alternativa otimismo/pessimismo, e sua tonalidade "fria" é tão estranha à fixação na angústia como à manifestação da euforia. Assim, Mallarmé parece "otimista" em comparação com Baudelaire. Na realidade, ele destrói a alternativa otimismo/pessimismo e retoma, no âmbito do ser e de sua linguagem, o que Hölderlin, igualmente para além dessa alternativa, havia fundado no âmbito do tema da existência: *a poesia fora de todo pressuposto metafísico*, numa totalidade lírica cuja harmonia sofisticada só tem igual em Trakl.

Em contrapartida, não precisamos assinalar a grande frequência com que uma fachada "otimista" e revolucionária, que alardeia sua fé no homem e em seu futuro, na realidade dá a mão à conduta mais conservadora, mais comprometida com a apologia do *status quo* e com a contestação de todo ato de problematização, mesmo, e em especial, quando grandes mudanças legitimaram anteriormente seu conteúdo "eufórico". Aliás, é fácil habituar-se à impressão de que, quando se trata de medir a autenticidade do sentimento revolucionário, a atitude política é sempre o mais decisivo, e esquecer que a própria complexidade dos problemas de nossa época multiplica seus meios de crítica e diversifica seus sintomas. Toda uma série de manifestações intelectuais e artísticas aparentemente "reacionárias", porque despolitizadas no âmbito da consciência de seus autores, são na verdade elementos poderosamente corrosivos e altamente reveladores dos nós críticos, das insuficiências e dos abusos da sociedade atual.

No entanto, embora a recusa do *status quo* seja tão diversificada que pode chegar a assumir a máscara da reação declarada, devemos buscar o espírito radical muito além do simples otimismo revolucionário; de fato, *certos* "pessimistas", sobretudo quando o horizonte revolucionário parece ter deixado de apresentar-se no círculo imediato de sua cultura, podem ainda assim ser portadores de uma concepção verdadeiramente radical da sociedade. E assim como os mitos não são meras reproduções de seu meio de origem, mas antes expressão de suas secretas contradições, o pensamento profundamente crítico e radical, o mais suscetível de fecundar o gesto de ruptura, poderia emanar de escritos e análises em que o olhar ofuscado pela evidência só descobre desencanto e resignação.

O elogio ao budismo no último capítulo de *Tristes Trópicos* expõe com particular nitidez essa cumplicidade entre desilusão e ruptura. O pessimismo entra aí duas vezes – antes de tudo na apreciação da avaliação religiosa, que não passaria de um último recurso: do "apaziguamento unificador" proporcionado ao homem pelo budismo, religião feminina e sábia, religião não religiosa que se faz "crítica radical" pela recusa absoluta do sentido, volta-se ao medo e à alienação com o cristianismo e chega-se, com o Islã, à legitimação teológica da injustiça no mundo temporal. Depois, pelo fato de a sabedoria búdica ser apenas o reconhecimento da inanidade dos esforços humanos, não, decerto, por desprezo pelo homem, mas porque a iluminação que nos convence do não-sentido absoluto declara também a inutilidade da ação.

Eis, porém, que, segundo Lévi-Strauss, "o budismo pode manter sua coerência ao aceitar responder aos chamados de fora". Isso porque, sendo a iluminação uma caminhada, uma dialética, se seu instante derradeiro – a unidade final entre sentido e não-sentido – for válido, então todos os outros que o precedem também o serão. No fundo, o procedimento búdico não passa de um equivalente da crítica da evidência; cada etapa "verifica" o valor da etapa que a precedeu. A recusa do sentido é tão somente a explosão suprema para a qual convergem todas as fases do saber, todos os feitos da moralidade. O último passo "precisa de todos os outros para realizar-se". A crítica budista condiz com a crítica marxista, pois a justificação da caminhada como caminhada justifica também que nos ocupemos com as misérias do mundo. A descoberta da ausência de sentido é de fato a verdade suprema do real, mas "não é diretamente acessível". Além disso, "para chegar ao termo, sou sempre chamado a viver situações das quais cada uma exige algo de mim: sou devedor dos homens, assim como sou devedor do conhecimento". Nessa frase, a exteriorização do budismo se realiza por completo. Ele responde aqui "aos chamados de fora". A crítica radical do sentido se tornou engajamento. "A injustiça, a miséria e o sofrimento", em sua insuportável evidência, despertaram no antropólogo a necessidade de encontrar uma síntese entre a *recusa do sentido* e a ação concreta. O niilismo se transmuta em atitude revolucionária. O pessimismo não pode ser suprimido, pois, em suma, a sabedoria do Buda é apenas o reconhecimento da condição efetiva do homem; no entanto, ao desembocar na responsabilidade e no combate, ele se enobrece a tal ponto que escapa para sempre daquela censura que transparece na palavra "pessimismo".

O pessimismo se transforma em engajamento. A coexistência da decepção com a disposição revolucionária já havia marcado o ponto de vista de Rousseau; renasce no estruturalismo como aspiração de realizar a síntese rousseauísta entre ciência e moral. Cumpre não esquecer jamais, portanto, que o sentido da entropia traz em si o espírito da recusa total, a um só tempo intelectual (recusa do sentido) e ativa (ruptura revolucionária). O estruturalismo não deserta da luta: apenas pretende conduzi-la para além das confortáveis ilusões do humanismo retórico. Quando Kant retirou da filosofia o direito de pronunciar-se pela imortalidade da alma, foi acusado de desanimar os homens. Na verdade, tornava-os apenas mais dignos de combater, visto que passariam a lutar exclusivamente com seus próprios recursos. Em uma página de *Antropologia Estrutural*,[69] Lévi-Strauss evoca esses mal-entendidos históricos para mostrar que o estruturalismo sofre algo semelhante: ao recusar a quimera do progresso transcendental, do paraíso sem defeito como desafio de toda mudança social, torna-se suspeito de querer cortar o entusiasmo da humanidade em seu esforço de aperfeiçoamento. Pensamos, porém, que é a acusação "humanista" – e não o estruturalismo – que parece realmente cética em relação ao homem. De fato, ela é que se empenha em julgar este último frágil demais para ser capaz de lutar sem o apoio mentiroso das ilusões, sem a ideia sedutora de uma felicidade completa passível de ser conquistada. É o humanismo que considera indispensável "incentivar" o homem. E é a visão "pessimista" que, sem superestimar suas chances, acredita em última instância na capacidade do homem de proporcionar a si mesmo, com lucidez, a melhora de sua condição. Nesse sentido, a crítica ao humanismo é um *humanismo crítico*.

Tanto é que a dialética do pessimismo distancia a visão estrutural da simples e resignada constatação de nossa finitude. O estruturalismo não é um odor ideológico da decadência. Nesse aspecto, em vez de lamentar a incompreensão dos críticos que – como a maioria dos censores marxistas – não fizeram a interpretação da obra de Lévi-Strauss *por dentro*, não captaram seu sentido antes de julgá-lo, devemos assinalar o equívoco dos que, ao contrário, quiseram proceder à avaliação somente a partir de uma leitura atenta e minuciosa dos textos. É o

---

[69] Idem, *Anthropologie Structurale*, p. 368.

caso, em especial, de Yvan Simonis,[70] cujas qualidades de intérprete merecem não poucos elogios (basta notar, entre as contribuições de seu estudo, o uso judicioso que aí se faz de vários escritos dispersos de Lévi-Strauss, por vezes inéditos em francês, cujo conteúdo não raro lança nova luz nos ensaios mais difundidos).

De acordo com Simonis, o estruturalismo é antes de tudo uma lógica da percepção estética.[71] Sabemos que Lévi-Strauss forneceu o esboço de uma estética no primeiro capítulo de *O Pensamento Selvagem*.[72] Sua ideia mestra é a noção de *modelo reduzido*. "A imensa maioria das obras de arte consiste em [...] modelos reduzidos."[73] Ora, o modelo reduzido permite uma forma particular de conhecimento: "[...] no modelo reduzido, *o conhecimento do todo precede o das partes*":[74] ao renunciar às dimensões sensíveis, a obra capta o objeto em suas dimensões inteligíveis. A arte como modo de conhecimento é, portanto, o inverso da ciência, que por sua vez tenta apreender o todo por meio de análise, de decomposição, em suma: por meio de suas partes.

Simonis se empenha em mostrar que o objetivo do estruturalismo é obter *por meio da ciência* o gênero de conhecimento próprio da arte.[75] Por quê? Porque, precisamente, a ambição estruturalista não se limita a interpretar a vida de *algumas* culturas ou *algumas* manifestações do homem comuns a toda cultura (a arte, o mito, a religião, etc.), mas antes o solo comum da vida cultural em geral e também de todas as suas manifestações: a mente humana. O estruturalismo é uma "teoria das superestruturas"[76] em

---

[70] *Claude Lévi-Strauss ou la "Passion de l'Inceste" – Introduction au Structuralisme*. Paris, Aubier, 1968.

[71] Ibidem, p. 312.

[72] Claude Lévi-Strauss, *La Pensée Sauvage*, p. 33-44.

[73] Ibidem, p. 34.

[74] Ibidem, p. 35.

[75] *Claude Lévi-Strauss ou la "Passion de l'Inceste" – Introduction au Structuralisme*, op. cit., p. 318.

[76] Claude Lévi-Strauss, *La Pensée Sauvage*, p. 173.

busca de uma determinação das regras de funcionamento lógico da mente como "mediadora" sempre presente entre o movimento da práxis social e as práticas que daí decorrem. Ora, essa tentativa de alcançar a "arquitetura da mente"[77] é, para nossa crítica, uma impossibilidade. Acarretaria necessariamente o abandono do procedimento analítico, metonímico da ciência, em prol de uma passagem à arte, a uma representação *metafórica* – e, portanto, não científica – da totalidade.

A arte renova sem cessar suas metáforas, como se soubesse que o todo sempre se mantém fora de alcance, e suas formas jamais chegam por inteiro a submeter o contingente à ordem do sentido. Já a ciência, ligada à exigência de uma explicação única, só poderia fazer valer seu modelo da totalidade ignorando as perturbações que lhe são fornecidas pela dimensão do contingente, dos resíduos rebeldes a toda estruturação teórica. Assim, na medida em que o estruturalismo mantivesse sua fidelidade à tarefa de determinação científica da mente, seria obrigado a afastar-se da história. A predominância da investigação da mente como "local" aquém da cultura acabaria por prejudicar o estruturalismo em duas frentes: por um lado, reduziria seu alcance científico, deixando as mudanças do sistema fora da interpretação. Por outro, distanciaria o estruturalismo de todo envolvimento na ação, da participação efetiva na vida social. Segundo Simonis,[78] o primeiro aspecto separaria a antropologia estrutural da linguística, em que não existe a vontade de fazer o caminho de volta até a mente, o que, portanto, isenta a cientificidade da linguística do perigo corrido pelo estruturalismo em ciências humanas; o segundo aspecto explicaria por que Lévi-Strauss – tal como o fez em "Critères scientifiques dans les disciplines sociales et humaines"[79] (Critérios científicos

[77] Idem, *Le Cru et le Cuit*, op. cit., p. 346.

[78] *Claude Lévi-Strauss ou la "Passion de l'Inceste" – Introduction au Structuralisme*, op. cit., p. 167-68.

[79] *Revue Internationale des Sciences Sociales*, vol. XVI, n. 4. Paris, Unesco, 1964.

nas disciplinas sociais e humanas) – insiste na distinção entre as ciências *humanas*, aproximadas das ciências naturais em razão de sua distância de todo pragmatismo, e as ciências *sociais*, que implicam um exame dos problemas "sob o ângulo da intervenção prática".

No cerne da desmesura da ambição teórica do estruturalismo – no cerne de seu projeto de determinação total da mente, que por sua vez não passaria de uma "metáfora impossível"[80] – habitaria uma repulsa igualmente total pela civilização, um desencanto profundo. O estruturalismo pretenderia denunciar a ilusão de toda cultura, partindo da cultura constituída rumo àquele "lugar" em que ela ainda estaria próxima da natureza: "O estruturalismo é uma espécie de tentativa de retornar ao lugar de onde teríamos partido, uma tentativa de compreender como a cultura nasce da natureza sem desprender-se dela, sem renová-la, e de mostrar a ilusão de uma cultura que a esqueceria".[81] Por isso Lévi-Strauss, ao mesmo tempo que estuda o âmbito que pressupõe a proibição do incesto (a cultura), no fundo o reinterpretaria "como um símbolo do que ela proíbe".[82] Desapontado com toda cultura, o estruturalismo experimentaria "a paixão do incesto".

O estruturalismo seria, em última instância, o senso de um fim: "o estruturalismo tem o talento de expressar o estado de espírito de uma cultura que compreendeu que desaparecia".[83] É verdade que, em seu julgamento final, Simonis reserva um lugar para a "ambiguidade" da obra de Lévi-Strauss. Reconhece então que a "fidelidade ao espírito de Rousseau"[84] se contrapõe à posição definida como "paixão do incesto". No entanto, remete-nos com aprovação à tese de Jean Mosconi, no artigo

---

[80] Caráter metafórico tornado patente pela língua francesa, que denota a mente com o termo "*esprit*", literalmente "espírito". (N. E.)

[81] *Claude Lévi-Strauss ou la "Passion de l'Inceste" – Introduction au Structuralisme*, op. cit., p. 336.

[82] Ibidem.

[83] Ibidem, p. 349.

[84] Ibidem, p. 345.

já mencionado na primeira parte deste ensaio, segundo a qual em Lévi-Strauss a inspiração de Rousseau permaneceria mais implícita, porque não raro dominada por uma tendência oposta à "reativação da filosofia de Condillac", isto é, de um ideal positivista e anistórico do conhecimento.

Ao fim de seu capítulo-balanço, "Échec et réussite du structuralisme" ("Fracasso e sucesso do estruturalismo"), Simonis reproduz este trecho de *Tristes Trópicos*:[85] "Deixando de ser agentes e passando a ser espectadores das transformações que se operam, temos uma possibilidade ainda maior de contrabalançar seu futuro e seu passado,[86] visto que estes continuam a ser uma ocasião para a contemplação estética e a reflexão intelectual, em vez de se atualizarem para nós sob a forma de inquietação moral". E acrescenta este comentário: "É de fato por ter deixado de ser 'agente' que Lévi-Strauss realiza uma obra bem-sucedida e que esta se configura como uma contribuição à parte estética de todo humanismo. Se a inquietação moral fosse expressa, o observador já não seria mero observador, mas agente. Ora, o estruturalismo o é necessariamente, mas parece que Lévi-Strauss se esquece disso quando é coerente com suas posições metodológicas. Quando nos debruçamos sobre a função social do estruturalismo, podemos retomar o debate sobre a verdade como liberdade. Como atividade, o estruturalismo fala sobre outras coisas, não de seus próprios temas de estudo".

O estruturalismo – compreensão da morte de uma cultura – seria um "humanismo estético", uma moral do desapego. No entanto, o contexto da citação não parece autorizar essa interpretação. Se retornarmos à página de *Tristes Trópicos*, verificaremos que a frase citada é apenas o final de um longo parágrafo; releiamos este último a partir do meio: "[...] quando passamos do exame de

---

[85] Claude Lévi-Strauss, *Tristes Tropiques*, op. cit., p. 345.

[86] No trecho em questão, o passado e o futuro a que Lévi-Strauss se refere são os das sociedades que o etnólogo estuda, diferentes da sua, em relação à qual a objetividade lhe é impossível. (N. T.)

nossa sociedade ao de sociedades diferentes. Isso porque, sendo impelidos pelo movimento da nossa, de certa forma participamos do processo. Não depende de nós não querer o que nossa posição nos obriga a realizar; quando se trata de sociedades diferentes, tudo muda: a objetividade, impossível no primeiro caso, é-nos graciosamente concedida. Deixando de ser agentes, e passando a ser espectadores das transformações que se operam, [...]".

Vemos que, para Lévi-Strauss, não se trata de definir o comportamento geral do etnólogo, muito menos o do homem, mas de *comparar a atitude do pesquisador em sua própria sociedade* – de que participa ativamente – *à que ele assume quando se põe a examinar outras sociedades*. E isso tanto mais que o texto pertence justamente ao capítulo (o trigésimo oitavo) em que Lévi-Strauss, sob inspiração confessa de Rousseau, busca provar-nos que o respeito do etnólogo aos costumes das outras culturas não passaria de um escapismo moralmente indefensável *se, justamente, não viesse a contribuir para a reforma de sua própria sociedade*.[87] Tal é a lição dessa parte de *Tristes Trópicos*, e não é por acaso que ela se situa a tão pequena distância do capítulo final, dedicado a essa "metamorfose do budismo" que evocávamos há pouco.

Estamos longe da apologia do "espectador", do "humanismo estético" estranho a todo compromisso. Aliás, o próprio crítico não havia citado[88] – desta vez, porém, sem violentar o contexto – o trecho da conferência "Le métier d'ethnologue"[89] ("A profissão de etnólogo") em que Lévi-Strauss afirma que a etnologia "implica o homem a um só tempo no plano da pesquisa objetiva e no plano das preocupações morais. [...] ela é um humanismo que não pode se deixar desprender das ciências sociais e das ciências naturais"? "A etnologia é, talvez, a disciplina da qual nascerá a sabedoria do homem de amanhã." Isso quanto

[87] Ver Claude Lévi-Strauss, *Tristes Tropiques*, p. 353, já citada por nós.

[88] *Claude Lévi-Strauss ou la "Passion de l'Inceste" – Introduction au Structuralisme*, op. cit., p. 120.

[89] In *Les Annales*, jul. 1961.

à inquietação moral. E aproveitamos para observar que a oposição ciências humanas/ciências sociais não pode, sem contradição, ser interpretada como absoluta: conforme acabamos de ver, o desapego daquelas não existe *em si*, mas é *relativo* ao pragmatismo destas.

Parece de fato que a designação "humanismo estético" no sentido de moral contemplativa não convém inteiramente ao estruturalismo lévi-straussiano. De resto, é preciso notar o caráter duvidoso da designação em si, que trata a "estética" como antônimo de "ativo". Não raro se esquece que a estética, por ocasião de seu nascimento na terceira *Crítica* de Kant, não se limitava a apresentar-se como descrição do fenômeno estético em sua especificidade e autonomia, mas tinha também o objetivo de analisá-lo como experiência mediadora entre o comportamento moral, descrito na *Crítica da Razão Prática*, e o conhecimento científico, que fora o tema da *Crítica da Razão Pura*. Quando se pensa na relação dialética entre essas duas direções fundamentais da *Crítica do Juízo*, compreende-se que, *depois de Kant, autonomia da arte não significa de forma alguma separatismo da arte*: se não fosse assim, o mediador nada teria em comum com aquilo de que é mediador. A arte não "recusa" o real; vivencia-o num nível específico. A estética é um comportamento *desapegado*, mas, como tal, não se opõe à ação interessada em geral, mas à ação interessada-pela-existência-de-seu-objeto característica da moral e do conhecimento científico. Os mal-entendidos a respeito da estética de Kant remontam a Herder e Schiller; constituem uma ilustre tradição. No entanto, o abandono das distinções precisas e *qualificadas* estabelecidas por Kant em favor de uma distinção absoluta entre o "reino da arte" e o âmbito da ação não é apenas infiel ao verdadeiro espírito da fundação da estética: é estranho à própria natureza da arte. Nesse sentido, a expressão "humanismo estético" é uma formulação acrítica. Não surpreende que seja incapaz de captar o sentido profundo da visão estruturalista, de compreender a dialética de seu pessimismo e a metamorfose da recusa do sentido em recusa ativa do *status quo*.

A coisa mais difícil é assumir a finitude, é chegar a compreender que todas as nossas obras são perecíveis, sem por isso serem totalmente inúteis. Guiar a ação humana sem nada esconder de seus limites, por meio de uma sequência de opções que nada têm de absolutas, e menos ainda de perduráveis, eis o papel de uma ciência que se pretendesse livre das últimas ilusões. As mentiras cuja denúncia é mais dolorosa são sempre produto de nossa autocomplacência. No entanto, nenhuma mentira pode curar-nos de nossos males, e o estreitamento de nossos poderes nos permite exercê-los em toda a plenitude. O estruturalismo não autoriza nem mesmo a transfiguração do senso da finitude na alegria trágica do super-homem. A necessidade de recomeçar, a fatalidade da escolha, a caminhada que precisa ser feita rumo ao nada não parecem comportar a dança libertadora de Zaratustra, mas antes a nostalgia da unidade impossível, do apaziguamento sem supressão. Quando Rousseau se situa ao lado de Nietzsche, a música de Wagner, despojada do niilismo, ressurge do fundo da consciência moderna como elegia irredutível, como dor intransfigurável. No entanto, a própria dor incita à ruptura. Aqui a visão pessimista, a tragédia na cultura, retoma o espírito da recusa e da revolução.

O pessimismo se metamorfoseia em espírito de revolução. "Tenho uma dívida para com os homens, assim como tenho uma dívida para com o conhecimento." A esta altura não é proibido requerer do estruturalismo, no âmbito desse pressuposto moral – tão bem definido como dívida do indivíduo e, em particular, do cientista para com a sociedade –, que reflita sobre os meios práticos de exercer tal imperativo. De fato, os meios também dependem da análise científica; se, portanto, a ciência chegou à exigência da ação, é preciso pensar nas condições de continuidade e eficácia sem as quais a ação será sempre mais ou menos inútil. E visto que se trata de intervir na sociedade e, por conseguinte, de apoiar-se inevitavelmente na vontade dos homens contra a vontade de alguns, o estruturalismo – sempre no âmbito de seus pressupostos filosóficos – não pode deixar de abrir-se para o exame analítico dessa necessidade. Inicia, então, seu diálogo com a ciência política.

Do ponto de vista antropológico, a ciência da política nasceu do descrédito de um *wishful thinking*: a ideia de que os "primitivos" ignoram a dimensão do poder. Na esteira dessa crença, vários antropólogos contestaram a universalidade dos fenômenos políticos. Malinowski e Radcliffe-Brown não foram totalmente estranhos a essa contestação. Porém, reconheceu-se por fim que essa ideia não passava de um produto etnocêntrico: a dimensão política era recusada a sociedades de que não estava de todo ausente, sendo apenas profundamente diversa da que existia em nossa cultura. Os conquistadores, quando se viram diante dos indígenas da América, já haviam cometido o mesmo erro. Para os portugueses, os tupinambás eram "sem fé, sem lei, sem rei".

A correção antropológica de um mal-entendido como esse levou muito naturalmente à necessidade de determinar com maior rigor o conceito de fenômeno político. O grande romancista Gottfried Keller declarou um dia que "tudo é político". No entanto, para que a ciência possa progredir, é indispensável superar o estágio de indeterminação de seu objeto e chegar a apreendê-lo em suas diferenças específicas. Na história da teoria política, isso significou o abandono da mera assimilação do âmbito político ao âmbito social em sua totalidade, que remontava ao conceito de homem como *zoon politikon* em Aristóteles.

O principal resultado do esforço de delimitação do âmbito político foi a recusa do amálgama entre poder e Estado. Esse amálgama provinha dos pioneiros da antropologia do século XIX. Assim, para Henry Maine[90] e para L. H. Morgan,[91] as organizações sociais baseadas no parentesco se contrapunham a organizações mais avançadas, em que relações fundadas na propriedade e no território substituem relações puramente pessoais. Somente

---

[90] Henry James Sumner Maine, *Ancient Law*, 1861.

[91] Lewis Henry Morgan, *Ancient Society*, 1877.

estas últimas organizações disporiam de uma dimensão política verdadeira. Em certa medida, a crítica do Estado – no aprofundamento da perspectiva proudhoniana – realizada por Marx e Engels não só fornece à ciência política uma contribuição decisiva como adere à linha de identificação do poder ao Estado. Sabemos, aliás, o que a antropologia marxista – em particular a obra *A Origem da Família, da Propriedade Privada e do Estado*,[92] de Engels – deve a Morgan. Como a crítica do Estado consiste essencialmente em negar sua autonomia e denunciar a realidade social que atua por trás da dimensão estatal, a especificidade do âmbito político não raro corria o risco de ser varrida pela crítica. Ainda que tal especificidade, ao que parece, tenha sido reconhecida em outros estudos de Marx (por exemplo, *O 18 Brumário de Luís Bonaparte*), no plano da sistematização teórica o marxismo original não suscitou uma ciência da política no sentido próprio.

O fim do "desprezo à política" coincidiu com o advento da dissociação poder/Estado. Foi Max Weber, em especial, quem ressaltou essa disjunção ao mostrar que o Estado é apenas uma das manifestações históricas da dimensão política. Em sua obra *Anthropologie Politique*,[93] Georges Balandier observa que "o poder político é inerente a *toda* sociedade". O mesmo autor define o poder "*como resultado, para toda sociedade, da necessidade de lutar contra a entropia que a ameaça de desordem* – assim como ameaça qualquer sistema". Acrescenta, porém, que "não se deve concluir que tal defesa recorra apenas a um único meio – a coerção – e só possa ser garantida por um governo bem diferenciado".[94]

Embora o poder não seja necessariamente coercitivo, ele deriva do fato de que em sociedade nenhuma as regras em que esta se assenta são automaticamente observadas; cabe ao poder fazer com que sejam

---

[92] Friedrich Engels, *Der Ursprung der Familie, des Privateigentums und des Staats*, 1884.

[93] Georges Balandier, *Anthropologie Politique*. Paris, PUF, 1967.

[94] Ibidem, p. 43-44.

respeitadas. Nesse sentido, ele é *dominação*. No entanto, é também verdade que, para ser bem-sucedido, ele depende do *consentimento* dos governados. *Nenhuma* dominação pode ser completamente autocrática sem atender às intenções segundo as quais o poder é empregado. O etnólogo inglês R. Firth chamou a atenção para a ambiguidade inerente a todo poder em razão dessa difícil e constante divisão entre dominação e consentimento. Weber desenvolveu de modo notável o estudo dessa situação fundamental, ao mostrar que toda dominação busca *legitimar-se*. A dialética dominação/consentimento/legitimação é o centro do fenômeno político. É o que mantém a estrutura política naquele "equilíbrio precário", tão extraordinariamente delicado em relação às outras dimensões da vida social, que jamais deixou de impressionar os especialistas em política.[95]

O poder nem sempre é coerção, mas sempre contém os perigos inseparáveis da dominação. Isso parece ter sido bem compreendido pelo espírito de certas culturas primitivas, em que a função política é submetida a minuciosa "neutralização" (Georges Balandier), como se os indígenas, tendo percebido a indispensabilidade do poder, houvessem decidido ao mesmo tempo não o suportar senão a título de mal menor e, portanto, controlá-lo com grande rigor.

Robert Lowie já havia caracterizado a chefia nas tribos americanas sob três aspectos: a) o chefe é um "artífice de paz"; é uma instância mediadora, mais que uma instância coercitiva (daí a distinção frequente entre chefia em tempos de paz, muito controlada por "conselhos de anciãos" e similares, e chefia em tempos de guerra, autocrática por natureza); b) o chefe deve zelar pela prosperidade de seus comandados e, primeiramente, pela distribuição de seus próprios bens; c) o chefe deve ser um bom orador.

Aplicando tal caracterização às culturas sul-americanas ditas da floresta tropical, Pierre Clastres, num artigo de sumo interesse – "Échange et pouvoir: philosophie

[95] Entre os antropólogos, ver a esse respeito a obra de Edmund Leach.

de la chefferie indienne"[96] (Troca e poder: filosofia da chefia indígena) –, acrescenta-lhe um quarto traço: o privilégio da poliginia. Assinala logo depois que a preocupação em manter a paz social por parte do chefe é apenas o correlativo da fragilidade de sua situação: de fato, se toda crise que irrompe exige a manifestação do poder, acarreta também o processo de contestação que a acompanha. A partir daí o exercício da função política desnuda sua impotência.

E isso não é tudo. Se fizermos uma distinção, no interior das quatro características da chefia, entre as condições individuais requeridas (generosidade, talento oratório) e sua "remuneração" (o privilégio da poligamia) e aquilo "que constitui a aplicação efetiva, vivida como tal, das funções cotidianas da instituição" (a manutenção da paz), verificaremos que "essa trindade de predicados – dom oratório, generosidade, poliginia – associados à pessoa do líder diz respeito aos mesmos elementos cuja troca e circulação constitui a sociedade como tal e sanciona a passagem da natureza à cultura".[97] A função política se define em relação aos mesmos níveis – troca de bens, mulheres e palavras – que fundamentam a sociedade, ao tornar possível a comunicação entre seus membros.

Ora, segundo Pierre Clastres, essa convergência é também, ao mesmo tempo, uma diferenciação essencial. Isso porque, precisamente em relação ao chefe, esses três níveis de comunicações *deixam de se apresentar sob o modo da reciprocidade*: enquanto os grupos sociais de fato trocam palavras, bens e mulheres, entre o chefe e a sociedade tudo transcorre "em sentido único": é evidente que a circulação das mulheres se faz apenas do grupo para o chefe; quanto aos bens, é este quem deve presentear os outros, sendo as sociedades indígenas, de modo geral, isentas de todo sustento econômico a seus líderes; por fim, como o domínio das palavras pertence

---

[96] In *L'Homme*, jan.-abr. 1962.

[97] Pierre Clastres, "Échange et pouvoir: philosophie de la chefferie indienne", p. 59.

exclusivamente ao chefe, seus discursos não recebem resposta por parte dos comandados.

O poder indígena se define, assim, em relação aos mesmos elementos que constituem a sociedade, *mas rompendo-lhes o funcionamento normal*. É, portanto, a um só tempo, *a imagem e a negação da sociedade*. A estrutura da função política parece anunciar uma artimanha da cultura quanto a uma necessidade percebida como vital, mas cujas manifestações são essencialmente temidas por ela. Sendo-lhe impossível prescindir do poder, a cultura se vinga ao fazer deste último uma caricatura da sociedade. Nessa constituição de seu negativo encontramos a razão íntima da "neutralização" e do controle a que a sociedade, em sua desconfiança, submete incessantemente o exercício do poder.

A desconfiança lúcida diante da dominação, mais que a ignorância de seus efeitos, seria em última análise a verdadeira caracterização dos "primitivos" quanto à experiência política. O *Contrato Social* talvez não seja totalmente utópico. Esse é o sentido do vigésimo nono capítulo de *Tristes Trópicos*, que contém o esboço de uma "política" estruturalista, por assim dizer. É evidente que se trata aí de uma descrição da organização de poder *numa sociedade específica*: a dos nhambiquaras; o antropólogo não poderia contradizer a própria natureza da sua disciplina, atribuindo a um modelo político particular um valor de aplicabilidade universal – até porque o caráter de "sociedade agonizante" dos indígenas em questão, obrigados em sua extrema pobreza a se dispersar, ressaltava fortemente a singularidade do modelo analisado. No entanto, Lévi-Strauss não hesita em contemplar na chefia entre os nhambiquaras um reflexo da política paradigmática do *Contrato Social*.

O poder político entre os nhambiquaras não parece resultar das necessidades da coletividade, mas antes das disposições psicológicas de alguns de seus membros: "existem chefes porque existem [...] homens que, diferentemente de seus companheiros, amam o prestígio em si, sentem-se atraídos pelas responsabilidades". A chefia costuma ser aí percebida como uma carga, mais que como motivo de orgulho. A origem do poder está no consentimento popular. O chefe não dispõe de nenhum poder de coerção. Desfruta de certos privilégios de ordem sexual, mas estes só lhe são concedidos em troca de seus serviços de zeladoria sobre a segurança coletiva. Assim, o "Estado" nhambiquara não é tanto a encarnação de interesses particulares, mas principalmente um "sistema de garantias".

Lévi-Strauss se abstém de toda generalização apressada. No entanto, não poderíamos negar o valor de articulação entre o real e o ideal que, em seu pensamento, essas linhas sobre a chefia indígena contêm. A evocação de Rousseau é prova disso. Seja como for, o ideal político do pensamento radical não pode estar muito longe de um democratismo tão extenso quanto possível. A massificação da sociedade parece às vezes rechaçar esse ideal para o reino da mais louca utopia. Porém, se o homem um dia tiver a chance de escapar da violência de sua vida atual, será necessariamente no sentido de uma descentralização ativa do poder, cujo nível ótimo só pode estar no mínimo de poder necessário. É aqui que a antropologia oferece indicações científicas que são também aspirações da humanidade. Esta jamais cessou de sonhar com a "possibilidade de uma anarquia ordenada", que E. E. Evans-Pritchard acreditou ter encontrado entre o povo nuer, às margens do Nilo. O "governo das coisas", não dos homens, continua a ser o *telos* natural de toda teoria democrática.

De resto, a sociologia política nasceu – com Montesquieu – no liberalismo e, além disso, num liberalismo sem relação alguma com a metafísica da liberdade. O equilíbrio dos poderes, despojado da forma histórica (aristocrática) de que se reveste na obra de Montesquieu, é meramente a técnica de neutralização da dominação própria das sociedades modernas. Nesse sentido, *O Espírito das Leis*, tratado "aristotélico" de sociologia política, corresponde ao *Contrato Social*, livro da política ideal.[98]

---

[98] Ver, quanto a isso, a admirável interpretação do pensamento político de Montesquieu por Raymond Aron, no primeiro capítulo da

Talvez seja um sinal pouco auspicioso já estarmos próximos do limiar de uma civilização de abundância e lazer sem vislumbrar – muito pelo contrário! – o gradual desaparecimento do Estado como meio de coerção e fonte de decisões que, por direito, pertencem aos indivíduos.

A metamorfose lévi-straussiana da sabedoria búdica é o reconhecimento da caminhada para a recusa do sentido *como uma caminhada*, com todas as suas exigências. No entanto, a metamorfose não seria a do budismo se não reconhecesse, ao mesmo tempo, que a caminhada autêntica desemboca numa *explosão do sentido*. Sendo cada passo associado à caminhada inteira e a seu objetivo, cada gesto expressa também essa explosão. Cada ruptura é uma explosão; a revolução é, ela própria, repetição.

Se o sentido explode é porque existe sentido em toda parte. "Ao se deslocar em seu contexto, o homem transporta consigo todas as posições que já ocupou, todas as que ocupará. Está simultaneamente em toda parte."[99] O sentido é compartilhado por todo empreendimento humano, mas nenhum deles, sozinho, poderia contê-lo – por isso todo esforço realizado tende para a ausência de sentido, que é apenas sua presença em outro lugar. O ser está onde o homem não está, sem por isso estar em lugar algum fora da série – para sempre aberta – dos esforços humanos.

---

obra *Les Étapes de la Pensée Sociologique*. Paris, Gallimard, 1967. No entanto, Raymond Aron provavelmente só concordaria com nossa afirmação sobre a relação entre neutralização do poder e separação dos poderes; em contrapartida, entre a política de Montesquieu e a de Rousseau ele assinala uma diferença essencial: a soberania popular em Rousseau levaria a um igualitarismo de aplicação duvidosa, ao passo que a teoria de Montesquieu seria menos ilusória e mais operacional (ibidem, p. 60-61). Contudo, consideramos que isso se deve ao fato de que Aron fala da política rousseauísta de um ponto de vista concreto e prático, ao passo que esta se situa (como vimos na terceira seção da primeira parte) num plano puramente normativo e ideal. Assim, o *Contrato Social* seria ainda mais próximo do conceito de direito natural de Éric Weil do que da filosofia política de Montesquieu. Aliás, o próprio Éric Weil não é um brilhante intérprete de Rousseau?

[99] Claude Lévi-Strauss, *Tristes Tropiques*, op. cit., p. 373.

Ora, se é assim, a forma ideal da organização política deve refletir essa explosão. Deve abrir-se para todas as direções de um sentido que, explosivo-explodido, é perfeito. A tradução concreta dessa forma só pode ser uma reativação da democracia. A democracia é a receptividade ativa a todas as fontes da sociedade; é a forma política da abertura, do senso da diferença e da repetição criadora.

É claro, não cabe em absoluto ao estruturalismo como ciência apresentar um modelo concluído de tal forma política. Aliás, ele não poderia fazê-lo sem desmentir a neutralidade que é obrigado a manter em relação a toda cultura. Não se deve esquecer que falamos aqui exclusivamente em nome de um nível – o das implicações filosóficas do estruturalismo –, que não pode em caso algum ser confundido com o nível da descrição científica.

Assim, depois de haver esboçado o ideal democrático, o estruturalismo se cala no silêncio respeitoso da ciência para dar a palavra a nossa imaginação política. O espírito da democracia habita nessa confiança. Aliás, entre todos os regimes políticos, é somente na democracia que se apaga a fronteira entre a solicitação persuasiva das energias do povo e aquela apresentação que lhe é feita, tão carregada de desprezo e suspeita, das soluções prontas em que os estereótipos simplistas e as utopias degradadas jamais chegam a esconder o ar lastimável de sua pretensa "ciência". A ciência autêntica nunca é produzida em série.

Quando o século XIX compreendeu a necessidade de lidar com as relações de produção para criar a justiça social, o "socialismo científico" substituiu o "socialismo utópico". Contudo, o fundador do socialismo científico era um verdadeiro habitante de sua época: acreditava bem menos na importância da dimensão política do que na dos fenômenos socioeconômicos. Não foi muito difícil para os sucessores de Marx substituir seu liberalismo político por uma doutrina antidemocrática.

Um anarquismo moderno não pode continuar a alimentar-se das quimeras de cem anos atrás. Deve incorporar ao ideal político o senso da complexidade das determinações sociais elaborado desde o século passado e, portanto, ignorado por Rousseau. Os anarquistas utópicos imaginavam-se capazes de fazer a sociedade caminhar a seu gosto. O anarquismo moderno sabe que a vida social se tornou demasiado imperiosa para não exigir a intervenção consciente do homem. Diversas funções sociais não poderiam prescindir dessa intervenção, que pode e deve aceitar os conselhos da ciência. Sendo assim, o anarquismo "científico" não pode deixar de assimilar a rica e múltipla lição das ciências humanas. Porém, no desenvolvimento recente destas últimas ele encontra não apenas a consciência da complexidade social, mas também uma vocação radical: o apoio teórico daquela vontade de libertar o indivíduo e – garantindo-lhe ao máximo as chances de corrigir as imperfeições sociais, manifestar com frequência máxima seus desejos e participar do movimento de transformação de seu grupo – contribuir para o alívio daquela dor que, sob formas variáveis, nunca cessou de acompanhar até nós o fato de viver em sociedade.

O ideal democrático que anima o humanismo crítico na versão antropológica da unidade ciência/moral representa a fidelidade essencial da visão estruturalista ao pensamento de Rousseau. O estruturalismo consolida o reconhecimento da unidade lógica da teoria rousseauniana dois séculos depois da elaboração desta última. O estranho destino de um pensamento que nunca foi esquecido, sem, contudo, deixar de ser objeto de uma das mais persistentes acumulações de equívocos na história das ideias, parece aproximar-se de seu fim. Um apanhado rápido da espantosa tradição de más interpretações de Rousseau revela que ele só foi compreendido *no início* e *no fim* da linhagem bissecular de seus intérpretes. É como se existisse uma sensível discrepância entre a compreensão de Rousseau e a "maturidade" da sociedade industrial (se admitirmos que já estamos no limiar de uma civilização pós-industrial).

Tal discrepância corresponde também ao período de implantação revolucionária da sociedade burguesa. O pensamento de Rousseau fecundou a filosofia de Kant, inspirou Herder, Goethe e Schiller e "emigrou" para um lirismo não metafísico na poesia de Hölderlin. Também logrou ser assimilado a algumas das mais altas expressões ideológicas do país em que, às vésperas da revolução industrial, a revolução *política* permaneceu em estado de utopia. Foi só posteriormente, com Hegel, que ele ali foi vítima da crítica conservadora, na forma do progressismo burguês.

Em contrapartida, nos países em que a revolução política efetivamente ocorreu, isto é, Inglaterra e França, o pensamento de Rousseau não raro foi renegado ou deformado. Seu primeiro grande adversário, Burke, foi um produto do antirrevolucionarismo inglês pós-1688. E, embora tenha alimentado o entusiasmo jacobino, o fortalecimento da vocação burguesa da grande Revolução logo o submeteu a ataques reacionários. Durante a Restauração francesa, Rousseau foi tratado como pai do individualismo irresponsável, "anárquico" – no sentido eminentemente pejorativo da palavra. A censura de Joseph de Maistre e do Visconde de Bonald reapareceu, muito mais perto de nós, na obra de Irving Babbitt, cujo livro *Rousseau and Romanticism* é de 1919. Babbitt, autor do retrato mais néscio de todos os maus retratos de Rousseau, não hesita em escrever, como julgamento crítico, esta ridícula monstruosidade: "*The faith in one's natural goodness is a constant encouragement to evade moral responsability*".[100] Aplicada a Rousseau, essa frase não é digna de ser comentada.

Aliás, a crítica reacionária não teme apenas o anarquismo de Jean-Jacques; censura-lhe também o "totalitarismo". Taine conferiu a esse duplo temor uma aparente "dialética": no primeiro volume de *As Origens da França Contemporânea*,[101] quer nos convencer de que a anarquia por trás do conceito de soberania do povo conduz direto ao despotismo integral. Vê-se assim que, durante todo o período revolucionário diretamente oriundo da industrialização,

---

[100] "A fé na bondade natural é um constante incentivo para esquivar a responsabilidade moral." (N. T.)

[101] Hyppolyte Taine, *Les Origines de la France Contemporaine*, 1876.

Rousseau não foi poupado. Os próprios socialistas só o compreenderam de modo muito rudimentar.

Os primeiros esforços por uma interpretação objetiva de Rousseau só o resgataram da acusação de totalitarismo ao preço da franca declaração do aspecto contraditório de sua teoria. Faguet (1890) considerava "o antiliberalismo" do *Contrato Social* uma aberração no interior de uma obra dominada pelo veemente individualismo do segundo *Discurso* ou do *Emílio*. C. E. Vaughan, que ganhou notoriedade com sua edição de *The Political Writings of J. J. Rousseau*,[102] contribuiu notavelmente para o progresso da leitura séria dos textos rousseaunianos, mas resignou-se em reconhecer o caráter irreconciliável dos dois "elementos rivais" da doutrina: o liberalismo e o pendor despótico.

No entanto, o trabalho de Vaughan surgiu três anos depois do estudo de Gustave Lanson, em que pela primeira vez a unidade do pensamento de Rousseau foi defendida de modo convincente. As análises de Henri Sée (1925) e de E. H. Wright (1928) também apresentaram sua concepção política sem perder de vista a lógica do conjunto. Ainda assim, cumpria encontrar a síntese filosófica capaz de transformar as contradições em perspectivas dialeticamente solidárias umas das outras. Esse passo foi dado pelo ensaio de Cassirer (1932) em que nos apoiamos. Os fantasmas do individualismo irresponsável e/ou da defesa da tirania parecem hoje definitivamente descartados da avaliação de Rousseau. Se Bernard Groethuysen[103] ainda considerou que os temas da soberania do povo e do homem natural de fato se conjugaram não tanto em Rousseau, mas sim nos processos revolucionários inspirados nele, e J. L. Talmon[104] ainda viu em nosso autor uma das

[102] Charles Edwyn Vaughan, *The Political Writings of Jean-Jacques Rousseau*. Cambridge, Cambridge University Press, 1915.

[103] Bernard Groethuysen, *Jean-Jacques Rousseau*. Paris, Gallimard, 1949; *Philosophie de la Révolution Française*. Paris, Gallimard, 1956 (edições póstumas).

[104] J. L. Talmon, *The Origins of Totalitarian Democracy*. London, Secker & Warburg, 1952.

fontes fundamentais do socialismo totalitário, Robert Derathé – aquele que rejeitou com maior vigor desde Lovejoy a noção do "primitivismo", do "irracionalismo" de Rousseau – e principalmente Rodolfo Mondolfo[105] insistiram no sentido libertário e unitário de sua posição. Nos estudos psicológicos (mas não psicologistas) de Pierre Burgelin[106] e de Jean Starobinski,[107] a análise dos dilaceramentos de Jean-Jacques – as oscilações nele provocadas pela busca da vivência direta ou pelo desejo de "transparência" – harmoniza-se com uma concepção global e uma avaliação positiva de sua obra.

Assim, o pensamento rousseauniano foi compreendido cada vez melhor. No movimento que vai do amor à natureza ao ideal de uma cultura-que-se-ultrapassa por meio da crítica radical à sociedade, vê-se agora a existência de um único projeto e um único debate: o debate e o projeto nos quais e pelos quais o humanismo se tornou crítico, a apologia da humanidade se tornou intransigente, e o impulso para a felicidade está em íntima associação com o senso da dignidade do indivíduo. A plenitude da democracia é o rosto político desse pensamento.

A compreensão da obra de Rousseau cabe essencialmente a nós. Rousseau é anterior à formação da sociedade industrial, foi o principal profeta de seus males, mas só poderia ser plenamente compreendido no limiar da superação dessa mesma civilização. Em sua fidelidade para com Rousseau o estruturalismo prefigura a abertura, na ciência, de uma nova era na história da humanidade. Por isso essa fidelidade é bem mais que uma reprodução: é antes uma consumação.

O pensamento de Lévi-Strauss está profundamente comprometido com a luta pelo futuro do homem. Está

---

[105] Rodolfo Mondolfo, *Rousseau y la Consciencia Moderna*. Buenos Aires, Eudeba, 1943.

[106] Pierre Burgelin, *La Philosophie de l'Existence de J. J. Rousseau*. Paris, Presses Universitaires de France, 1952.

[107] Jean Starobinski, *Jean-Jacques Rousseau – La Transparence et l'Obstacle*. Paris, Plon, 1957.

comprometido com isso por meio do mais autêntico espírito de combate – o combate que realizamos sem ilusões, a sós e seguros de nossos limites – e também no espírito do verdadeiro futuro: o que nos atrai e, ao mesmo tempo, permanece aberto. Talvez o sentido supremo do saber que se constitui sob nossos olhos seja ensinar ao homem que a experiência de seus limites não o encerra necessariamente em si mesmo, antes o torna consciente de sua permeabilidade única à vida do universo, daquela *abertura* em que sua potência poderia deixar de se opor a sua felicidade. O estruturalismo não é o ato teórico do homem que desiste: é antes a decisão sábia e instruída do homem que se despede de suas quimeras para confiar apenas na força lúcida de seus estritos poderes. Ao fazê-lo, o homem da nova era poderá realmente chamar seu destino na terra de *seu*.

Conclusão

O verdadeiro radicalismo deve partir do homem. No entanto, o homem não é sua própria raiz, na qualidade de sede magnífica de toda a realidade; precisamente em sua raiz, remete ao ser que o ultrapassa sem por isso ser-lhe estranho. A problemática do homem suscita, assim, a do saber objetivo. Para além das reduções metafísicas, a ciência deve se familiarizar com a fuga do real por trás do evidente e do já conhecido. A reflexão sobre o ser destrói a filosofia, estimulando a ciência a buscar a objetividade para além do simples "positivismo". O estruturalismo põe em questão os últimos vestígios da atitude substancialista no âmbito das ciências humanas. Dessa maneira, confere-lhes um rigor que não se mostra apenas no aperfeiçoamento das técnicas de análise e formalização, mas também no reforço da disposição crítica. O estruturalismo acrescenta à perspectiva de superação da metafísica aquele *zelo de cientificidade* sem o qual a reflexão sobre o ser sempre beira o perigo do misticismo. Estruturalismo e reflexão sobre o ser são os herdeiros de Rousseau e de Kant. Por isso, herdaram a ideia central de Rousseau, desenvolvida por Kant: a ideia de que o destino da ciência e a busca da felicidade são originalmente uma coisa só. O pensamento radical postula a noção de sua *unidade*.

Essa concepção implica a ciência na luta da humanidade por sua salvação. Contudo, esse compromisso se torna nulo quando a ciência esquece a natureza sintética dessa unidade e se degrada, tornando-se simples apologia das aspirações morais, mesmo as mais justificáveis em aparência. A ciência do homem não pode renunciar a sua dignidade de saber; sua missão, portanto, não é cultivar, em nome de ilusões morais, as banalidades da adulação que o homem dirige a si mesmo. A ciência do homem não é encantamento, magia: é crítica radical, e uma crítica que não se interrompe diante das próprias críticas da sociedade.

Por outro lado, há os que esperam da ciência que ela meramente forneça às massas algumas palavras de ordem ou disposições psíquicas passageiras. O Concílio de Trento rebaixou a arte ao nível da propaganda. Em nossos dias, um concílio invisível quer fazer o mesmo com a ciência. Esta, porém, não é uma campanha. Tem o direito de temer a popularização, porque a publicidade interesseira não deixaria de deformar suas teses. Quando a filosofia, por sua vez, era propaganda, Diderot escreveu: "Apressemo-nos em tornar a filosofia popular". É claro, porém, que esse pensamento que se popularizou era tão somente *certo nível* da filosofia. Já vimos que ficou bem abaixo da categoria da crítica feita por Rousseau. Vimos também que esta última foi aprofundada por Kant. Ora, o próprio Kant escreveu: "A crítica da razão [...] jamais poderá tornar-se popular, mas tampouco precisa sê-lo". Acreditamos que nem por isso devemos acusá-la de alienação ou isolacionismo...

Talvez a ciência, quando se recusa a ser popular, não possa servir bem à mobilização das massas. Mas talvez as massas não devam ser "mobilizadas"; talvez se deva simplesmente tentar escutá-las, garantir-lhes um poder real de iniciativa, dar à "massa", enfim, a oportunidade de tornar-se *povo*. O verdadeiro democratismo não é hostil à orientação, mas a toda doutrinação. A doutrinação mal consegue esconder seu desprezo pelo doutrinado.

Kant tornou-se o modelo por excelência de todos os que, por espírito de rigor tanto intelectual como moral, abalaram as doces ilusões do homem. Foi um dos primeiros "anti-humanistas". No entanto, os que se erguem contra a glorificação de nosso estado costumam ser aqueles que, no sentido mais profundo da palavra, *estimam* a humanidade e por isso mesmo são incapazes de enganá-la. Nove dias antes de sua morte, Immanuel Kant recebeu a visita de seu médico e amigo. Cheio de dores, quase cego, Kant fez questão de permanecer de pé enquanto seu caro amigo não se sentasse. Quando este o fez, o filósofo permitiu que o acompanhassem até sua poltrona e, depois de retomar o fôlego, observou: "O senso de humanidade ainda não me abandonou".

Seria um erro grosseiro tomar isso por uma simples historieta sentimental, capaz de suscitar uma atitude reverente diante da velhice de um gênio. A obra de Kant lança uma luz bem mais forte nesse episódio de sua vida.

Mostra que o desaparecimento do humanismo acrítico não implica em absoluto a perda do senso do humano, um senso que não para de emanar dos escritos do filósofo, mesmo quando, em aparência, estes são puramente "técnicos". A *humanitas* nem sempre é um canto de glória; é antes uma autêntica manifestação de simpatia pelo outro. É aqui que o estruturalismo colhe por completo, em sua profundidade própria, a herança de Kant.

A etnologia é o "remorso do Ocidente". Quer refazer pela ciência e pelo amor o caminho que levou o homem ocidental a impor sua presença dominadora a seus semelhantes. Mas é exatamente dessa maneira que a antropologia recupera, de certa forma, a superioridade do Ocidente; não, é claro, sob o aspecto inexistente de uma primazia de fato, mas de uma forma que só lhe pertence porque ele a inventou, e que, por natureza, pertence à humanidade inteira: a ciência como superação de toda exclusividade, de toda subordinação do homem a poderes determinados, de todo cativeiro de seu espírito numa experiência limitada.

Sem dúvida *esse* projeto de humanidade, encarnado na visão da antropologia moderna, tem muito a dizer não apenas a todos os povos da terra, não apenas ao Ocidente que nele se arrepende, mas em particular àquela periferia do mundo ocidental, àquela América secundária e pobre que, tendo sido durante muito tempo mero reflexo da Europa, poderá hoje, no limiar de uma metamorfose pressentida por todos, mas cuja extensão e cujo conteúdo ainda não foram fixados, inspirar-se na lição recém-inaugurada de uma região do Ocidente que se tornou menos forte, mas que alguns tentam regenerar pela ação simultânea do saber e da sabedoria. De fato, talvez seja a sorte dessa margem do Ocidente ter de assumir seu destino numa época em que o único projeto significativo e eficaz do homem ocidental já não é o ímpeto cego de dominação, mas antes o progresso da ciência no amor à humanidade.

Paris, dezembro de 1967 – fevereiro de 1968.

Apêndices

Encontram-se aqui alguns comentários sobre vários elementos teóricos separados do corpo de nossa tese, ainda que marginalmente ligados à problemática filosófica e metodológica do estruturalismo ou de suas fontes. Estes apêndices podem ser lidos de modo independente; contudo, parece-nos que seu conteúdo lança uma luz suplementar – ainda que, *a contrario sensu*, como exposição das deficiências de alguns discursos especulativos erigidos na periferia do espaço aberto pela análise estrutural em linguística e em antropologia – na base radical da reflexão sobre a estrutura, de sua prefiguração em Rousseau e do que lhe corresponde mais profundamente na reflexão filosófica de cunho antimetafísico.

Fora o primeiro texto, que evoca a influência de Rousseau nas origens do lirismo moderno, e o último, dedicado à aproximação entre as coordenadas epistemológicas e metodológicas da antropologia lévi-straussiana e a pesquisa sociológica de Max Weber, estes apêndices se subdividem em dois grupos. As notas sobre Dufrenne, Foucault e Derrida remetem ao problema das relações entre pesquisa estrutural e filosofia. Sob muitos aspectos, a posição das ciências humanas em Rousseau e a teoria da escrita em Derrida constituem tentativas de tematizar as relações entre a análise da finitude (a partir da qual se desenvolveu a reflexão sobre o ser) e a análise estrutural. Em contrapartida, as observações sobre a hostilidade dos defensores da análise da vivência (representados por Paul Ricoeur) contra a análise estrutural, bem como os "Elementos de uma crítica da fenomenologia" se inserem no âmbito do debate entre fenomenologia e estruturalismo.

A) ROUSSEAU E O NASCIMENTO DA POESIA MODERNA

Se Hegel representa a recusa do radicalismo de Rousseau por parte do "progressismo" da sociedade burguesa napoleônica, seu colega em Tübingen, Friedrich Hölderlin, transpõe o espírito do rousseauísmo para o coração da poesia moderna em seu mais alto nível de expressão. Tentemos encontrar, portanto, nessa emigração do pensamento de Rousseau para o território lírico, os aspectos essenciais de sua posição, os mesmos que seriam retomados e desenvolvidos pela filosofia moderna em sua crítica radical da metafísica.

Rousseau, "a alma invencível", aquele que expressa em sua linguagem "os sentimentos dos puros", Rousseau, o semideus, o incompreendido – é nesse ímpeto de apoteose que Jean-Jacques, depois de haver dominado as leituras juvenis de Hölderlin, é celebrado no início da quarta parte do mais importante dos hinos da maturidade do poeta: *O Reno* (1801). Contudo, essa celebração é apenas o sinal mais evidente de uma assimilação tão profunda que se poderia sem dificuldade definir o lirismo hölderliniano como o reflexo poético do centro da problemática de Rousseau.

Pode-se dizer que a poesia de Hölderlin tem um conteúdo essencialmente filosófico. De fato, Hölderlin pertence à segunda geração de um período da história das letras europeias identificado com o florescimento do lirismo moderno. Seus primórdios situam-se nos anos 1770. Foi nas Canções de Sesenheim e nos "hinos do viajante" do jovem Goethe que nasceu a nova poesia. Mas qual era, no fundo, sua "modernidade"? É ocioso buscar a razão dela em sua atitude filosófica, na vontade de interpretar o mundo que parece mover essa "poesia cósmica". Desde a Antiguidade e até o próprio século XVIII, o lirismo filosófico fora prática usual no Ocidente. A novidade, todavia, era sua maneira *autônoma* de lidar com a interpretação do universo. A partir daí, a poesia se pôs a "filosofar" (de modo evidentemente plástico, não apenas conceitual) por conta própria. A dependência ideológica de Lucrécio em relação ao epicurismo, de Dante para com a doutrina católica medieval, da poesia barroca em relação à mística moderna e de vários outros poetas do século XVIII para com o Iluminismo é muito mais forte do que a dívida de Goethe para com o pensamento filosófico de seu tempo. O sistema filosófico que o marcou profundamente, o de Espinosa, sofreu em suas mãos uma distorção genial, a tal ponto que é impossível reencontrar aí a concepção do original. Aliás, por volta de 1770, na Alemanha, enquanto a maior parte da filosofia regular, entre a morte de Leibniz (1716) e o advento do criticismo (1781), definha no escolasticismo (escola de Wolff) ou na vulgarização iluminista (*Populärphilosophie*), os pensadores mais inovadores (Lessing, Herder) não são filósofos "profissionais", e as revistas de propaganda da *Aufklärung* são substituídas por almanaques carregados de versos. A literatura se apronta para assumir o entendimento do universo. Cessara de depender das outras formas de interpretação do real.

Ora, desde o *Sturm und Drang*, a poesia desempenhou um papel de primeiro plano nessa autonomização. Na época do romantismo – de Hölderlin, portanto –, a independência era fato consumado. O poeta pode até ser companheiro de Hegel e de Schelling, mas nem por isso oferece uma visão de mundo menos perfeitamente irredutível aos sistemas filosóficos de seus amigos. De resto, sabe-se que ele foi com maior frequência inspirador que inspirado. As relações de seu lirismo com Rousseau devem ser vistas sob esse ângulo. O conteúdo rousseauniano da obra de Hölderlin é produto de uma metamorfose criativa, não efeito de uma importação mecânica. Eis por que, precisamente, ele nos esclarece sobre a natureza íntima da problemática de Rousseau.

Por que razão, no entanto, a metamorfose lírica de incorporação do pensamento de Rousseau teve de aguardar Hölderlin? Por que não se iniciou na obra do fundador da nova "poesia do mundo", Goethe, que havia sofrido, por sua vez, a influência de Rousseau? De fato, a poesia cósmica de Goethe aprofundara o titanismo dos *Stürmer* por meio da síntese entre o sentimento rousseauniano da natureza e o "culto da genialidade" de Hamann. No entanto, o rousseauísmo de Goethe ficaria por aí. O princípio dominante de sua poesia não é apenas a crença na consubstancialidade entre homem e natureza: é também o canto de sua concórdia *vivida*. Nem mesmo o frêmito trágico que anima algumas obras da velhice – o eco doloroso de *As Afinidades Eletivas* ou da *Elegia de Marienbad* – chega a pôr em causa a unidade dessa visão. Desde a revolta prometeica — com seu titanismo domado — dos *Wandrers Nachtlied*, desde o classicismo dos anos de colaboração com Schiller até o panteísmo erótico-platônico de *Divã*, o senso de harmonia prima sobre toda angústia e toda ruptura. Na fase de *Ifigênia*, o antigo revoltado aprenderia que a liberdade não se opõe à lei natural, e que a humanidade superior conhece seus limites: no fim das contas, porém, a agitação de Fausto jamais foi fora da lei; sabemos que ele é salvo no fim da "tragédia". Goethe varia a tonalidade lírica conforme os temas e os momentos de seu desenvolvimento: jamais muda de visão. Ora, essa experiência da harmonia, essa serena organicidade do vivido que se desdobra em cumplicidade constante com o todo, contrasta de modo singular com o caráter essencialmente *descontínuo* da felicidade, da união, em Rousseau. Se a figura típica do espírito goethiano é o crescimento, a alma de Rousseau reside no reinício. Goethe pensa em espiral, Rousseau em linha quebrada. Windelband dizia, sobre a estética de Kant, que ela havia propiciado "o conceito da poesia de Goethe"; hoje somos muito mais sensíveis ao ensaio de Ernst Bloch (1950) sobre o "motivo faustiano" na *Fenomenologia do Espírito*. Se Kant, tal como nos propusemos a vê-lo, retoma essencialmente a problemática de Rousseau, Goethe, por sua vez, está na esfera de Hegel.

A experiência da harmonia faz de Goethe um poeta *ingênuo*, na célebre classificação de Schiller. Em contrapartida, Schiller era um *sentimental*, um espírito em dissonância com o presente. Não nos ocuparemos com seu lirismo, em que a vibração sagrada dos poemas de Goethe é substituída pela expressão de um imperativo ético, cujo resultado é, não raro, um excesso de intelectualização. A "poesia do mundo" só recobraria sua pureza com Hölderlin.

Em Hölderlin, a "tirania da Grécia sobre a Alemanha" desemboca na exacerbação. No entanto, a grecofilia era apenas a forma dramática da esperança de redenção da humanidade. A natureza se torna o palco das teofanias fugazes, da reverberação da presença divina, logo depois ou pouco antes do tempo da aflição e da espera. A paisagem é viva, mas não no sentido pagão de Goethe: é banhada no éter, no eflúvio da manifestação dos deuses. O presente é exílio. O estilo "acelerado" de Hölderlin substitui a serenidade de Weimar pelo senso de urgência. Goethe cantara a polaridade, regra do crescimento; Hölderlin cantará o dilaceramento. Ele reinstaura a tensão no interior da imanência. Romântico pela nostalgia, pelo deslocamento da felicidade e da verdade em relação ao presente, jamais se identifica com o transcendentalismo romântico. A definição do romantismo dada por Novalis – "tudo é romântico, contanto que se torne longínquo" – não se aplica aos primeiros versos de *Patmos*, a última das grandes composições de Hölderlin antes da loucura:

Nah ist
Und schwer zu fassen der Gott.

(Próximo é
e difícil de apreender o Deus.)

A proximidade da distância está no centro do lirismo hölderliniano. O poeta chegaria a dizer que é o outro mundo que sonha com este. Assim, situava-se fora da comunidade romântica e, ao mesmo tempo, do classicismo weimariano. Será absolutamente estranho ao conservadorismo crescente dos românticos, tanto quanto à atitude melancólica destes últimos, à *Sehnsucht* sempre distanciada de seu objeto. O tom elegíaco de *Hyperion* e dos poemas da juventude é rapidamente superado pelo lirismo da *decisão*. A resignação melancólica se transmuta no *ethos* revigorado de quem assume o próprio destino. Não se poderia deixar de pensar – não obstante as grandes diferenças de tema e de meio – no sentimentalismo ultrapassado de *Julie*. É na superação do pendor sentimental que Hölderlin encontra Rousseau.

O sentido fundamental da metamorfose lírica do pensamento de Rousseau se exerce no âmbito da interpretação da condição humana. Essa interpretação engloba o espírito da revolução social, mas a justifica – assim como em Rousseau – em nome de uma revisão radical do conceito de homem. A nova visão, antes de surgir nos grandes poemas da maturidade, prepara-se nos fragmentos teóricos subsequentes ao período de Homburg (1798-1800), após os anos passados na companhia de Diotima. Pode-se captar o essencial da concepção hölderliniana por meio de um estudo da maior importância, tanto para a exegese do poeta como para a teoria da literatura: *Hölderlin et Heidegger*, de Beda Allemann.[1]

A preocupação de Hölderlin é *dificultar a conquista da síntese* pela qual o idealismo gostaria de fixar o sentido do ser. Sabe-se que as grandes construções filosóficas empreendidas após Kant visavam superar o divórcio entre o reino da liberdade e o reino dos fenômenos, regidos por uma causalidade infalível. As metafísicas de Fichte, Schelling e Hegel tentaram resolver essa oposição. Os escritos teóricos de Hölderlin mostram sua crescente desconfiança quanto à possibilidade de fornecer uma ideia exata da realidade por meio de uma descrição especulativa total, para além dos limites atribuídos por Kant ao conhecimento.

Esse senso da complexidade do real decerto não estava totalmente ausente da metafísica. No prefácio da

---

[1] Edição francesa de 1959.

Fenomenologia, Hegel fala da "paciência" com que o filósofo deve aguardar a conquista final da verdade. No entanto, de modo geral, dir-se-ia que o caminho de Hegel vai do "trabalho do negativo" à síntese especulativa, à determinação da substância do ser, ao passo que Hölderlin radicaliza a dificuldade, a ponto de recusar todo saber conquistado. Essa recusa foi uma árdua construção para o poeta. Intimamente ligado à atmosfera do idealismo, tendo participado ativamente, sem dúvida, da formação de sua metafísica, Hölderlin de início não se desprendeu da dialética "fechada". Mesmo *O Reno*, hino em que ele canta Rousseau, oscila entre uma intenção sintética reconciliadora e o senso da precariedade de toda unificação. No entanto, a crítica da metafísica acaba por dominar a curva de sua obra.

A recusa da síntese substancialista se expressa no tema do retorno aos dados insuperáveis da finitude humana. A insuficiência da síntese como saber corresponde ao caráter fugaz da felicidade. A Hesperia tem de suportar a longa noite de espera dos deuses. Se o sentido do amor à Grécia é aí buscar os deuses que farão o futuro feliz do Ocidente, o poeta que foi em sua busca deve voltar para casa. Porém, o retorno impõe, por princípio, a "separação entre as esferas divina e humana", sem por isso se confundir com mera renúncia. O retorno deve suportar a ausência de felicidade sem resignar-se com isso, na esperança ativa e constante da libertação. O retorno é uma ética da dor radical, uma moral do luto que rejeita toda ilusão, mas jamais abandona o ímpeto concreto para a salvação. Essa tragicidade foi algo que Hölderlin, o poeta decepcionado pela metafísica, encarregou a linguagem lírica de expressar.

O tragilirismo (Giorgio Vigolo) de Hölderlin é a tradução criativa da dialética da natureza humana segundo Jean-Jacques Rousseau. Se Goethe exprimiu a concórdia vivida entre o homem e o todo, Hölderlin dramatizou essa concórdia acrescentando-lhe a dimensão da vida social. A harmonia já não é entre o "favorito dos deuses" e a natureza, fonte da felicidade; pertence por direito à humanidade inteira, à humanidade que sonha com isso na penosa esperança de sua redenção. O "pessimismo" do *Discurso sobre a Desigualdade* encontra o ideal revolucionário de *O Contrato Social*: a consciência da finitude do homem, correlativa da complexidade irredutível do real, reflete e, ao mesmo tempo, supera a experiência da aflição. Em Hölderlin, a lucidez em relação ao homem e ao mundo sustenta a decisão revolucionária – ao passo que o idealismo alia a ilusão metafísica à aceitação final do *status quo*. Pela voz de Hölderlin, Rousseau responde a Hegel.

Isso porque, se Rousseau representa bem profundamente *a crítica do humanismo*, nada é mais importante do que assinalar que é essa mesma crítica que suscita e anima o espírito da recusa. A crítica do humanismo é um pensamento radical. Não poupa nem o falso saber nem a sociedade injusta. Hölderlin "não faz parte do humanismo" (Heidegger) – e Rousseau tampouco. Ele nos deu o sentido poético de uma transformação radical da atitude do homem para com o universo e a sociedade.

B) FILOSOFIA E ANÁLISE ESTRUTURAL

1. A ANALOGIA ENTRE O ESTRUTURALISMO E A REFLEXÃO SOBRE O SER SEGUNDO MIKEL DUFRENNE

A comparação entre a reflexão sobre o ser e a reflexão sobre a estrutura não poderia deixar de ocorrer. O prestígio da obra de Heidegger aumentou particularmente após o fim da guerra; quanto ao estruturalismo, sabemos quanto ele vem desfrutando, nos últimos anos, da ambígua vantagem da popularidade. Por isso, as aproximações se tornaram quase naturais. Limitar-nos-emos aqui a tratar daquela estabelecida por Mikel Dufrenne[2] na forma de um artigo: "La philosophie du néo-positivisme", extraído de um livro em fase de redação e publicado na revista *Esprit* em maio de 1967.

O autor sustenta aí a tese de um parentesco profundo entre o neopositivismo, a filosofia estruturalista (especialmente a de Michel Foucault) e a reflexão sobre o ser de Heidegger. O denominador comum seria "o assalto" ao homem, o anti-humanismo declarado dessas três posições ideológicas. Mikel Dufrenne atesta o recuo da "reflexão que faça justiça ao ser paradoxal do homem" para a reflexão sobre "um sujeito que carrega em si as normas da objetividade e só pode conhecer a si mesmo como objeto". Para ele, o advento dessa "questão do homem" marcou uma virada decisiva na história da filosofia – e essa virada é Kant. Não é essa, precisamente, a opinião de Heidegger? O livro de Heidegger sobre Kant não teve justamente a intenção de radicalizar o pensamento de Kant em sua qualidade de *análise da finitude*? No entanto, Dufrenne – que, em 1949, havia dedicado a Heidegger e Kant um ensaio de interpretação cuja acuidade não poderia

[2] Nosso desacordo com o julgamento feito por Dufrenne do pensamento de Heidegger não poderia nos fazer esquecer dos notáveis méritos de sua *Fenomenologia da Experiência Estética* (2 v., 1953).

ser suficientemente enaltecida – parece considerar que a questão do ser acabou fazendo com que se esquecesse da questão do homem. A diferença entre ser e ente sempre leva para além do homem. O ser escapa para sempre ao conhecimento. Dufrenne parece haver desistido de refletir sobre essa perpétua fuga do ser *em conjunto com* seu correlativo dialético, isto é, a afirmação de que o ser não tem nenhum sentido positivo fora do ente, fora da Manifestação, fora do horizonte do conhecimento. A consequência é que ele vê no ser o análogo do "sistema" na acepção neopositivista: algo de exterior e anônimo que extrapola o homem e se impõe a ele. Enquanto Heidegger se empenha ao máximo para refletir sobre a contradição entre o que distingue o ser e o ente *e* a recusa de todo realismo transfenomenal – a fim de pensar essa contradição sem lhe suprimir nenhum termo –, Dufrenne prefere permanecer na indicação pura e simples do paradoxo. Sabe muito bem que a reflexão sobre o ser não postula nenhuma transcendência fora do horizonte do *Dasein*, reconhece que "por muito pouco Heidegger não é humanista, uma espécie de Kant rejuvenescido"; ainda assim, para ele, Heidegger "situa o homem numa subordinação radical em relação ao Ser, que mantém a iniciativa".

Depois de haver dilacerado a dialética heideggeriana, nada é mais fácil do que identificar seus destroços com aquela vontade positivista de exaltar o real-dado, de conferir-lhe todo valor de permanência e verdade – e de subtraí-lo ao poder modificador de um ser "que põe tudo em questão", isto é, o homem. A exterioridade do ser (ou sistema) e a passividade do homem seriam o substrato comum de Heidegger e do estruturalismo neopositivista.

2. FINITUDE E CIENTIFICIDADE EM MICHEL FOUCAULT

O "estruturalismo" de Michel Foucault não passa, no fundo, de uma forma de tematização das relações entre a análise da finitude e a análise estrutural.

É conhecido o projeto que anima *As Palavras e as Coisas*: trata-se de fazer "a arqueologia das ciências humanas", de analisar em que se transformou, desde o Renascimento, no interior da cultura ocidental, o "campo epistemológico" ou *episteme*. A episteme é, entre as palavras e as coisas – entre as interpretações científicas e o conhecimento empírico –, "a experiência nua da ordem e de seus modos de ser". Quanto a esse campo epistemológico da nossa cultura, Foucault considera que ele passou por dois grandes desnivelamentos: um deles, que inaugura a era clássica, e o outro, que, no início do século XIX, determinou o fim da episteme clássica, originando uma nova "figura do saber": o homem.

Assim, a analítica da finitude é situada no centro da reflexão de Foucault sobre a atualidade das ciências humanas. Desde o fim da episteme, o homem não parou de se dar conta de seu ser finito. Sentiu-se excedido pela vida transformada em evolução, pela economia transformada em produção, pela língua transformada em história das línguas; vê em toda parte um movimento que o precede e o ultrapassa, e que lhe é demonstrado por todo saber positivo. No entanto, sabe também que "cada uma dessas formas positivas" em que pode aprender que é finito "só lhe é dada sobre o segundo plano de sua própria finitude". Daí a estranha posição do homem que se sabe finito: como "binômio empírico-transcendental", ele é a um só tempo o centro de todo conhecimento e aquele que deve sair de si mesmo para ser capaz de conhecer. Daí também a dupla tentação que obcecava o saber no século XIX: a vontade de exaltar a empiria como absoluto (positivista) e a de exaltar o não positivo como empírico (escatologia). A oscilação entre positivismo e visão messiânica seria constitutiva da episteme formada por volta de 1800. Foucault não vê outro remédio: se quisermos evitar essas duas ingenuidades, é preciso que as ciências humanas hoje se resignem cada vez mais com uma possibilidade radical: o desaparecimento do homem como figura do saber. A análise estrutural – no plano da psicologia, da sociologia e da linguística – estaria comprometida com essa *dissolução do homem* que parece anunciar o esgotamento da episteme pós-clássica.

Por isso, o discurso do homem é, de certa forma, a infância de um saber cuja maturidade indicaria o fim da oscilação entre apologia do dado e apologia do prometido, entre espírito de redução e espírito de quimera. Nessa perspectiva, qual é o sentido da indicação dessa maturidade (do esboço de sua figura), quando ela se apresenta na forma provocativa da ideia de dissolução do homem? Ora, para Foucault, é isso justamente o que não existe: "maturidade"; a passagem do discurso do homem à episteme do homem dissolvido não passa de um novo desnivelamento do campo do saber, e tais movimentos "geológicos" nada têm a ver com a ideia de progresso. Isso o autor já nos havia dito no prefácio de seu livro: "estão fora de cogitação os conhecimentos descritos em seu progresso rumo a uma objetividade em que nossa ciência de hoje poderia, enfim, reconhecer-se". A dissolução do homem é um evento previsível na ordem do saber; no entanto, isso nada tem de uma superação científica. Uma superação – é precisamente esse o julgamento que Foucault se abstém de fazer. Quais seriam os indícios mais significativos dessa abstenção?

Primeiramente, a ausência de uma solução filosófica do problema da finitude. Nesse aspecto, não se pode deixar de pensar em Heidegger. De fato, do ponto de vista dos conteúdos da empiria, a analítica da finitude parece condenada a oscilar entre o positivismo e a escatologia; no entanto, *do ponto de vista da forma pura da empiria*, a analítica da finitude pode encontrar uma saída. É evidente que esta última só pode ser a ideia da aceitação não passiva da finitude. Somente a superação do *cogito* na reflexão sobre a diferença e sobre a temporalização originária – somente a concepção de uma espontaneidade receptiva – poderia acabar com a monotonia dessa oscilação. Isso porque a oscilação em si é tão somente a forma metafísica, pré-dialética, da contradição essencial do fenômeno da finitude. Abstendo-se de desenvolver a reflexão sobre o ser, Foucault se priva de instituir um nível superior na analítica da finitude.

No entanto, talvez a ausência da reflexão heideggeriana em Foucault seja a outra face de uma visão específica de Kant. De fato, num livro tão inovador, tão frequentemente capaz de romper o esquema das interpretações acadêmicas, é impossível não se surpreender em encontrar uma imagem tão tradicional de Kant. Em *As Palavras e as Coisas*, Kant não é muito diferente, em última análise, daquele seu retrato nos manuais de história da filosofia. É claro, é situado "no limiar de nossa modernidade", porque "ratifica pela primeira vez" o fim da episteme clássica: "o recuo do saber e do pensamento para fora do espaço da representação". Apesar disso, a filosofia crítica "abre ao mesmo tempo a possibilidade de outra metafísica, cujo propósito seria indagar, fora da representação, tudo o que é fonte e origem dela". Por acaso, isso não equivale a dizer, no bom e velho estilo dos manuais, que Kant "abre o caminho" para Fichte, Schelling, Hegel? Isso, porém, não é tudo. Kant não é o pai apenas da metafísica idealista: é também o pai do positivismo; ele não declarou que o único conhecimento válido é o saber relativo ao fenômeno? Isso é o que corresponde a alçar a empiria ao nível do absoluto. Por fim, a questão da finitude "desloca" totalmente a questão kantiana, visto que esta já não encontra "o ponto de sua necessidade" "na existência de uma ciência da natureza" – e isso não obstante o reconhecimento, por Kant, do caráter antropológico da reflexão filosófica, como o demonstra aquele célebre "O que é o homem?" ao qual ele relaciona as três perguntas centrais da filosofia. Isso é recusar a Kant toda modernidade na formulação da questão da finitude e, ao mesmo tempo, apresentá-lo como origem do "discurso do homem", do "sono antropológico".

Dir-se-ia que Foucault não foi tocado pela interpretação heideggeriana da *Crítica da Razão Pura*. Parece não ser sensível em absoluto à ideia de que a direção fundamental do pensamento kantiano é precisamente a radicalização da analítica da finitude no sentido da superação da antropologia rumo à questão do ser; ele nem chega a ver que a busca dos fundamentos da ciência da natureza é tão somente a forma e o ponto de partida de uma reflexão sobre a possibilidade do conhecimento ontológico; isto é, sobre o problema do ser – sendo essa reflexão, em si mesma, um nível superior da analítica da finitude.

Recusando-se a qualquer esforço de aperfeiçoamento da análise da finitude, Foucault só trata de Heidegger em algumas breves alusões,[3] apresenta uma imagem arquitradicional da posição de Kant e acaba por ignorar toda a importância do papel de Rousseau no deslocamento da visão clássica, na segunda metade do século XVIII.

O defeito de uma retomada filosófica do problema da finitude prejudica igualmente a objetividade das ciências humanas, tais como Foucault as define. Não queremos iniciar aqui a resposta. Assinalemos, todavia, que as "ciências" humanas não constituem, para ele, verdadeiras ciências, e isso não em razão de uma insuficiência de sua juventude, mas em razão de uma impossibilidade intrínseca. As ciências humanas são "configurações epistemológicas", mas não ciências. É certo, elas não são meramente ilusórias, nem exclusivamente motivadas por interesses; no entanto, não apresentam "características de objetividade e sistematicidade" que lhes permitiriam ser chamadas de *ciências*. Quanto aos três saberes "policiais" – psicanálise, etnologia e linguística –, essas três "contraciências" às quais Foucault atribui a tarefa de inquietar, de pôr em questão o campo constituído pelas ciências humanas, extrapolando-o tanto no âmbito das positividades quanto no da finitude, também não poderiam ser ciências; são apenas o exercício da inquietação no interior do discurso do homem; uma constante rememoração da irredutibilidade dos dados do fenômeno da finitude.

A brilhante análise foucauldiana da rede das ciências humanas se conclui – na consideração das "contraciências" – pelo elogio de uma ativação crítica, mais que pela legitimação filosófica de um método capaz de

---

[3] Mesmo que conceitos-chave como episteme da semelhança e episteme da representação pareçam provir dele – ver, por exemplo, a conferência "A época das 'concepções do mundo'", em *Chemins qui Mènent Nulle Part* (Holzwege).

assegurar a acumulação do conhecimento. O empreendimento de Foucault termina por onde gostaríamos de começar: pela *constatação da finitude*. É ela – e não o pensamento estrutural – que se mantém nessa constatação e se esquiva à indicação de qualquer esperança, mesmo a crença no progresso da ciência. Não é difícil compreender por que essa posição foi assimilada ao positivismo; de fato, no fim das contas, é preciso reconhecer que Foucault não *contesta* realmente o positivismo, limita-se a *deslocá-lo*. O positivismo, com ele, já não é a exaltação ingênua do dado; é a apologia das positividades sucessivas, sempre exteriores ao homem que elas esmagam e à ciência de que escarnecem. O positivismo sofisticado, que exibe a face da modernidade e não ousa identificar-se como tal, já não contém o culto da ciência. Mas não é significativo, muito significativo, que o positivismo atual já não se preocupe com a ciência? Se de fato for assim, talvez seja porque cabe ao pensamento radical reivindicar o amor à cientificidade e porque a recusa do positivo se tornou a condição do verdadeiro saber.

3. A *GRAMATOLOGIA* DE JACQUES DERRIDA OU O IDEALISMO DO SIGNIFICANTE

Já assinalamos em Foucault a ausência da reflexão sobre o ser e de sua ancestral, a filosofia revolucionária do século XVIII. Em contrapartida, no livro *Gramatologia*, de Jacques Derrida, encontramos não apenas uma leitura de Rousseau (ou, antes, do *Ensaio sobre a Origem das Línguas*), como também uma reflexão sobre a linguística moderna inspirada por Heidegger. Poderíamos até generalizar e dizer que o projeto de Derrida, em particular na abertura teórica da obra, é fornecer uma versão linguística da reflexão sobre o ser: como se se tratasse de praticar Heidegger com os conceitos-chave da linguística geral, modelo estruturalista.

No entanto, esse projeto em si é, para Derrida, ocasião de duas ambivalências: isso porque seu ato de versão nada tem de gratuito. A tradução de Heidegger em termos saussurianos desnudaria os resíduos metafísicos da reflexão sobre o ser; inversamente, a projeção heideggeriana denunciaria, na teoria linguística, certos aspectos ingenuamente metafísicos. Reflexão sobre o ser e análise estrutural, alternadamente, reuniriam suas forças para empreender a liquidação dos últimos preconceitos "clássicos".

O autor escolhe, como espaço desse duplo movimento crítico, a discussão do conceito de *escrita*. Ele parte da ideia de que o conceito de escrita sempre foi comandado pelo etnocentrismo logocêntrico, isto é, por uma visão do mundo fundada na lógica da predicação, que a civilização ocidental sempre tentou apresentar como *universal* – em vez de reconhecê-la como relativa a seu modo específico de experiência histórica. No entanto, em que consiste precisamente essa noção logocêntrica e etnocêntrica de escrita? No fato de que ela sempre concebeu a escrita como uma imagem dos sons, sendo estes últimos tomados no sentido de algo prévio ou superior a sua cópia – mais ou menos "fiel" – pela escrita. A escrita sempre foi *secundária* em relação a uma *phoné* originária.

Basta relembrar a discussão heideggeriana do conceito de metafísica para perceber o sentido exato do raciocínio de Derrida. De fato, não existe ciência sem escrita. A ideia de cientificidade pressupõe a existência de uma escrita. No entanto, a noção de ciência pressupõe também a ideia de verdade. Ora, se a escrita foi sempre tida como subordinada a uma instância superior, pode-se concluir que também a verdade foi sempre concebida de acordo com uma ideia prévia do ser. Contudo, sabemos que o próprio ser escapa a toda determinação. A escrita entendida como imagem de uma *phoné*, de um *logos*, só pode assim manifestar uma verdade já determinada, predeterminada – e, por isso, já distante do Ser como tal. A escrita "secundária" é, portanto, metafísica, no sentido heideggeriano. É escrita do ente, não do ser; do dado, não da abertura. Quando Aristóteles ensina que "os sons emitidos pela voz são os símbolos dos estados da alma" e que "as palavras escritas são os símbolos das palavras emitidas pela voz" (*De Interpretatione*), apenas estabelece uma ligação essencial entre a metafísica como teoria do ente e certo conceito – que se tornou clássico – de escrita.

O primado do *logos* se reveste, na teoria da escrita, do aspecto de um *fonocentrismo*. A *phoné* originária comanda a escrita secundária. O fonocentrismo remete, assim, a uma teoria do ser concebida como *presença*, isto é, como determinação ôntica. A análise metafísica da escrita especificava: "o *signatum* remetia sempre, como a seu referente, a uma *res*, a um ente criado ou, em todo caso, primeiramente concebido e dito, concebível e dizível no presente eterno no *logos* divino [...]. Se viesse a ter relação com a fala de uma mente finita [...] por intermédio de um *signans*, o *signatum* tinha uma relação direta com o *logos* divino que o concebia na presença [...]".[4] O que Derrida deduz? Simplesmente que *a ordem do significado nunca era aí contemporânea da ordem do significante*. Isso porque, como o significado remete à *phoné*, à *res*, ao *logos* absoluto, só pode preceder o significante. Ele encarna o ente a que o lado significante da escrita se subordina.

A metafísica como apologia do ente é a essência da técnica, a tal ponto que, para Heidegger, a técnica moderna não passa de remate da orientação positivista (i.e., da defesa glorificadora do ente-dado) de toda a cultura ocidental. Estamos preparados, portanto, para compreender por que a escrita nasceu concomitantemente à metalurgia e ao estabelecimento do capitalismo agrário – como Rousseau o havia assinalado.

Lembremo-nos, porém, da essência autoritária da técnica: não é por acaso que, na teoria clássica da escrita, a unidade da voz (*phoné*) e do texto é *prescritiva*. No final do *Fedro* (depois de haver relatado como o deus Amon indicou os inconvenientes da escrita a seu inventor, o deus Teuto), Sócrates já observava que os discursos escritos "sempre precisam da proteção de seu pai", o que não acontece com a *phoné*, com a instância em que o

[4] *Gramatologia*, p. 106.

sentido das palavras está sempre presente e é direto para o orador. Isso equivale a dizer que a *phoné* é também uma *arché*: que a fala da presença é fala da dominação. E se a essência filosófica da dominação é a crença em uma força absolutamente exterior e superior ao homem, então a ideia de Deus surge naturalmente no cerne da metafísica como teoria do ente e da *arché*. Por isso a metafísica se consuma no idealismo infinitista: porque "somente o ser infinito pode reduzir a diferença na presença". Espinosa "dizia, sobre o entendimento – ou *logos* –, que ele era o modo infinito *direto* da substância divina". Podemos afirmar, portanto, que o esquecimento do ser numa teoria do ente, numa teoria do ser como presença e como dado, institui essencialmente uma *hierarquia*, um mandamento sagrado. Não foi à toa que os cleros se constituíram em concomitância com a escrita.

Mas por que a metafísica relega a escrita à condição de um reflexo? Por que a teoria do ente tem de definir a escrita como secundária? Precisamente *porque se serve dela*. Da mesma maneira, por meio do ente a metafísica define o ser – porque o esquece. Por isso, a essência da escrita, solidária da questão do ser, só pode surgir por meio da destruição do conceito clássico da escrita, assim como o verdadeiro sentido do ser só pode ser indicado na destruição da metafísica como primado do ente.

É preciso, portanto, ver na escrita algo além de um instrumento. É preciso ver no significante algo além da mera representação de uma realidade anterior à própria representação. Será que, nesse esforço, podemos solicitar a ajuda da linguística geral? Para Derrida, esta última continua a ser, no que tange à escrita, uma teoria ambígua. Por um lado, Saussure subordina a escrita a uma linguagem originariamente falada: é o império da *phoné*. Por outro, alguns aspectos de seu pensamento ultrapassam a ideia da secundariedade da escrita e liberam a possibilidade de uma gramatologia acima da linguística-fonologia. Haveria, portanto, um Saussure fonocentrista e metafísico e um Saussure, menos explícito, que anuncia o fim de toda consideração metafísica do signo. Da mesma maneira, haveria um Heidegger preocupado com a questão do *ser* – e, portanto, ainda não emancipado de uma metafísica da palavra – e um Heidegger que formula a *questão* do ser – e, portanto, já situado no âmbito de uma concepção não metafísica, não logocêntrica, da linguagem. Haveria algo como uma desajeitada reflexão sobre o ser, ainda submetida a um estilo logocêntrico de expressão, e uma reflexão sobre o ser já mais segura, mais consciente da incompatibilidade entre o sentido da questão do ser e o enquadramento conceitual e terminológico da ontologia tradicional. *Grosso modo*, a forma tímida e imperfeita da reflexão sobre o ser corresponderia ao período dominado pela ideia de uma ontologia fundamental – isto é, o período de *Sein und Zeit* e do livro sobre Kant; a forma emancipada da reflexão sobre o ser corresponderia à fase inaugurada por *Introdução à Metafísica* de 1935 (publicada em 1953), em que os termos "ontologia" e "metafísica" mantêm um valor meramente negativo – na medida em que designam o fenômeno do esquecimento do ser. É esta última forma da reflexão heideggeriana que fornece a Derrida a perspectiva teórica que ele emprega para dinamitar os resíduos metafísicos da linguística moderna.

Muito visivelmente, Derrida concebe sua empreitada de "desconstrução" do conceito fonocêntrico de escrita como algo análogo à contestação heideggeriana da metafísica. Ora, em sua estratégia, a emancipação da escrita começa lá onde se declara que a língua não se confunde com o aspecto fônico da linguagem, tal como o faz o próprio Saussure no *Curso*,[5] nisso seguido sistematicamente por Hjelmslev, mas desaprovado por Jakobson, que não aceita a ideia da indiferença do signo à substância fônica da expressão.

Mas qual é o fundamento definitivo dessa prevenção de Derrida contra a instância fônica? É que ele receia que a realidade dos sentidos desempenhe o papel de *res* em relação à qual a língua inserida na escrita seria apenas uma

[5] *Curso*, p. 21, 164, 166.

imagem; é que ele quer enfatizar sua rejeição à defasagem entre significante e significado; e que ele vê, na subordinação da letra ao som, a materialização dessa defasagem. Ele se agarra, então, a Peirce, que havia reativado a antiga formulação sobre a impossibilidade de situar o sentido fora do sistema de signos: *omne symbolum de symbolo*. Os signos não provêm de nada exceto de si mesmos. Não há sentido fora do movimento da significação. Não pode haver *res* alguma anterior à língua; o signo linguístico não copia nada. Não há *significado transcendental*. O *signatum* é interior ao jogo da significação. "A escrita é o jogo dentro da linguagem."[6] E esse jogo nada mais é que um conjunto de valores, de posições, de elementos puramente diferenciais. Os signos só expressam sua diferença. Por isso Hjelmslev preferia, à comparação entre o sistema da língua e o sistema de valores econômicos – que são valores de dupla-face, por sua relação tanto com a moeda como com a quantidade de mercadoria que lhes serve de estalão –, a analogia saussuriana com o jogo de xadrez, em que posições só remetem a posições.

Bem se vê que o conceito de escrita de Derrida não diz respeito propriamente à escrita. A *escrita* é antes o jogo da língua, isto é, o jogo da significação. Aliás, ele não tarda a falar de *traço*, termo emprestado, não sem modificações muito profundas do sentido original, de Levinas. O jogo da língua, o fenômeno da significação, é o "traço imotivado". O traço imotivado que se dá na ausência do significado transcendental funda a possibilidade da relação com o outro, da temporalização e da linguagem. Não é, portanto, um fenômeno intralinguístico; atua dentro da linguagem, mas esta última não o confina. Ele não é sequer um fenômeno, mas antes a possibilidade de todo fenômeno – ou, para empregar a feliz expressão de outro livro de Derrida, *o fenômeno da não fenomenalidade*. O traço institui o reino da diferença. É a "origem absoluta do sentido em geral" – *precisamente porque o sentido do conceito de traço contém a ideia de que não há origem absoluta do sentido*

[6] *Gramatologia*, p. 73.

em geral. O traço abole a presença e abre o movimento da diferença: elimina a defasagem hierárquica entre o significado e o significante.

Seria difícil negar o mérito de Derrida em seu esforço para destruir a noção de significado transcendental. Ele sem dúvida compreendeu bem a força e a riqueza da crítica heideggeriana da metafísica. No entanto, em sua defesa apaixonada do formalismo linguístico, existe algo de inoportuno. Não podemos resistir à impressão de que ele enfatiza demasiadamente o lado do significante; temos o sentimento de que, na energia da crítica que dirige contra toda aceitação de um significado transcendental, ele não consegue poupar o *significado* – não o transcendental, mas o significado puro e simples, aquele polo da relação semântica sem o qual a significação se torna inconcebível. A queda do significado transcendental acaba por acarretar a queda do significado. A defasagem se restabelece, desta vez no sentido de um primado do significante.

Ora, se é assim, será que não nos dirigimos para o empobrecimento (ou para o esquecimento) dessa dimensão polar significante-significado, que garantiria à linguística grande parte de sua eficácia analítica? Isso porque, ao que parece, a fecundidade e o sucesso da análise linguística se devem a uma fidelidade da teoria ao princípio da arbitrariedade e, *simultaneamente*, ao princípio da representatividade do significante. Essa dupla fidelidade permite que se respeite a autonomia da expressão (significante) em relação ao conteúdo (significado), mas nem por isso deixa de impor ao significante a necessidade de "expressar" algo. Todo o jogo do sentido reside aí. Este é evidentemente falseado a partir do momento em que se atribui ao significado o aspecto de substância, de conteúdo eterno e definido. Então, o princípio da representatividade assume uma forma metafísica; se o significado se tornou transcendental (no sentido pré-kantiano), só resta ao significante resignar-se com o estado degradado de "imagem" dele, uma cópia logo suspeita – visto que a representação em que o representante é inferior ao representado traz em si mesma o perigo da traição. Desde o início, ela se dá como *insuficiência*: o representante (a expressão) jamais equivalerá ao representado (ao conteúdo).

No entanto, o jogo do sentido não é menos falseado quando se reduz o papel do significado para cair na mística do absolutismo do significante. Nesse aspecto, o modo como Derrida se apoia em Hjelmslev é muito instrutivo. Ele enaltece apenas *uma* dimensão do pensamento de Hjelmslev, a que leva a enfatizar o valor da analogia saussuriana do jogo de xadrez e o caráter formal e arbitrário da língua em relação à realidade. O dinamarquês se torna então (contra Jakobson, o fonocêntrico) aquele que teria entendido melhor a intenção antimetafísica da doutrina de Saussure – precisamente porque ele teria sistematizado a ideia da perfeita autonomia da expressão. No entanto, o pensamento glossemático é muito mais complexo. Hjelmslev dificilmente teria admitido uma superestimação do significante em detrimento do significado. Como se sabe, uma de suas ideias principais era a importância do *princípio de comutação*: na análise linguística, para que uma distinção seja reconhecida no plano da expressão, é preciso que corresponda a uma distinção no plano do conteúdo, e vice-versa. Não se poderia afirmar melhor a indissolubilidade da relação significante-significado, e isso no próprio interesse da compreensão do significante, bem como do conteúdo. É evidente que Hjelmslev nem por isso esquece a autonomia dos dois planos, portanto, a do significante; isso porque, segundo ele, não há nenhuma correspondência direta, biunívoca, entre as unidades dos dois planos. Trata-se justamente de operar com as duas noções, a da remissão permanente de um plano a outro e a da autonomia interna de cada um. Isso não escapou a Nicolas Ruwet, em sua penetrante visão de conjunto sobre os desdobramentos da teoria linguística pós-saussuriana.[7]

A tentativa, por parte de Derrida, de fundar seu *idealismo do significante* na glossemática não resiste

[7] "La linguistique générale aujourd'hui". *Archives Européennes de Sociologie*, tomo V, n. 2, 1964.

muito bem ao exame crítico. No entanto, seu esforço principal está na generalização do conceito de *arbitrariedade* aplicado por Saussure ao signo linguístico. A nota na página 65 da obra *Gramatologia* prova que o autor conhece as críticas suscitadas pela tese da arbitrariedade do signo; contudo, Derrida as considera de natureza "intralinguística" e se recusa a ver aí a intenção de contestar a posição básica de Saussure quanto ao caráter "imotivado" do signo. O traço se identifica cada vez mais com o movimento sem motivo da significação que se alimenta de si mesmo. A não motivação já não é, como em Saussure, um conceito estratégico destinado a desviar o olhar dos fenômenos extralinguísticos em favor da concentração no estudo interno do sistema; tornou-se a marca da distância soberana do traço-escrita em relação a toda descrição do real. Aqui, o conceito de traço se torna estrangeiro a toda cientificidade. É verdade que Derrida não encerra inteiramente a questão. Abstém-se cuidadosamente de manifestar, em nome do traço ou da escrita emancipada, um desprezo despótico pela ciência. Chega a conceber uma colaboração minuciosa e controlada entre a "desconstrução" da metafísica – a reflexão sobre o traço – e a "descoberta positiva". Contudo, essa hipótese não é desenvolvida. Em última instância, tem-se a impressão de que Derrida, depois de haver criticado tão bem, em *L'Écriture et la Différence*, o eticismo antiteórico de Levinas, não consegue se decidir em favor dos direitos da teoria – não no sentido de uma primazia discutível sobre a ética, mas no sentido da afirmação da compatibilidade entre o pensamento não metafísico e o trabalho da ciência, contanto que este se mantenha nos limites da análise, sem tentar reconstruir uma visão metafísica do real. Parece-nos lógico que o fenômeno geral e originário da cumplicidade entre fonocentrismo, logocentrismo, metafísica, técnica e violência seja objeto da reflexão filosófica, e não da ciência – porque "remete a uma possibilidade comum e radical que nenhuma ciência determinada, nenhuma disciplina abstrata, pode pensar como tal".[8] Contudo, isso não deveria pôr em causa *a* teoria, mas apenas as teorias regionais... Ora, no último minuto, Derrida lamenta que a "tendência natural" da teoria (filosófica ou científica) seja "antes a de tapar as brechas" (da episteme ainda metafísica) "e não a de forçar o fechamento". Nada mais heideggeriano que a homenagem subsequente às virtudes dinamitadoras da literatura, em que "a fissura (isto é, a ruptura com a atitude metafísica) foi mais certeira e mais penetrante". Ainda assim, seria preciso assinalar que os textos de Heidegger sobre a arte e a poesia (e, em particular, sobre Hölderlin) não autorizam em absoluto uma preferência geral à literatura sobre a ciência, como potência de ruptura com a metafísica. Tanto em Derrida como em Foucault, a superestimação da literatura é paralela à atrofia da noção do valor da cientificidade. À semelhança da constatação da finitude (Foucault), o *idealismo do significante* (Derrida) não elabora nenhum projeto de justificação do saber.

No entanto, o tema da literatura poderia ter desviado Derrida de seu unilateralismo. Ele pensa que o interesse pela literatura manifestado pela escola de Copenhague "suspende a desconfiança rousseauniana e saussuriana" em relação às letras e "radicaliza" os estudos dos formalistas russos, ainda sob o peso do fonocentrismo.[9] Nós pensamos, ao contrário, que a experiência da teoria da literatura desenvolvida pelo formalismo eslavo tem um valor exemplar. Ora, segundo o judicioso livro de Victor Erlich, *Russian Formalism*,[10] a evolução do formalismo foi algo muito distinto de um reforço da não motivação da forma literária. Erlich mostra justamente que a concepção dominante no primeiro período do movimento – a época da OPOJAZ (fundada em 1916) –, sintetizada na depreciação da motivação dos artifícios poéticos, é progressivamente substituída por uma atenção maior ao

[8] *Gramatologia*, p. 141.

[9] Ibidem, p. 87.

[10] Den Haag / Paris, Mouton, 1955.

problema da motivação. Essa tendência já é evidente nos últimos trabalhos de Chklovski e Eichenbaum (especialmente a propósito da obra de Tolstói), mas foi sobretudo com os tchecos e os poloneses, isto é, com o período dito estruturalista da escola, que ela se firmou.[11] Erlich não deixa nenhuma dúvida quanto ao sentido positivo dessa evolução; eis como estabelece o balanço final da aventura da crítica eslava do entreguerras: "Extrinsic criticism [...] was too preoccupied with the 'relevance' of literature to pay attention to its uniqueness. Pure Formalim – a justified if extravagant reaction against the genetic fallacy – tended toward the other extreme. Structuralism, the final result of Formalist theorizing, points the way toward a conception of literature that would do full justice to both the uniqueness and the relevance of literary art".[12]

É bem conhecido que o papel de Roman Jakobson na conquista dessa maturidade foi muito importante. Basta lembrar o ensaio de 1933, "O que é a poesia?" – em que ele prefere falar de autonomia da função estética a falar de separatismo da arte –, ou o estudo sobre o lirismo de Pasternak, de 1935, em que o exame da linguagem figurada, em particular da metonímia, estabelece uma relação dialética entre essa linguagem e o caráter "passivo" da visão de mundo do poeta, cuja sensibilidade se havia formado em meios pré-revolucionários. Seja qual for a opinião de Derrida sobre o fonocentrismo de Jakobson, parece-nos muito difícil considerar a atenção à motivação, exercida sem o menor reducionismo, como uma atitude metafísica. Poderia antes relacionar-se a uma concepção muito sutil da literatura e da linguagem, *em que a autonomia do significante não exclui sua referencialidade essencial.*

---

[11] Ver Erlich, *Russian Formalism*, op. cit., p. 166-70.

[12] "O criticismo extrínseco [...] preocupava-se em demasia com a 'relevância' da literatura para prestar atenção à sua peculiaridade. O Formalismo puro – uma reação justificada, embora extravagante, contra a falácia genética – pendeu para o outro extremo. O estruturalismo, resultado final da teorização formalista, aponta para a concepção da literatura que faria plena justiça tanto à peculiaridade como à relevância da arte literária" (ibidem, p. 181). (N. T.)

Essa concepção, que contém naturalmente a superação crítica do idealismo do traço, não é exposta por Jakobson apenas em seus artigos sobre a poesia. No célebre ensaio "Em busca da essência da linguagem" – contrariamente ao que pensa Derrida –, ele se ergue contra o próprio princípio da arbitrariedade. Considera-o um dos dois "princípios gerais" de Saussure, ao lado do dogma da linearidade do significante (rejeitado também por Jakobson, com a aprovação de Derrida).

Como Jakobson se ergue contra o princípio da arbitrariedade do significante? Emprega um conceito de Peirce, o de *diagrama*. Entre as três variedades de signos discernidos por Peirce – o símbolo, o índice e o ícone –, somente o último atua por similitude entre significante e significado. O *índice* atua por uma *contiguidade real* entre o significante e o significado; exemplo: a fumaça é indício de fogo. O *símbolo* atua por uma *contiguidade instituída*, aprendida, entre o significante e o significado. O ícone atua por uma *similitude real* entre o significante e o significado; é um "retrato". Ora, Peirce subdividia os ícones em dois tipos: as *imagens*, em que o significante representa as qualidades do significado, e os *diagramas*, em que a semelhança entre o significante e o significado diz respeito apenas às relações entre suas partes. Os diagramas são significantes que reproduzem a *estrutura* do significado. É o caso das curvas estatísticas e das equações algébricas.

É também o caso – segundo Jakobson – da linguagem. Ao examinar os universais linguísticos identificados por Joseph Harold Greenberg, ele observou que a variação do significante costuma refletir uma gradação "natural". Isso transparece nitidamente no aumento progressivo do número de fonemas nos graus de comparação dos adjetivos (por exemplo: *altus-altior-altissimus*) ou no fato de que, em todas as línguas, a prioridade do sujeito em relação ao objeto nas frases enunciativas é a ordem amplamente predominante. A hierarquia da enunciação reflete a do real.

Ao mesmo tempo, porém, a semelhança entre significante e significado está longe de ser fotográfica. A *mimese* do significado pelo significante só reproduz aspectos *universais*. Por isso, o diagrama se aproxima do símbolo. De fato, o símbolo é, para Peirce, aquilo que tem uma significação geral. Os símbolos não indicam, eles significam: a capacidade de se relacionar com o geral é o que permite que se transportem para além de cada experiência concreta, garantindo, assim, a comunicação. O *esse in futuro* dos símbolos é sinônimo da própria possibilidade da linguagem. O símbolo não designa nada em particular; ele é uma regra geral que preenche sua função por meio de uma profusão de casos singulares. A significação de um símbolo, portanto, só pode ser fornecida por outro símbolo: *omne symbolum de symbolo*.

Contudo, aos olhos de Jakobson e de Peirce, essa frase medieval não é sinal de uma superestimação do significante. Não é por acaso que Peirce empresta da Idade Média – do aluno de Abelardo e colaborador de Thomas Becket, o bispo de Chartres, João de Salisbury (c. 1120-1180) – suas ideias sobre a universalidade da função simbólica. De fato, por vezes se poderia suspeitar o pensamento medieval de ceder em demasia a uma metafísica do significado, mas não de oferecer sacrifícios à anulação do significado. Esse pecado é muito mais jovem do que a Idade Média. Quanto a Peirce, ele não o cometeu. Prova disso é que, mesmo enquanto evitava esquecer a tese do *omne symbolum de symbolo*, sugeriu que "um símbolo pode comportar um ícone ou um índice". Jakobson se regozija com isso, e com razão: de fato, essa ideia nos permite integrar o diagrama na essência simbólica da linguagem; legitima o conceito de uma "imitação" linguística do real que ultrapassa a ingenuidade da teoria onomatopeica, visto que preserva sem nenhuma dificuldade o reconhecimento da autonomia do significante.

É somente pela recusa em absolutizar o significante que se pode realmente denunciar a defasagem entre significante e significado de que a metafísica se alimenta. A ideia de diagramatismo mostra o caminho da recuperação do sentido da referência. É preciso que a reflexão sobre o traço não veja a dimensão da alteridade somente na perspectiva da diferença; é preciso compreender que o que fundamenta a diferença é precisamente a natureza *aberta* e *referencial* da linguagem. A diferença remete à referência. Em seu primeiro grande voo teórico – a introdução à *Origem da Geometria* de Husserl (1962) –, o pensamento de Jacques Derrida não parecia anunciar essa tendência de desequilibrar o jogo entre diferença e referência em que o fenômeno do sentido se enraíza. Por meio de uma fecunda analogia traçada entre Razão e linguagem, ele aí mostrava que todo Absoluto é apenas Passagem: passagem de um fora a um dentro e vice-versa, visto que, em última instância, a Razão não poderia ser assimilada nem ao desdobramento de um princípio transcendente – ser exterior à consciência, mesmo que ele tenha condescendido em se mostrar – nem ao movimento de um sujeito dado previamente, mesmo que ele se deleite em "alienar-se" na sucessão da história. O sentido da fenomenologia da razão em Husserl se encontraria precisamente fora desse dilema, ou, antes, lá onde esse dilema se resolve dando-se como síntese na ideia do absoluto como passagem, como oposição superada (sem ser abolida) da exterioridade e do sujeito. A diferença remete à referência. No esforço de refletir sobre esta última, a metafísica costuma espreitar o pensamento. No entanto, esse perigo não infirma a análise, apenas exige que se torne cada vez mais rigorosa. Acima de tudo, é preciso habituar-se à noção de uma *forma pura da referência*, em que a ausência de significado transcendental seria o outro nome da abertura ao mundo inscrita na linguagem. Uma teoria da referência pura – e não o idealismo do significante – seria a verdadeira tradução linguística dessa *espontaneidade receptiva* em que consiste o conhecimento aberto ao ser.

Essa espontaneidade receptiva é algo que encontramos em Kant na forma de um aprofundamento teórico dos conceitos centrais de Rousseau. É significativo que, para Derrida, Rousseau ainda seja um pensador metafísico. Derrida não se mostra indulgente em sua classificação; ainda que reconheça certas ambivalências em Jean-Jacques, ainda que o considere (a propósito do conceito de escrita) mais matizado que Lévi-Strauss, julga-o em todo caso vinculado a uma metafísica: a do sentimento, a do *cogito* sensível, que apenas "repete o gesto platônico" ao se referir "a outro modelo da presença" – a presença a si mesmo do sentimento.[13] Seria preciso verificar em que medida essa imagem de Rousseau não se deve ao fato de que Derrida se concentrou deliberadamente no *Ensaio sobre a Origem das Línguas*, sem desenvolver simultaneamente as relações dialéticas entre o *Ensaio* e o conjunto da obra rousseauniana. O *todo* do pensamento de Rousseau não é metafísico (não obstante as recaídas), é antes a denúncia radical de toda metafísica. No entanto, Rousseau inaugura também o tema do aberto e, ao fazê-lo, antecipa a superação de todo retorno ao idealismo vestido de reflexão moderna.

Quando Derrida cita o texto em que Saussure fala dos elementos constitutivos do signo e propõe que "*conceito* e *imagem acústica* sejam substituídos por *significado* e *significante*", ele acrescenta que "imagem acústica é o *ouvido* (*entendu*): não o *som* ouvido, mas o ser-ouvido do som". Isso é exato como interpretação da passagem citada do *Curso de Linguística Geral*. A diferença indicada por Derrida é a base da distinção entre fonética e fonologia: entre a ciência dos sons emitidos pela voz e os sons *pertinentes* no sistema da língua. De certo modo, porém, é de fato em torno dessa acepção da palavra *entendre*[14] que se situa a coerência, e também a fraqueza, da gramatologia. Deixemos por um instante o texto de Saussure, pensemos na história do verbo *entendre*. Vossler dedica uma página admirável da obra *O Espírito da Linguagem na Cultura* à explicação de como *entendre*

---

[13] Assim também, para Heidegger (v. *Holzwege*), Pascal apenas fornece um modelo diferente ao *cogito* cartesiano, sem nada mudar em sua posição metafísica.

[14] O verbo *entendre*, em francês, tem a acepção principal de "ouvir"; somente quando empregado em orações interrogativas curtas, seu sentido é "compreender". Já em português, o caso se inverte: *entender* tem o sentido principal de "compreender" e, apenas marginalmente, o de "ouvir". (N. T.)

substituiu o antigo verbo *ouïr* no francês da era clássica. *Ouïr* (lat. *audire*) era muito mais sensível; em contrapartida, *entendre* (lat. *intendere*) era muito mais intelectual e mais sutil. Ao longo da evolução do racionalismo dos séculos XVII e XVIII, a influência do *Zeitgeist* acabou por banir o verbo menos mental, em favor de *entendre*. Em que aspecto isso pode interessar a Derrida? Em que, para o idealismo do significante, o lado *receptivo* de *entendre* conta muito pouco. Ele superestima o papel da espontaneidade da mente, que fazia a consciência racionalista preferir o entendimento autônomo à audição passiva. No entanto, num momento inicial, a riqueza semântica de *entendre* estava certamente ligada à conjugação desses dois aspectos: *entendre* queria dizer, ao mesmo tempo, escutar *e* compreender, não no sentido da justaposição das acepções no dicionário, mas antes de uma maneira sintética e unitária. Na literatura barroca, encontram-se belos exemplos desse cruzamento semântico, de que o estilo do grande pregador português Antônio Vieira (1608-1697) se valeu com notável virtuosismo. Assim é que a história do verbo *entendre* prefigura a formação do conceito de uma "espontaneidade receptiva" em Kant, inspirada por Rousseau. Em contrapartida, o idealismo do significante é uma teoria "iluminista"; não tem o sentido da abertura conciliável com a irrupção da interioridade. Não obstante sua modernidade e seu vigor – em que não é difícil ler a promessa de uma maturidade –, a "reflexão sobre o traço" de Jacques Derrida ainda não chega a elaborar dialeticamente o tema sintético da referencialidade e da abertura. *Trata o signo como* cogito *fechado*. Proíbe-se, assim, de compreender a verdadeira natureza da linguagem e, ao mesmo tempo, a instituição filosófica da abertura ao real que define a ciência e justifica a teoria.

C) FENOMENOLOGIA E ESTRUTURALISMO

1. ANÁLISE DA VIVÊNCIA *VERSUS* ANÁLISE ESTRUTURAL: O "CHOMSKYSMO" DE PAUL RICOEUR

A análise empática da vivência é tão somente uma inflação do *cogito*: busca compreender a alteridade por uma assimilação fictícia, cujo verdadeiro ponto de referência ainda é o ego. A "imitação interior" do comportamento alheio que o eu interioriza é o que há de mais egocêntrico. No exemplo dado por Theodor Lipps da contemplação do acrobata, o eu só se identifica com o outro imaginando-se a si mesmo na corda. A empatia é o teatro do eu (mas, como no caso dos heterônimos do grande poeta português Fernando Pessoa, os personagens do eu são apenas as máscaras de uma identidade mais profunda). Já a experiência etnográfica não vai do outro ao eu, mas do eu ao outro, "para além do *cogito*". Para o etnólogo, o comportamento alheio é tão somente um conjunto de signos a serem decifrados. Os costumes, as crenças, os modos de estruturação social de um povo estrangeiro são os vários *significantes* cujo sentido está inicialmente velado.

Ora, para a tradição filosófica fundada na assimilação da compreensão à vivência, a experiência do conhecer nunca é a descoberta dos significantes; é antes, e *desde o início*, a *experiência do significado*. Assim é que um dos mais notáveis críticos de Lévi-Strauss, Paul Ricoeur,[15] descendente da tradição da hermenêutica – cuja origem remonta a Schleiermacher via Dilthey –, opõe à análise estrutural uma "retomada do sentido" que lhe seria superior, ao mesmo tempo que atribui a esta última um papel de procedimento auxiliar de interpretação. Essa retomada do sentido assegura a "exegese de si e do ser"; resgata

[15] Ver seus dois artigos na revista *Esprit* de novembro de 1963 e maio de 1967.

não conjuntos de significantes cuja chave seria fornecida pela análise sintática, mas significados diretamente percebidos. Recupera de maneira criativa o sentido da história. Nunca é desprovida de significado – ao contrário, está sempre diante de um "excesso de sentido".

Poderíamos nos perguntar se essa abundância de sentido não é, na realidade, uma ilusão. De fato, esse significado tão rico que o eu encontra em toda parte talvez não passe de uma projeção desse mesmo eu. Ao lutar contra o "desespero do sentido" que existiria no fundo do estruturalismo, Ricoeur vê na liberdade da mente que renova a história, na invenção que salva o sentido, a resposta do humanismo hermenêutico ao pessimismo da antropologia. Censura esta última por ter seguido cegamente os métodos de análise da fonologia. Estes se limitam a fazer o inventário das unidades de um *corpus* já constituído e fechado. Segundo Ricoeur, os princípios que comandam a análise estrutural, inspirada por essas taxonomias, impõem uma concepção do real em que não haveria lugar para a interpretação do movimento da história e, em particular, do papel da liberdade. O inventário dos elementos da língua obedeceria a métodos incapazes de explicar a criação viva do discurso.

No entanto, a partir do momento em que a linguística, com Chomsky, ultrapassa o nível taxonômico para se dedicar à descrição da linguagem como processo e dinamismo, Ricoeur dela se apropria e quer usá-la como argumento contra a visão estática da antropologia. Discerne, na gramática gerativa, a oportunidade de estabelecer uma teoria das relações "não antinômicas" entre estrutura e acontecimento, regra e invenção, necessidade e escolha.

Contudo, dificilmente se vê que relação poderia existir entre a gramática gerativa e a hermenêutica baseada no caráter direto da vivência. Isso porque, para explicar o fato essencial do fenômeno da linguagem, a "faculdade da linguagem", segundo Saussure – a saber, o fato de que todo sujeito que fala determinada língua é capaz de formular ou de compreender um número indefinido de frases que, em sua maioria, jamais pronunciou nem ouviu antes –, Chomsky usa um modelo tão distante da experiência concreta da linguagem quanto os modelos lévi-straussianos ou os *Idealtypen* weberianos. A explicitação científica da faculdade da linguagem constitui a gramática gerativa, que é o conjunto de regras capazes de compor todas as frases possíveis de determinada língua. Ora, o desvelamento dessa gramática não se identifica em absoluto com a descrição do uso concreto da linguagem. A gramática determina a *competência* do sujeito falante, o "sistema gramatical que existe virtualmente em cada cérebro", nas palavras de Saussure; ela é necessariamente *abstrata* em relação aos dados imediatos da *performance*, isto é, aos atos linguísticos concretos. Essa distinção, que coincide com a dicotomia saussuriana entre língua e fala, é situada por Chomsky bem no início de *Aspects of the Theory of Syntax*: "We thus make a fundamental distinction between competence (the speaker-hearer's knowledge of his language) and performance (the actual use of language in concrete situations)"; "A grammar of a language purports to be a description of the ideal speaker-hearer's intrinsic competence".[16]

Ademais, não parece que Chomsky concebe as relações não antinômicas entre estrutura e acontecimento, entre regra e invenção, no sentido de uma apologia linguística da "liberdade" e da criação subjetiva. Ele não pensa em absoluto em reduzir o princípio lógico do estudo da língua em nome de uma metafísica da palavra. Tem ainda menos em mente uma criatividade distinta das regras. Em um ensaio teórico de importância capital, *Current Issues in Linguistic Theory* (1964), ele trata da necessidade de distinguir mais de um gênero de criatividade: existe a *criatividade que muda a regra*, que altera efetivamente o conjunto das regras de uma língua, e a *criatividade governada pela regra*, que, em última

[16] "Estabelecemos, assim, uma distinção fundamental entre *competência* (o conhecimento de sua língua por parte do falante-ouvinte) e *performance* (o uso real da língua em situações concretas)"; "A gramática de uma língua pretende ser a descrição da competência intrínseca ideal do falante-ouvinte" (p. 4).

instância, não muda o mecanismo da língua e se confunde com ele. A criatividade governada pelas regras não pode evidentemente ser concebida como uma "invenção" a ser conciliada com as regras, conforme Ricoeur dá a entender. Não se trata de algo a ser "harmonizado" com as regras, pela simples razão de que se trata das regras em si, vistas sob o aspecto dinâmico e gerativo. Em última instância, Chomsky apenas injeta a concepção humboldtiana da linguagem como dinamismo na ideia saussuriana de língua. Saussure havia situado a formação das frases no âmbito da fala, Chomsky quer mostrar que ela está no cerne do funcionamento da língua – contanto que não se tome esta última como um depósito, uma mera "soma" de elementos, tal como Saussure, sob a influência de Whitner, não raro a definiu.

A gramática gerativa é apenas um aperfeiçoamento da linguística estrutural; a crítica do estágio taxonômico da análise linguística não equivale em absoluto, para Chomsky, a pôr em causa os princípios do método estrutural. Em particular, não há nenhum ponto de contato possível entre a noção da gramática gerativa e uma teoria que postule o primado do significado – tal como o que Ricoeur vislumbra na ideia de "excesso de sentido". A análise do significado (ou da forma do conteúdo, segundo a glossemática) é objeto da semântica, ao passo que a gramática de Chomsky é uma teoria da sintaxe. Ora, o fato é que a evolução da semântica pós-chomskyana – nos trabalhos de Katz e Fodor,[17] e principalmente na obra de Weinreich[18] – está ligada ao reconhecimento das relações entre o aspecto sintático e o aspecto semântico. Tais relações são caracterizadas por Weinreich como algo que é do âmbito de uma "*deep interpenetration*" (profunda interpenetração). Elas permitiram que Katz e Postal[19] estabelecessem uma teoria da linguagem capaz de incorporar

---

[17] *The Structure of a Semantic Theory*, 1963.

[18] *Explorations in Semantic Theory*, 1968.

[19] *An Integrated Theory of Linguistic Descriptions*, 1964.

ambos os aspectos, o gramatical e o semântico, numa única "descrição integrada".

A linguística atual descobre cada vez mais o sentido, mas seria totalmente errôneo pensar que essa descoberta ocorre sem a colaboração da análise estrutural, ou em detrimento dela. De maneira geral, toda a gramática gerativa está contida nestas palavras do início da obra *Princípios de Fonologia*, de Trubetzkoy: "O número das diferentes ideias e representações concretas que podem ser expressas nos diversos atos de fala é infinito. Mas o número das significações de palavras na língua é limitado e o 'poder da linguagem' consiste precisamente na possibilidade de expressar, com os meios gramaticais e semânticos sempre limitados fornecidos pela língua, todas as ideias, todas as representações concretas com suas associações".

2. ELEMENTOS DE UMA CRÍTICA DA FENOMENOLOGIA

A tentativa da hermenêutica de se apropriar da linguística gerativa não pode vingar. No entanto, esse fracasso é apenas a derivação de uma impotência mais profunda: a impotência em que se encontra a análise da vivência de fundar a cientificidade.

A análise da vivência como fundamento do conhecimento é objeto da fenomenologia husserliana. O projeto central da fenomenologia foi sintetizado pelo próprio Husserl no artigo "Fenomenologia", escrito para a *Enciclopédia Britânica*; ele aí declara que a fenomenologia é um método que fundou: 1) uma disciplina psicológica *a priori*; e 2) uma filosofia universal que contém um "*organum*" para a revisão metódica de todas as ciências. A unidade radical de (1) e (2) decorre historicamente do fato de que a fenomenologia de Husserl é herdeira da teoria das ciências do espírito de Dilthey.

Pode-se afirmar que existem duas direções na obra de Dilthey. Primeiramente, uma direção epistemológica, na forma de uma tentativa de legitimação filosófica do trabalho da ciência no âmbito dos fenômenos históricos.

A ambição de Dilthey era escrever uma "crítica da razão histórica" paralela à *Crítica da Razão Pura* – tida em 1880 como um empreendimento de legitimação teórica dos resultados das ciências exatas.

No entanto, pouco a pouco, essa direção se associou a outra, de ordem mais epistemológica, mais ontológica: Dilthey passou, da busca de uma lógica das ciências históricas, à pergunta sobre o sentido da *vida* histórica em si mesma e à pergunta sobre o real, na medida em que este se confunde com essa vida. Sua filosofia aparece então como uma teoria do eu transcendental "concretizado"; a *vida* seria o *cogito* idealista, somado a toda a riqueza de conteúdo histórico do Espírito objetivo de Hegel. Nesse nível, o pensamento de Dilthey já não é uma reflexão sobre a "história" como uma ciência particular ou como um aspecto particular do real; a pergunta sobre a história se torna, para ele, a pergunta sobre o real.

Grosso modo, a fenomenologia é a retomada da primeira direção; quanto à questão da historicidade, foi uma das fontes formadoras do pensamento de Heidegger. No entanto, na perspectiva de Heidegger, Dilthey apenas vislumbrou a revitalização da problemática do ser. No contexto relativista do fim do século XIX, seu conceito de vida permaneceu em estado de insuficiência filosófica, ou, antes, segundo a expressão de *Sein und Zeit*, de "indiferença ontológica".

Ora, aos olhos de Husserl, a direção epistemológica da obra diltheyana não alcançou, tampouco, uma construção satisfatória. Isso porque não é apenas o conceito de vida que não se sustém diante da multiplicidade das totalidades históricas: a ideia de verdade, consubstancial com a ideia de ciência, também sucumbe ao relativismo a partir do momento em que é circunscrita a uma localização histórica. A sucessão das *Weltanschauungen* não pode assegurar a objetividade do saber. Mas, então, o que Husserl realmente herdou de Dilthey? Precisamente o senso da compreensão (*Verstehen*), a noção do conhecimento como um processo em que o *sentido* é algo de cuja constituição a consciência participa ativamente. Esse conceito de compreensão foi algo que Husserl coletou e de certa forma amalgamou com uma versão própria da empatia de Lipps; purificando-o de todo vestígio relativista e psicologista, deslocou-o do campo das ciências históricas para estendê-lo ao terreno global do conhecimento inteiro, como conhecimento universal e seguro, como conhecimento *eidético* ou das essências. Pode-se ver como, a partir de Dilthey e no intuito de superar seu pensamento, a fenomenologia se propôs a tarefa de estabelecer uma psicologia engajada *a priori* no projeto de legitimação crítica da ciência.

Nessa transformação imposta ao grande conceito epistemológico de Dilthey, Husserl tirou grande proveito da psicologia introspectiva de seu mestre, Franz Brentano. Em 1874, quando Husserl tinha 25 anos, a obra *Psicologia do Ponto de Vista Empírico*, de Brentano, e a obra *Psicologia Fisiológica*, de Wundt, foram lançadas ao mesmo tempo; assim, o duelo entre a teoria do *ato* psíquico e a psicologia dos *conteúdos*, versão experimental do empirismo associacionista, precedeu em quase dez anos o ruidoso "conflito dos métodos" (*Methodenstreit*) a que Dilthey havia dado um impulso decisivo e cujo objetivo era a definição da autonomia das ciências humanas.

A psicologia do ato – diferentemente do associacionismo wundtiano – estava ligada à tradição idealista pelo tema da atividade da consciência. Concebia a análise da consciência por meio de uma descrição concreta de suas operações: perceber, imaginar, julgar, sentir, etc. Situava-se no plano dos fenômenos psíquicos *concretos*; estava mais próxima da riqueza da vivência, portanto, tal como a compreensão diltheyana tentava apreendê-la, que do logicismo neokantiano.

Em contrapartida, a psicologia de Brentano estava muito longe do perigo subjetivista – do solipsismo das visões de mundo – apresentado pela teoria de Dilthey. Brentano celebrizou-se por haver posto de novo em circulação o conceito medieval de intencionalidade (*in-existentia*, *intentio*). Em todos os seus atos, a consciência está voltada para seu objeto; como um raio de luz, sempre se projeta na direção de algo. Todo ato psíquico pressupõe um objeto. A consciência não é o "reservatório" imaginado pela psicologia dos conteúdos; não "contém" os objetos, antes "se abre" para o objeto, dirige-se (*intendere*) para ele. Essa recuperação do sentido da objetividade era uma arma pronta para Husserl, em seus esforços de resgatar a ciência da instabilidade relativista.

No entanto, para Brentano, o objeto intencional era *imanente* ao ato psíquico. A *intentio* está sempre voltada para o objeto, mas nada afirma (na qualidade de ato mental) sobre a realidade desse objeto. A *in-existentia* é um dado psíquico; não tem relação alguma com o plano do ser. O objeto intencional não é necessariamente um ente. Esse elemento desempenhará também um papel muito importante na fenomenologia.

Desde seu primeiro livro, *A Filosofia da Aritmética* (1887-1891), Husserl enfrenta o problema do conhecimento em termos nitidamente brentanianos. Para ele, trata-se de demonstrar, a propósito do conhecimento matemático, que os números são, a um só tempo, essências – que não dependem em nada dos fatos psíquicos (a essência do número é do âmbito da psicologia tanto quanto o Mar do Norte) – e *objetos constituídos*, isto é, cujo sentido requer a execução de certos processos mentais. A descrição necessária desses processos exige que a teoria do conhecimento seja uma *psicologia*; no entanto, quando o objeto intencional a ser descrito é uma *essência*, a descrição já não diz respeito aos dados factuais dos atos psíquicos, mas antes aos aspectos apodíticos dos atos mentais – aos aspectos ligados à evidência lógica, ao caráter normativo e irrecusável apresentado pela visão de toda essência. É então que a psicologia empírica de Brentano, depois de haver legado à técnica fenomenológica o sentido da intencionalidade, cede lugar a uma psicologia *a priori*, fundamento de toda psicologia empírica e *organum* de toda ciência especializada. A superação definitiva da psicologia empírica em favor de uma teoria dos objetos ideais, das essências lógicas, é o próprio movimento da obra principal de Husserl, *Investigações Lógicas*, de

1900. Ela assumirá a forma de tema da *redução*, após 1907; do simples afastamento da questão da realidade dos objetos intencionais em Brentano, passa-se à "colocação entre parênteses" do mundo real como procedimento obrigatório da análise eidética. A neutralidade ontológica da *epoché* deixa de ser um desprendimento; já é uma exigência epistemológica. De certo modo, a redução prefigura o idealismo transcendental edificado por Husserl a partir da obra *Ideias*, de 1913.

No entanto, seria enganar-se grosseiramente tomar as *Investigações* como justificação do logicismo. Husserl quer descartar tanto o psicologismo como o logicismo; postula a um só tempo a autonomia da idealidade das essências em relação a toda consciência empírica, factual, e a gênese dessa mesma idealidade na subjetividade concreta, mas não empírica. A aposta de Husserl consistia em explicar o conhecimento como produto de uma *experiência transcendental*, de uma *intencionalidade concreta pura*, a um só tempo ativa e passiva, a um só tempo subordinada à existência ideal dos objetos lógicos e indispensável à constituição deles. Ele fala de "vivências lógicas", quer "constituir como tema de pesquisa essa correlação própria entre *objetos ideais* pertencentes à esfera puramente lógica e uma *vivência subjetivamente psíquica como atividade formalizadora*" (Walter Biemel). Prepara-se assim para incorporar o aspecto *concreto* da "vida" diltheyana na objetividade sem defeito do logicismo neokantiano. Mostrar as raízes concretas do conhecimento válido será a tarefa da fenomenologia como maturidade da filosofia da vida. É essa concepção do fundamento da ciência que preside à crítica do relativismo e do logicismo na obra *A Filosofia como Ciência Rigorosa* (1910-1911).

O projeto de Husserl foi, talvez, a mais ambiciosa das construções da filosofia contemporânea. Na realidade, equivale à purificação rigorosa da análise da vivência. Algumas interpretações recentes do pensamento do fundador da fenomenologia, interessadas em evitar que o discurso sobre o Ego transcendental – que ocupa um lugar central nas obras tardias (sobretudo nas *Meditações*

Cartesianas, de 1932) – seja tomado por um mero retorno ao idealismo, enfatizaram com frequência a importância do tema do "mundo da vida" (*Lebenswelt*) no último Husserl. Tais interpretações minimizaram o papel da redução em favor de uma valorização dos aspectos "concretos" da análise fenomenológica. Essa tendência foi muito forte na França, onde Levinas se recusou a considerar a redução como base da teoria de Husserl e onde a obra *Fenomenologia da Percepção*, de Maurice Merleau-Ponty, tratou a *Lebenswelt* como tema régio da fenomenologia.

Porém, esse "concretismo" encontrou sua forma mais pronunciada na escola fenomenológica italiana, muito influenciada por Merleau-Ponty. Os representantes desse grupo, dos quais o mais conhecido é Enzo Paci, defenderam os direitos da análise da vivência e da empatia contra as reservas de Lévi-Strauss. Também ressaltaram um pretenso perigo de formalismo e cientificismo na concepção estruturalista das ciências humanas.

Contudo, a posição dos próprios críticos não é desprovida de ambiguidade. A tendência de superestimar o tema do mundo vivido foi expressamente rejeitada por grandes intérpretes do pensamento de Husserl. Walter Biemel, por exemplo, relembrou que, em *Krisis*, a *Lebenswelt* não é uma realidade autônoma, mas uma camada da experiência constituída pela atividade do Ego transcendental. O Ego transcendental, como fonte e produto da redução, seria a verdadeira "última camada" na análise fenomenológica.

Será que se deveria ver, no movimento de autonomização da *Lebenswelt* – antes mesmo de contestar a crítica do método estrutural que daí deriva –, uma espécie de infidelidade para com a intenção originária da fenomenologia? Será que se deveria ver, no amor excessivo ao concreto, um distanciamento do objetivo husserliano de depuração da análise da vivência? Ou será que se deveria deslocar a questão e considerar que tais afastamentos pertencem à estrutura, ao movimento natural da fenomenologia? É neste último sentido que foi esboçada, em *As Palavras e as Coisas*, uma caracterização da fenomenologia.[20] De acordo com Foucault, a fenomenologia é antes de tudo uma tentativa de superação da alternativa positivismo/escatologia que, como vimos, ameaça o pensamento desde o fim da episteme clássica e o advento do senso da finitude. O que há pouco chamávamos de "depuração da vivência" é realmente isto: uma tentativa "de conferir valor transcendental aos conteúdos empíricos". Ora, Foucault está muito longe de crer no sucesso de uma tentativa como essa. Considera, ao contrário, que o esforço, por parte da análise da vivência, de reconciliar as positividades com um fundamento transcendental só produz um "discurso de natureza mista", uma descrição híbrida em que o projeto de conhecimento da natureza articulado com base na experiência do corpo e a ambição de interpretar a cultura a partir do senso da vivência não conseguem vencer uma oscilação estrutural, decorrente da essência contraditória de um programa como esse – e que acabaria por fazer a fenomenologia recair na dupla e deplorável vizinhança daquilo que ela recusava: ou o empirismo, ou a visão messiânica.

A tendência de superestimar o mundo vivido, a anulação do caráter verdadeiramente transcendental da análise fenomenológica – aquilo a que poderíamos chamar "esquecimento da redução" –, seria apenas, em última instância, uma potencialidade intrínseca ao projeto contraditório da fenomenologia. A infidelidade a Husserl seria tão somente uma consequência de seu pensamento. A ambição do mestre conteria, em potencial, a heresia dos discípulos. No entanto, ainda que aceitemos essa tese em princípio, ainda que tomemos a fenomenologia como restauração precária da unidade entre o transcendental e o empírico dissolvida com a morte da visão clássica, teremos ainda de explicar por que é assim. Por que a fenomenologia deve se apresentar como discurso misto? Por que a purificação da análise da vivência soçobra no fracasso glorioso de uma restauração malograda?

---

[20] Michel Foucault, *Les Mots et les Choses*, p. 261, 332, 336.

Aqui, a comparação – o contraste – entre fenomenologia e reflexão sobre o ser é instrutiva. De fato, existe a tentação de responder à pergunta sobre a razão do caráter restaurador do empreendimento fenomenológico afirmando que ele deriva muito profundamente da *recusa em passar ao plano da ontologia*. A fenomenologia continua a ser uma tentativa de fundação da ciência voluntariamente situada fora do problema do ser. A fenomenologia é somente, e somente quer ser, uma teoria do conhecimento.

É claro, essa ideia não é muito fácil de admitir. Afinal, os neokantianos censuravam Husserl precisamente por haver "ontologizado" o sujeito transcendental, por haver dado ao "eu" um valor de ser. Eugen Fink, e, na França, Gaston Berger, falaram sobre a diferença que existiria entre o transcendental kantiano – que é uma maneira de *conhecer* – e o transcendental husserliano – que é uma maneira original de ser, *de ser fora do mundo*. Essa "nostalgia do ser" incomodava os neokantianos, para os quais ela era inevitavelmente suspeita de "metafísica". O Ego, para Kant, é tão somente uma consciência. Não tem nada de real. Em contrapartida, o Ego de Husserl, limite e objetivo da redução, é uma *realidade*, ainda que não mundana. Aliás, o ontologismo da fenomenologia não para por aí. Afirma também a existência do mundo. Esta é posta entre parênteses pela *epoché*, mas isso não quer dizer em absoluto que seja abolida. Ambos, o transcendental e o mundano, se dão no plano do ser.

Em tais condições, como se poderia dizer que a fenomenologia não é uma ontologia? Acreditamos que a resposta para esse enigma pertence ao cerne da posição husserliana, à intimidade mais essencial do tema da vivência. De fato, a própria redução é tão somente uma retomada, um aperfeiçoamento da dúvida cartesiana. Se Husserl retoma as meditações de Descartes, é porque a análise da vivência vê na dúvida que precede o *cogito* seu ancestral filosófico. Mas como exatamente a redução aperfeiçoa a atitude cartesiana? Ela o faz ao substituir o *cogito* fechado, o *cogito* que se tornou *alma* oposta à extensão, pelo senso da intencionalidade. A dúvida cartesiana era originalmente a exigência rigorosa de ater-se à evidência, de não admitir nenhuma ideia sobre o real fora da certeza absoluta. Por isso, tal dúvida é totalmente do âmbito do *ethos* barroco da *decisão*: só "suspende" o julgamento ontológico para reencontrá-lo na força total da certeza.

No entanto, a certeza cartesiana, vista pela perspectiva fenomenológica, não foi até o fim. Desviou a certeza do *cogito* por sua transformação em substância; privou o eu do mundo por meio da tese separatista do *cogito-ergo-sum*. Ora, para Husserl, a certeza do *cogito* não toma a forma da metafísica idealista; ele prefere, à tese do *cogito ergo sum*, a formulação *ego-cogito-cogitata*, isto é, a tese da intencionalidade. E somente o senso de intencionalidade garante à verdade do *cogito* todo o seu valor concreto. A vivência é o *cogito* que se tornou consciente de sua abertura ao mundo. A certeza da vivência engloba a totalidade do real.

No entanto, se compreendermos assim, de que adianta a redução? Se a fenomenologia é o cântico do mundo e a exaltação do real, por que colocá-los entre parênteses? Por acaso não condenamos justamente a tendência de dar atenção ao mundo da vida, quando isso implicava o esquecimento da redução? Não existe contradição entre ontologismo e redução?

Se podemos responder pela negativa, é porque a redução em si não põe em questão a realidade do mundo; põe em questão apenas o *sentido* do real. A purificação da vida diltheyana é isso. É uma depuração epistemológica do real, é a *Erlebnis* que se situa "fora do mundo", não para negar a existência dele, mas porque se reconhece como fundamento de seu sentido.

Do mesmo modo, a ambiguidade da fenomenologia quanto à antinomia idealismo/realismo – no sentido gnosiológico – se torna compreensível. O idealismo é a posição *no plano mundano*: na qualidade de mundano, o objeto é sempre *constituído*, no sentido forte da palavra; o mundo não é *originarius*, não pode produzir, fundar, seja lá o que for. Em contrapartida, o realismo é a posição *no plano da redução*: uma vez executada a *epoché*, o objeto se impõe ao conhecimento como algo que existe com pleno direito. As *Ideen* insistem no fato de que todo ato da consciência estabelece seu objeto "de maneira igualmente dóxica", isto é, estabelece-o como existente. Nada, nem mesmo a identidade do ato ético, escapa à necessidade *dóxica*, ao império do objeto que se apresenta como essência, coagindo o pensamento a tomá-la por real.

Contudo, ainda não resolvemos o enigma. Por que a fenomenologia, apesar de seu ontologismo, não é, no fundo, uma verdadeira ontologia? Embora esse ontologismo seja conciliável com a redução, é preciso mostrar, ainda assim, por que a fenomenologia pareceu à nova ontologia uma teoria do conhecimento que não aborda a questão do ser. Lembremo-nos de que a crítica feita por Hartmann à intencionalidade husserliana diz respeito justamente a essa "timidez" ontológica. Para ele, a relação intencional sujeito/objeto não tem apenas um sentido gnosiológico; é também uma relação ontológica. Sendo assim, a fenomenologia, tida por ontologismo aos olhos dos neokantianos, pôde parecer simplesmente "epistemológica" – aquém de toda ontologia – aos representantes do pensamento ontológico moderno.

O que realmente impede a fenomenologia de ser uma ontologia, o que não lhe permite aprofundar a investigação sobre o ser, é o fato de ela ser ainda dominada pelo modelo da presença. Vimos que cumplicidade existia entre a concepção do ser como presença e a ocultação metafísica do ser. Podemos compreender, portanto, de que modo a fenomenologia, a despeito de todo o seu "ontologismo", pode continuar afastada da questão do ser.

Na introdução de sua obra *Origem da Geometria* e também no ensaio *A Voz e o Fenômeno* (1967), Jacques Derrida enfatizou a importância do tema da presença em Husserl. Alphonse de Waelhens já assinalava que, para Husserl, o *encontro* é a origem de toda experiência. A intencionalidade é apenas a forma mais pura do modelo da presença. A própria redução tem como único objetivo a revelação dos conteúdos luminosos da consciência, da clara *evidência* de seus objetos, e, em certo sentido, poder-se-ia dizer, sobre a *epoché*, que ela é tão somente a reanimação da natureza *teorética* (de visão) da consciência. A análise da fenomenologia da temporalidade desenvolvida nas *Lições* de 1904-5 (publicadas em 1928) demonstra como Husserl se empenhou em ligar o passado e o futuro ao foco privilegiado do agora, do "presente vivo". Nos manuscritos inéditos estudados por Gerd Brand (em seu livro *O Mundo, o Ego e o Tempo nos Manuscritos Inéditos de Husserl*, de 1955), o presente é definido como "realidade absoluta" e temporalização originária. A evidência do *visível* sempre predomina, seja no visto, seja no ainda-por-ver. No entanto, o próprio fato de que a presença do presente deva "se compor" com a não presença, o próprio fato de que a percepção deva incluir a retenção e a protensão, denuncia o caráter artificial dos esforços de Husserl e manifesta o fracasso do modelo da presença.

A fenomenologia da consciência do tempo contém o antídoto do primado da presença. Na tentativa de fundá-la, o filósofo foi além de sua própria intenção. As *Lições* seriam editadas por certo Martin Heidegger.

A Razão teleológica que se desdobra na história, na *Krisis*, não desmente o modelo teorético, o amor à presença. A evidência inadequada, ainda não dada, a evidência a ser preenchida (já contemplada em *Ideen*), "adquirida passo a passo" (Biemel), é sempre fascinada pelo visível. A *Krisis* subordina nitidamente a práxis ao exercício da Razão teorética, assim como confia a salvação da humanidade ao exercício da filosofia. O círculo da presença jamais é rompido; Husserl parece só escapar dele sem seu próprio conhecimento. Parece totalmente alheio à ideia de uma realidade fora do conhecimento, e isso até no sentido dialético expresso pela equação ser = nada, pelo "*nihil positivum*" de Heidegger. *A Ideia da Fenomenologia*[21] associa a noção de transcendência à visão ainda não preenchida pela intuição, ao conhecimento ainda destituído de

[21] *1907*, publicado por Biemel em 1947.

objeto presente – mas isso para dissociá-la expressamente de toda "exterioridade". Da mesma maneira, em Aristóteles o ato já transparecia sob a potência.

O reino da presença é o acento tônico do pensamento de Husserl. Como a "forma arquetípica da evidência" (Derrida) é, para a fenomenologia, *a presença direta da coisa definida*, o horizonte dessa mesma presença – que por sua vez nunca está presente – nunca é objeto da descrição. Por isso, a Ideia reguladora do processo infinito do conhecimento – esse horizonte muito kantiano indicado em *Ideen* – nunca é tematizada em sua fenomenalidade própria, isto é, a fenomenalidade da não fenomenalidade. A luz da presença fascinante lança na sombra a fonte da presença.

Existem lugares em que a linguagem de Husserl parece violentamente atraída pelo mito da luminosidade. Desde o sol de Platão e a *claritas* escolástica, desde o *splendor formae* à *clara et distincta perceptio* de Descartes, o pensamento fenomenológico condensa a longa tradição da visibilidade e da luz. "A teoria rigorosa só se importa com evidência conceitual e clareza." Essa frase pertence a uma passagem da obra *A Filosofia como Ciência Rigorosa*, em que se diz que a filosofia deve reconhecer resolutamente a profundidade, "sinal do caos", "como uma imperfeição". Dir-se-ia que as forças de Apolo venceram para sempre o ímpeto obscuro e profundo de Dioniso... Contudo, a energia policialesca do estilo já denuncia o acordo implícito entre o sol e a violência. A fotofilia é repressiva, e o Iluminismo, tal como se sabe em Frankfurt, tem parte com a dominação.

A luz da evidência é totalitária. Visto que a presença reduziu a não presença, visto que a percepção "contém" a retenção, não há lugar para a dimensão do inconsciente. O nono suplemento das *Lições* decreta o caráter absurdo do discurso sobre o inconsciente. A presença está em toda parte, a retenção não poderia traí-la: não existe o "tornar-se consciente", só existe o já consciente da visibilidade perfeita. O projeto de Freud aparece como insensato do ponto de vista da presença.

Se, portanto, a fenomenologia não atua na camada problemática da ontologia, não é porque não haveria, em Husserl, visões sobre o ser ou reflexões sobre o real, mas porque, num nível muito mais profundo, a fenomenologia deixaria na sombra do impensado a própria questão do ser. A fenomenologia não é aqui declarada uma "teoria do conhecimento", mais que uma ontologia, no sentido de que não conteria aspectos ontológicos no conjunto de sua teoria; só é situada aquém da ontologia em virtude do caráter ainda *metafísico* (no sentido da reflexão sobre o ser) de sua consideração do ser. Nossa apreensão dessa "insuficiência" – bem como a análise infinitamente mais sutil de Derrida – deve muito à conferência que Eugen Fink proferiu em Royaumont, em 1957, na qual, por meio de critérios heideggerianos, o pensamento de Husserl foi examinado no nível de seus "conceitos operatórios", isto é, *à luz de sua própria sombra*, do lado não tematizado de sua posição.

Se, na ordem de sucessão das epistemes, a fenomenologia aparece como uma tentativa de restaurar a visão clássica – diante do problematismo do ser –, ela se expõe como uma grandiosa tentativa de restauração metafísica. Se a vontade de poder é o apogeu do desvelamento do caráter da metafísica como espírito de dominação, a fixação purificadora do modelo da presença pela fenomenologia é também uma forma suprema da automanifestação da metafísica. Eis por que os pensamentos de Nietzsche e de Husserl são tão exemplares e fecundos: de fato, a consumação da metafísica já está secretamente ligada a seu termo e a seu desaparecimento.

Dominada pelo tema da presença, a análise da vivência é metafísica. A autognose purificada pela redução ainda habita o âmbito do ente. O *cogito* concreto ainda não é inteiramente o *cogito* aberto, a espontaneidade realmente receptiva para com o ser. A *Krisis* não aconselha a superação da história da filosofia, a ruptura que apenas reproduz a vida da tradição; aconselha antes a reativação da Razão metafísica, teorética e soberana da *philosophia perennis*. Husserl vê a salvação na retomada enérgica do passado. Ele é um dos grandes espíritos conservadores do nosso tempo, comparável a Rilke, T. S. Eliot ou Stravinsky. A depuração da filosofia da vida é o eco magnífico e persistente de um passado que se manifesta com toda a intensidade no limiar da inauguração dos tempos modernos. É aqui que se articula a tensão decisiva entre a fenomenologia e a reflexão sobre o ser, aquela tensão tão bem reconhecida por Otto Pöggeler na obra de Heidegger, no momento em que este se dispõe a "pôr a fenomenologia transcendental a serviço do problema do ser".

A análise da vivência tentou desnudar o problema da constituição do sentido. Esse problema continua na raiz da investigação dos fundamentos da ciência. Por isso, a tarefa de Husserl é definida antes de tudo como uma fundação das ciências na qualidade de conhecimentos apodíticos. No entanto, a insuficiência da fenomenologia diante das exigências da questão do ser prova que a autognose purificada não é o limite verdadeiro do problema do sentido e que, para além do plano da constituição do sentido, buscado pela redução como análise da vivência tornada transcendental, é preciso formular a pergunta sobre a natureza da possibilidade radical dessa constituição. Esse plano não pertence à análise da vivência, mas à reflexão sobre o ser. Entendemos por aí que a hostilidade da análise da vivência em relação à análise estrutural como horizonte da prática científica nada tem de acidental; está inserida na essência metafísica da autognose. Sendo assim, o próprio fracasso da crítica fenomenológica do estruturalismo prefigura dialeticamente a compatibilidade, e até a harmonia, entre análise estrutural e reflexão sobre o ser.

D) LÉVI-STRAUSS E MAX WEBER

O estruturalismo tem como primeira preocupação a busca da cientificidade. O objetivo muitas vezes reconhecido por Lévi-Strauss é elevar as ciências humanas a um rigoroso nível teórico e analítico. As ciências humanas devem se aproximar gradualmente de suas irmãs ditas exatas ou das ciências da natureza, mas não esquecendo a especificidade de seu objeto para reduzi-lo a modelos físicos, e sim imitando as ciências exatas no exercício do rigor.

A consequência imediata da demanda de que as ciências humanas, seguindo o exemplo da linguística, se tornem rigorosas é a unificação de todas as ciências. Para Lévi-Strauss, a distinção entre o âmbito das ciências do espírito e o das ciências da natureza não tem sentido ontológico algum. Ele é o antípoda da célebre diferenciação radical de Dilthey. Em contrapartida, sua posição se assemelha muito à de Max Weber. De fato, este último, radicalizando a noção rickertiana da presença de uma *relação com valores* na investigação histórica – por oposição à reconstrução generalizadora do real exercida pelas ciências da natureza –, insistiu no fato de que a significação dos processos físicos depende, ela também, de um recorte da realidade pela mente. Na análise de uma camada de carbono, bem como na de uma religião, jamais levamos em conta a totalidade das causas que efetivamente agiram; em ambos os casos, fazemos uma escolha, atribuindo a certos fatores uma influência determinante, enquanto consideramos outros negligenciáveis. Julien Freund resume assim a tese weberiana: "em si mesma, a história não é mais significativa que a natureza". Essa ideia é um dos temas do ensaio de Weber, *Roscher und Knies und die logischen Probleme der historischen Nationalökonomie* (1903-1906); é aí contraposta não apenas a Roscher e a Wundt, mas, na realidade, a todas as dicotomias do gênero daquela de Dilthey entre *Naturwissenschaften* e *Geisteswissenschaften*.

Em aparência, essa unificação weberiana dos dois campos da pesquisa científica é muito diferente da unificação de Lévi-Strauss. Para este, ambos os campos podem ser aproximados pela observação comum do rigor, ao passo que Weber antes enfatiza o lado necessariamente seletivo – e, portanto, relativo – de todo saber. Na realidade, as duas concepções da unidade da ciência convergem. A exigência do rigor estava igualmente presente em Weber. Uma das distinções capitais de sua teoria da ciência é a diferença entre a *relação com os valores* – que existe por trás de toda análise científica, embora se aplique diversamente aos dois campos, o da natureza e o da história – e o *julgamento de valor*, que deve ser afastado da atitude científica, sob pena de comprometer-lhe a objetividade. Assim, o estudo do indivíduo histórico, objetivo principal da investigação weberiana, obedece aos mesmos princípios que o estudo dos processos físicos. Em ambos os casos, trata-se de encontrar uma explicação causal razoável e rigorosa.

Entre Max Weber e Lévi-Strauss, o que há de comum não é apenas a rejeição da dicotomia entre ciências naturais e ciências humanas. Poderiam ser citados ao menos três outros pontos de contato entre suas respectivas concepções do conhecimento científico.

O primeiro ponto de contato se relaciona ao próprio caráter dos fenômenos estudados pelas ciências humanas. Durkheim exigia que os fatos sociais fossem estudados como coisas; mas ele os definia como "representações"; quanto a Weber, sempre foi considerado um dos grandes fundadores da sociologia "psicológica". A ação social inclui, para Weber, um elemento psicológico: o comportamento social é algo de *significativo* aos olhos de seus atores. É ocioso lembrar que nem por isso se deve confundir a significação consciente – o sentido atribuído pelos atores a seus atos – com a significação real da ação; no entanto, em ambos os níveis, estamos sempre lidando com o *sentido*.

Quanto a Lévi-Strauss, em uma página frequentemente citada da obra *O Pensamento Selvagem*, ele critica o hábito marxista de raciocinar "como se as práticas decorressem diretamente da práxis", ignorando "que entre práxis e práticas sempre se intercala um mediador", que é o jogo do espírito. Isso significa que o objeto das ciências humanas são as *representações* ligadas às práticas sociais. O sistema de parentesco, a organização social, as estratificações sociais ou econômicas – as *ordens vividas* – sempre pressupõem, para serem compreendidas como ordens particulares e como ordens integradas na totalidade da sociedade, a existência das *ordens concebidas* – a religião, o mito –, isto é, a existência do âmbito das representações. Essa tese da obra *Antropologia Estrutural*,[22] que se vale da importância atribuída por Durkheim aos fatos religiosos na análise da estrutural social, não pretende pôr em questão o primado das infraestruturas; mostra apenas que a apreensão da especificidade dos fenômenos sociais não poderia prescindir da interpretação das ordens representacionais. É à análise dessas superestruturas que a antropologia quer se dedicar – pois "a etnologia é antes de tudo *uma psicologia*". É ocioso ressaltar a convergência perfeita entre essa definição e a orientação psicológica da sociologia weberiana. O caráter representacional ou significante das práticas sociais pode ser considerado ideia assente na reflexão epistemológica. Michel Foucault a retoma, situando o objeto das ciências humanas "lá onde representações são liberadas".

A práxis opera por meio da mente. As práticas sociais são representadas e carregadas de sentido. Para analisar os fenômenos sociais, é preciso, portanto, *compreendê-los*. A análise causal não poderia aqui ser puramente exterior; a significação faz parte de seu objeto. Qual é, porém, o sentido dessa compreensão (*Verstehen*)? Dado que, no caso das ciências humanas, se trata para um homem de compreender o comportamento de outros homens, parece de fato que a experiência vivida pelo observador lhe fornece um acesso ao sentido do comportamento alheio. Já vimos (na primeira seção da primeira parte) como a experiência

---

[22] Claude Lévi-Strauss, *Anthropologie Structurale*, p. 347-48.

da alteridade ocorre no interior da subjetividade. O eu abriga o conhecimento do outro. A experiência vivida (do eu) é simpática (empatia, *Einfühlung*): abre-se para a compreensão dos outros.

No entanto, a vivência como tal não constitui um critério de validade do saber. A compreensão do sentido não parece garantida pela simples remissão à experiência vivida. O segundo ponto de contato entre as teorias da ciência de Weber e de Lévi-Strauss é a desconfiança crítica em relação a toda análise fundamentada na superestimação da vivência. Para Weber, embora o método da compreensão empática desempenhe um papel mais importante no âmbito das ciências humanas que no das ciências naturais, isso não quer dizer, em absoluto, que a análise dos fatos sociais esteja dispensada do rigor. A compreensão deve ser um instrumento da pesquisa, mas não seu objetivo. A participação na vivência e a interpretação pela revivescência (*Nachleben*) jamais constituem, para Weber, a última palavra da análise. Contra Lipps e Croce – que haviam desprezado o papel do conceito no conhecimento, em favor da empatia e da intuição "estética" –, ele recusa à *Erlebnis* empática a posição de via privilegiada do conhecer.

Em *Roscher und Knies*, Weber assinala que a transformação conceitual dos dados empíricos é tão indispensável às ciências humanas quanto às ciências naturais. A interpretação só é possível "contanto que se rompa a indiferenciação da vivência" (Julien Freund). Sem essa conceitualização diferenciadora, necessariamente abstrata e distanciada em relação ao fato bruto da experiência vivida, nenhuma autocompreensão jamais chega a erigir-se em conhecimento científico. Ademais, contrariamente a Simmel, Weber sustenta que as motivações das ações humanas podem ser *objetivamente* interpretadas. Em suma, ele descarta a compreensão tanto da vivência como da subjetividade; a empatia não lhe basta; é sempre preciso que a *Einfühlung* seja objetivada por meio de uma verificação rigorosa do conteúdo de suas intuições. A análise da vivência é apenas o ponto de partida da explicação por causalidade. Para estabelecer uma verdade aceitável pela ciência, os métodos da intuição devem "traduzir-se numa forma específica de explicação causal" (segundo a feliz formulação de Franco Ferrarotti em seu excelente *Max Weber e il Destino della Ragione*).[23]

Essa justificação do papel do conceito e da verificação nas ciências humanas representa a antítese da autognose (*Selbstbesinnung*) diltheyana. Segundo Dilthey, os fenômenos estudados pelas ciências do espírito são dados de maneira direta e completa à compreensão. A mente é transparente para si mesma. Por isso, Weber ataca a "crítica da razão histórica" de Dilthey em dois de seus pontos principais: a dicotomia *Natur-Geist* e o caráter direto e "vivo" do conhecimento próprio das ciências do espírito.

Ora, Lévi-Strauss tampouco aceita a ideia da continuidade entre a experiência vivida e a realidade objetiva, de uma passagem natural da vivência à consciência; também ele desconfia da prática não controlada da empatia. No entanto, que se esquive da consagração do valor epistemológico da *Erlebnis*, isso é algo de espantar, bem mais que a atitude similar por parte de Weber. A razão disso é clara: o trabalho no campo, que nunca deixou de ser enaltecido por Lévi-Strauss como experiência fundamental da antropologia, pressupõe a ênfase na dimensão da vivência. No entanto, a contradição é apenas aparente. Não resta dúvida, o trabalho de campo confere uma posição especial, no conhecimento dos fatos sociais, à experiência vivida. Contudo, para que ele serviria, senão para propiciar à antropologia a experiência daquela *diferenciação* (de costumes, crenças, linguagem) que a *Erlebnis* por si só, o eu antes do choque do encontro com o extremamente *outro*, jamais apresentava, dedicando-se assim ao indiferenciado e ao vago em que a ciência não podia afirmar-se? A vivência da experiência antropológica é o contrário, portanto, da autognose: não é a instância do direto, mas a própria experiência da *mediação* – porque o antropólogo só chega a concluir sobre o homem, portanto sobre

---

[23] Bari, 1965.

si mesmo, depois de haver vivenciado o que lhe era estranho. Temos o direito de dizer que a experiência etnográfica é a vivência empregada contra a autognose; é dirigida, portanto, contra o próprio cerne da análise da vivência no sentido hermenêutico. Enquanto nesta última o eu se reconhece no outro, no *field work* o eu consiste em compreender o outro *como outro*, para além de toda vontade de reduzi-lo a sua norma e a sua cultura. Em *Antropologia Estrutural*,[24] a regra principal da observação etnográfica é definida como o dever de descrever os fatos observados "sem permitir que os preconceitos teóricos alterem a natureza e a importância deles". No entanto, essa estratégia de destruição do etnocentrismo é também uma estratégia de demolição da autognose clássica.

Sendo assim, a vivência do *field work* é antes a negação da identidade da vivência. O trabalho no campo é o exercício da diferença. Foi isso o que permitiu que Merleau-Ponty falasse da experiência antropológica como "uma maneira de pensar", uma atitude mental – mais que uma especialidade definida por um objeto particular (as sociedades ditas primitivas). No entanto, se o antropólogo só procura o outro para compreender melhor o *anthropos*, se a descoberta da alteridade é uma condição da teoria do homem, então é preciso maximizar a experiência da diferença. O *field work* não tem aí grande serventia, pois só pode ser reduzidamente multiplicado e diversificado na vida de um único pesquisador. Em paralelo ao trabalho de campo, e inspirando-se no valor exemplar que a aventura vivida entre estrangeiros contém, no *ethos* que ela desenvolve, o etnólogo prossegue o estudo da diferença na interpretação dos dados reunidos sobre a totalidade das culturas conhecidas.

A análise estrutural encarna esse estudo. É por isso que, para Lévi-Strauss, entre observação etnográfica (no âmbito da descrição) e análise estrutural (no âmbito da formalização, da construção e da transformação dos modelos teóricos), não há contradição alguma. A diferença

[24] Claude Lévi-Strauss, *Anthropologie Structurale*, p. 307.

vivenciada no campo como *alteridade* negadora do etnocentrismo se torna, na formalização, a *divergência* entre os modelos que permite explicar as estruturas sociais por meio de sua diversidade.

Essa contraposição de vários modelos – procedimento fundamental na transformação estrutural – não está totalmente ausente de Weber. Sabemos que seu âmbito teórico favorito, a interpretação dos fenômenos históricos (por exemplo, o capitalismo ocidental), leva-o a apresentar a interpretação na forma de uma imputação causal. É como se se tratasse de determinar o grau de "responsabilidade" de um fato na gênese de um processo social. No entanto, como chegar a estabelecer a imputação? Em *Estudos Críticos no Campo da Lógica das Ciências da Cultura* (1906), Weber só vê uma solução: a de imaginar qual seria o curso provável dos acontecimentos se o fator estudado não tivesse ocorrido. Tomemos a batalha de Maratona: se a Grécia tivesse perdido, tudo parece indicar que uma cultura teocrático-religiosa, já manifesta no país, teria prevalecido, sob um protetorado persa, contra a cultura clássica e "iluminista" cujo apogeu se situa sessenta anos depois, na época do governo de Péricles. Assim, a determinação do peso causativo da batalha de Maratona depende da comparação que se faz entre vários "quadros imaginários" (*Phantasiebilder*) diferentes; o modelo finalmente escolhido extrai seu sentido somente da contraposição dos diferentes julgamentos de possibilidade. E visto que os modelos de imputação representam sempre algo de *abstrato* em relação ao real, visto que sempre escolhem *alguns* fatores para torná-lo inteligível, Weber pode legitimamente responder às objeções dos historiadores, escandalizados com esse jogo de hipóteses: mesmo que a história real não conheça essas "possibilidades", a história como ciência não pode dispensá-las, sob pena de renunciar explicar racional, causalmente, o processo social.[25]

[25] Essa técnica de "construção" da imputação causal por meio de variações hipotéticas do modelo causa/efeito havia, aliás, sido adotada por Durkheim nas *Regras*.

Na experiência etnográfica, a vivência não fornece a interpretação, mas apenas a matéria-prima: os fatos observados e registrados. A transformação dos modelos (o que Lévi-Strauss também denomina *experimentação*) está distanciada da realidade empírica; torna manifesta a *estrutura social*, que, entretanto, não poderia se confundir com as *relações sociais*, que são do âmbito da empiria, não dos esquemas formais e abstratos da análise. Apoiando-se na concepção de modelo da teoria dos jogos de Von Neumann e Morgenstern, Lévi-Strauss mostra que a semelhança dos modelos com a realidade é requerida para que o funcionamento daqueles seja significativo, mas que tal semelhança é, em geral, limitada "a alguns aspectos julgados essenciais".

Em contrapartida, a análise da vivência pretende sempre apreender o real em sua inteireza. No entanto, a interpretação weberiana e a análise estrutural de Lévi-Strauss insistem na defasagem entre as construções interpretativas e a realidade empírica. Por isso, a rejeição, por parte deles, da vivência como modo privilegiado de conhecimento os leva a um terceiro ponto de contato: a afirmação do caráter *ideal*, *abstrato* e *seletivo* das definições científicas. Os modelos e os *Idealtypen* não postulam equivalência ontológica; são apenas um resumo explicativo do real. Hjelmslev não falava de outro modo sobre as definições da teoria linguística, quando as qualificava de operacionais.

Não obstante a diversidade dos temas que eles estudam com maior frequência (Weber, fenômenos preferencialmente diacrônicos; Lévi-Strauss, fenômenos preferencialmente sincrônicos), existe em Weber e Lévi-Strauss, entre a sociologia compreensiva e a antropologia estrutural, uma margem de nítida convergência na maneira de considerar a ciência em geral, e as ciências humanas e seus métodos em particular. A ideia da unidade fundamental do âmbito científico, o reconhecimento do caráter específico dos fenômenos sociais, a desvalorização da análise da vivência e da empatia em favor do tratamento formal e conceitual dos dados empíricos, a insistência na natureza ideal dos modelos interpretativos indicam pontos de encontro entre suas respectivas concepções da ciência. Aliás, essa convergência não deve nos surpreender. Se o zelo da cientificidade é uma das grandes linhas do pensamento de Lévi-Strauss, a obra de Weber é provavelmente a mais notável das obras de reflexão sobre a natureza e os modos de operação do saber empreendidas a partir da teoria sociológica. Nada de mais natural no fato de que a mesma preocupação os tenha situado a ambos diante de certas conclusões teóricas e metodológicas do mais alto valor para o progresso das ciências humanas.

OBRAS CITADAS*

ALLEMANN, Beda. *Hölderlin et Heidegger* [Hölderlin e Heidegger]. Trad. Françoise Fédier. Paris: PUF, 1959.

ARISTÓTELES. *De Interpretatione*. [Edição recente em português: "*Categorias*", "*Da Interpretação*". Trad. Ricardo Santos. Lisboa: Imprensa Nacional Casa da Moeda, 2014.]

ARON, Raymond. *Les Étapes de la Pensée Sociologique*. Paris: Gallimard, 1967. [Edição recente em português: *As Etapas do Pensamento Sociológico*. Trad. Sérgio Bath. 7. ed. São Paulo: Martins Fontes, 2008.]

BABBITT, Irving. *Rousseau and Romanticism* [Rousseau e o Romantismo]. Boston / New York: Houghton Mifflin Company, 1919.

BALANDIER, Georges. *Anthropologie Politique*. Paris: PUF, 1967. [Edição em português: *Antropologia Política*. São Paulo: Difel / Edusp, 1968.]

BARTHES, Roland. "Éléments de sémiologie" [Elementos de semiologia]. *Communications*, vol. 4, 1964, p. 91-135.

BAUDELAIRE, Charles. *Les Fleurs du Mal*. Paris: Poulet-Malassis et De Broise, 1857. [Edição recente em português: *As Flores do Mal*. Trad. Júlio Castañon Guimarães. São Paulo: Penguin-Companhia, 2019.]

BRAND, Gerd. *Welt, Ich Und Zeit – Nach unveröffentlichten Manuskripten Edmund Husserls* [O Mundo, o Ego e o Tempo – Nos Manuscritos Inéditos de Edmund Husserl]. Den Haag: Martinus Nijhoff, 1955.

BRENTANO, Franz. *Psychologie vom empirischen Standpunkte* [Psicologia do Ponto de Vista Empírico]. Leipzig: Duncker & Humblot, 1874.

BUNGE, Mario. *Causality – The Place of the Causal Principle in Modern Science* [Causalidade – O Lugar do Princípio Causal na Ciência Moderna]. Cambridge (MA): Harvard University Press, 1959.

* A presente bibliografia não constava do datiloscrito inédito, tendo sido elaborada especialmente para esta edição.

BURGELIN, Pierre. *La Philosophie de l'Existence de J.-J. Rousseau* [A Filosofia da Existência de J.-J. Rousseau]. Paris: PUF, 1952.

CASSIRER, Ernst. *Das Erkenntnisproblem in der Philosophie und Wissenschaft der neueren Zeit* [O Problema do Conhecimento na Filosofia e na Ciência Modernas]. Berlin: Bruno Cassirer Verlag, 1907.

______. "Das Problem Jean-Jacques Rousseau" [O problema Jean-Jacques Rousseau]. *Archiv für Geschichte der Philosophie*, vol. 41, nº 3, 1932, p. 479-513.

CHOMSKY, Noam. *Current Issues in Linguistic Theory* [Questões Atuais na Teoria Linguística]. Den Haag / Paris: Mouton, 1964.

______. *Aspects of the Theory of Syntax*. Cambridge (MA): MIT Press, 1965. [Edição em português: *Aspectos da Teoria da Sintaxe*. Coimbra: Almedina, 1978.]

______. *Cartesian Linguistics – A Chapter in the History of Rationalist Thought*. New York: Harper & Row, 1966. [Edição em português: *Linguística Cartesiana*. Petrópolis / São Paulo: Vozes / Edusp, 1972.]

CLASTRES, Pierre. "Échange et pouvoir: philosophie de la chefferie indienne" [Troca e poder: filosofia da chefia indígena]. *L'Homme – Revue Française d'Anthropologie*, vol. 2, nº 1, jan.-abr. 1962, p. 51-65.

COSERIU, Eugenio. "Sistema, norma y habla" [Sistema, norma e fala]. In: *Teoría del Lenguaje y Linguística General*. 2. ed. Madrid: Gredos, 1967. [Edição em português: *Teoria da Linguagem e Linguística Geral*. São Paulo: Presença, 1979.]

DERRIDA, Jacques. *"L'Origine de la Géométrie", de Husserl* ["A Origem da Geometria", de Husserl]. Paris: PUF, 1962.

______. *De la Grammatologie*. Paris: Les Éditions de Minuit, 1967. [Edição recente em português: *Gramatologia*. Trad. Miriam Chnaiderman e Renato Janine Ribeiro. 2. ed. São Paulo: Perspectiva, 2011.]

______. *L'Écriture et la Différence*. Paris: Éditions du Seuil, 1967. [Edição recente em português: *A Escritura e a Diferença*. Trad. Maria Beatriz Marques Nizza da Silva, Pedro Leite Lopes e Pérola de Carvalho. 4. ed. São Paulo: Perspectiva, 2019.]

______. *La Voix et le Phénomène*. Paris: PUF, 1967. [Edição em português: *A Voz e o Fenômeno*. Trad. Lucy Magalhães. Rio de Janeiro: Jorge Zahar, 1994.]

DUFRENNE, Mikel. *Phénoménologie de l'Expérience Esthétique* [Fenomenologia da Experiência Estética]. Paris: PUF, 1953.

______. "La philosophie du néo-positivisme" [A filosofia do neopositivismo]. *Esprit*, vol. 35, nº 360, mai. 1967, p. 781-800.

DURKHEIM, Émile. *Les Règles de la Méthode Sociologique*. Paris: Félix Alcan, 1895. [Edição recente em português: *As Regras do Método Sociológico*. Trad. Maria Ferreira. Petrópolis: Vozes, 2019.]

ENGELS, Friedrich. *Der Ursprung der Familie, des Privateigentums und des Staats*. Zürich: Verlag der Schweizerischen Volksbuchhandlung, 1884. [Edição recente em português: *A Origem da Família, da Propriedade Privada e do Estado*. Trad. Nélio Schneider. São Paulo: Boitempo, 2019.]

ERLICH, Victor. *Russian Formalism* [Formalismo Russo]. Den Haag / Paris: Mouton, 1955.

Esprit (revista), vol. 31, nº 11, Nouvelle Série, "'La Pensée Sauvage' et le Structuralisme" ["O Pensamento Selvagem" e o Estruturalismo], nov. 1963.

FERRAROTTI, Franco. *Max Weber e il Destino della Ragione* [Max Weber e o Destino da Razão]. Bari: Laterza, 1965.

FLEISCHMANN, Eugène. "L'esprit humain selon Lévi-Strauss" [O espírito humano segundo Lévi-Strauss]. *Archives Européennes de Sociologie*, vol. 7, nº 1, 1966, p. 27-57.

FOUCAULT, Michel. *Les Mots et les Choses*. Paris: Gallimard, 1966. [Edição recente em português: *As Palavras e as Coisas*. 10. ed. Trad. Salma Tannus Muchail. São Paulo: Martins Fontes, 2016.]

FREUD, Sigmund. *Jenseits des Lustprinzips*. Wien: Internationaler Psychoanalytischer Verlag, 1920. [Edição recente em português: *Além do Princípio do Prazer*. Trad. Maria Rita Salzano Moraes. Belo Horizonte: Autêntica, 2020.]

______. *Das Ich und das Es*. Wien: Internationaler Psychoanalytischer Verlag, 1923. [Edição recente em português: *O Eu e o Id, "Autobiografia" e Outros Textos*. Trad. Paulo César de Souza. São Paulo: Companhia das Letras, 2011.]

______. *Das Unbehagen in der Kultur*. Wien: Internationaler Psychoanalytischer Verlag, 1930. [Edição recente em português: O *Mal-Estar na Civilização*. Trad. Paulo César de Souza. São Paulo: Penguin-Companhia, 2011.]

GODEL, Robert. "F. de Saussure's theory of language" [A teoria da linguagem de F. de Saussure]. In: SEBEOK, Thomas A. (ed.). *Current Trends in Linguistics* [Tendências Atuais na Linguística]. Den Haag / Paris: Mouton, 1966.

GODELIER, Maurice. "Système, structure e contradiction dans *Le Capital*" [Sistema, estrutura e contradição n'O *Capital*]. *Les Temps Modernes*, vol. 22, nº 246, nov. 1966, p. 828-64.

GOETHE, Johann Wolfgang von. *Iphigenie auf Tauris* (1779). [Edição recente em português: *Ifigênia em Táuride*. São Paulo: Peixoto Neto, 2016.]

______. *Die Wahlverwandtschaften* (1809). [Edição recente em português: *As Afinidades Eletivas*. Trad. Tercio Redondo. São Paulo: Penguin-Companhia, 2014.]

______. "Wandrers Nachtlied" [Canção noturna do viandante] (1815).

______. *West-östlicher Divan* (1819). [Edição recente em português: *Divã Ocidento-Oriental*. Trad. Daniel Martineschen. São Paulo: Estação Liberdade, 2020.]

______. *Marienbader Elegie* [Elegia de Marienbad] (1827).

GREIMAS, A. J. "Structure et histoire" [Estrutura e história]. *Les Temps Modernes*, vol. 22, nº 246, nov. 1966, p. 815-27.

GROETHUYSEN, Bernard. *Jean-Jacques Rousseau*. Paris: Gallimard, 1949.

______. *Philosophie de la Révolution Française* [Filosofia da Revolução Francesa]. Paris: Gallimard, 1956.

GUARINI, Ruggiero. "Il pensiero estetico di Adorno" [O pensamento estético de Adorno]. *Op. Cit.*, vol. 9, Napoli, Edizioni Il Centro, mai. 1967, p. 5-51.

HEGEL, Georg Wilhelm Friedrich. *Phänomenologie des Geistes* (1807). [Edição recente em português: *Fenomenologia do Espírito*. Trad. Paulo Meneses. 9. ed. Petrópolis: Vozes, 2014.]

______. *Wissenschaft der Logik* (1816). [Edição recente em português: *Ciência da Lógica*. 3 vols. Trad. Christian G. Iber, Marloren L. Miranda e Federico Orsini. Petrópolis: Vozes, 2016.]

______. *Grundlinien der Philosophie des Rechts* (1820). [Edição em português: *Princípios da Filosofia do Direito*. Trad. Orlando Vitorino. São Paulo: Martins Fontes, 1997.]

HEIDEGGER, Martin. *Sein und Zeit*. Halle: Max Niemeyer, 1927. [Edição recente em português: *Ser e Tempo*. Trad. Márcia de Sá Cavalcante Schuback. 10. ed. Petrópolis: Vozes, 2015.]

______. *Kant und das Problem der Metaphysik* [Kant e o Problema da Metafísica]. Bonn: Friedrich Cohen, 1929.

______. "Platons Lehre von der Wahrheit" [A doutrina de Platão sobre a verdade]. *Geistige Überlieferung*, vol. 2, 1942, p. 96-124.

______. *Vom Wesen der Wahrheit*. Frankfurt: Vittorio Klostermann, 1943. [Edição em português: *Da Essência da Verdade*. Trad. Carlos Morujão. Porto: Porto Editora, 2001.]

______. *Über den Humanismus*. Frankfurt: Vittorio Klostermann, 1949. [Edição em português: *Sobre o Humanismo*. Rio de Janeiro: Tempo Brasileiro, 2009.]

______. "Die Frage nach der Technik". In: *Vorträge und Aufsätze*. Pfullingen: G. Neske, 1954. [Edição recente em português: DI FELICE, Massimo (org.). *Martin Heidegger – A Questão da Técnica*. São Paulo: Paulus, 2020.]

______. *Holzwege*. Frankfurt: Vittorio Klostermann, 1950. [Edição recente em português: *Caminhos de Floresta*. 3. ed. Lisboa: Fundação Calouste Gulbenkian, 2014.]

______. *Einführung in die Metaphysik*. Tübingen: Max Niemeyer Verlag, 1953. [Edição em português: *Introdução à Metafísica*. Rio de Janeiro: Tempo Brasileiro, 1966.]

______. *Der Satz vom Grund* [O Princípio de Razão]. Pfullingen: Neske, 1956. [Edição em português: *O Princípio do Fundamento*. Lisboa: Instituto Piaget, 1998.]

______. *Identität und Differenz*. Frankfurt: Vittorio Klostermann, 1957. [Edição recente em português: *Identidade e Diferença*. Petrópolis: Vozes, 2018.]

HERDER, Johann Gottfried von. *Ideen zur Philosophie der Geschichte der Menschheit* [Ideias para a Filosofia da História da Humanidade] (1791).

HJELMSLEV, Louis. *Essais Linguistiques*. Copenhague: Nordisk Sprog Kulturforlag, 1959. [Edição em português: *Ensaios Linguísticos*. Trad. Antônio de Pádua Danesi. São Paulo: Perspectiva, 1991.]

HÖLDERLIN, Friedrich. *Hyperion* (1797). [Edição recente em português: *Hipérion ou O Eremita na Grécia*. Trad. Márcia

Sá Cavalcante Schuback. 2. ed. Rio de Janeiro: Forense Universitária, 2012.]

______. *Der Rhein* [O Reno] (1801).

______. *Patmos* (1803). [Edição em português: *Patmos e Outros Poemas de Hölderlin*. Trad. Marco Americo Lucchesi. Niterói: Grupo Setembro, 1987.]

HUSSERL, Edmund. *Philosophie der Arithmetik* [A Filosofia da Aritmética]. Halle: C.E.M. Pfeffer, 1887-1891.

______. *Logische Untersuchungen*. Halle: S. M. Niemeyer, 1900. [Edição recente em português: *Investigações Lógicas*. Trad. Diogo Ferrer, Pedro M. S. Alves e Carlos Aurélio Morujão. Rio de Janeiro: Forense Universitária, 2012.]

______. "Philosophie als strenge Wissenschaft". *Logos*, vol. 1, 1910-11, p. 289-341. [Edição em português: *A Filosofia como Ciência de Rigor*. São Paulo: Atlântida, 1965.]

______. *Ideen zu einer reinen Phänomenologie und phänomenologischen Philosophie*. Halle: S. M. Niemeyer, 1913. [Edição recente em português: *Ideias para uma Fenomenologia Pura e para uma Filosofia Fenomenológica*. Trad. Marcio Suzuki. 4. ed. Aparecida: Ideias & Letras, 2012.]

______. *Vorlesungen zur Phänomenologie des inneren Zeitbewusstseins* (1904-5). Halle: M. Niemeyer, 1928. [Edição em português: *Lições para uma Fenomenologia da Consciência Interna do Tempo*. Trad. Pedro M. S. Alves. Lisboa: Imprensa Nacional Casa da Moeda, 1994.]

______. "Phenomenology". In: *Encyclopaedia Britannica* (1929).

______. *Cartesianische Meditationen* [Meditações Cartesianas] (1932). Den Haag: Martinus Nijhoff, 1950.

______. *Die Krisis der europäischen Wissenschaften und die transzendentale Phänomenologie* (1935-38). Den Haag: Martinus Nijhoff, 1954. [Edição recente em português: *A Crise das Ciências Europeias e a Fenomenologia Transcendental – Uma Introdução à Filosofia Fenomenológica*. Trad. Diogo Falcão Ferrer. Rio de Janeiro: Forense Universitária, 2012.]

______. *Der Ursprung der Geometrie* [A Origem da Geometria] (1936). Den Haag: Martinus Nijhoff, 1954.

______. *Die Idee der Phänomenologie*. Den Haag: Martinus Nijhoff, 1950. [Edição recente em português: *A Ideia da Fenomenologia – Cinco Lições*. Petrópolis: Vozes, 2020.]

JAKOBSON, Roman. "Co je poesie?" [O que é poesia?]. *Volné Sm'ry*, vol. 30, 1933, p. 229-39.

______. *Essais de Linguistique Générale* [Ensaios de Linguística Geral]. Paris: Les Éditions du Minuit, 1963.

______. "Quest for the essence of language" [À procura da essência da linguagem]. *Diogenes*, vol. 13, nº 51, jul.-set. 1965, p. 21-37.

KANT, Immanuel. *Träume eines Geistersehers, erläutert durch Träume der Metaphysik* [Sonhos de um Visionário Explicados pelos Sonhos da Metafísica] (1766).

______. *Kritik der reinen Vernunft* (1781). [Edição recente em português: *Crítica da Razão Pura*. 4. ed. Trad. Fernando Costa Mattos. Petrópolis: Vozes, 2015.]

______. *Kritik der praktischen Vernunft* (1788). [Edição recente em português: *Crítica da Razão Prática*. Trad. Monique Hulshof. Petrópolis: Vozes, 2016.]

______. *Die Religion innerhalb der Grenzen der bloßen Vernunft* (1793). [Edição recente em português: *A Religião nos Limites da Simples Razão*. Trad. Artur Morão. Lisboa: Edições 70, 2008.]

KATZ, Jerrold J. e FODOR, Jerry A. "The structure of a semantic theory" [Estrutura de uma teoria semântica]. *Language*, vol. 39, nº 2, abr.-jun. 1963, p. 170-210.

KATZ, Jerrold J. e POSTAL, Paul M. *An Integrated Theory of Linguistic Descriptions* [Uma Teoria Integrada das Descrições Linguísticas]. Cambridge (MA): MIT Press, 1964.

LEACH, Edmund. "Telstar et les aborigènes ou 'La Pensée Sauvage'" [Telstar e os aborígenes, ou "O Pensamento Selvagem"]. *Annales – Economies, Sociétés, Civilisations*, vol. 19, nº 6, 1964, p. 1100-16

______ (ed.). *The Structural Study of Myth and Totemism* [O Estudo Estrutural do Mito e do Totemismo]. London: Routledge, 1967.

LESSING, Gotthold Ephraim. *Die Erziehung des Menschengeschlechts* [A Educação do Gênero Humano] (1780).

LÉVI-STRAUSS, Claude. "Introduction à l'oeuvre de Marcel Mauss". In: MAUSS, Marcel. *Sociologie et Anthropologie* [Sociologia e Antropologia]. Paris: PUF, 1950. [Edição recente em português: *Introdução à Obra de Marcel Mauss*. Trad. Paulo Neves. São Paulo: Ubu Editora, 2018.]

______. *Tristes Tropiques*. Paris: Plon, 1955. [Edição em português: *Tristes Trópicos*. Trad. Rosa Freire d'Aguiar. São Paulo: Companhia das Letras, 1996.]

______. "The family" [A família]. In: SHAPIRO, Harry L. (ed.). *Man, Culture and Society*. London: Oxford University Press, 1956, p. 261-85. [Edição em português: *Homem, Cultura e Sociedade*. Trad. G. Robert Coaracy, Joanna E. Coaracy e Margarida Maria Oliva. 3. ed. São Paulo: Martins Fontes, 1982.]

______. *La Geste d'Asdiwal* [A Gesta de Asdiwal]. Paris: Imprimerie Nationale, 1958.

______. *Anthropologie Structurale*. Paris: Plon, 1958. [Edição recente em português: *Antropologia Estrutural*. Trad. Beatriz Perrone-Moisés. São Paulo: Ubu Editora, 2018.]

______. "Four Winnebago myths: a structural sketch" [Quatro mitos winnebago: um esboço estrutural]. In: DIAMOND, Stanley (ed.). *Culture in History – Essays in Honor of Paul Radin*. New York: Columbia University Press, 1960, p. 351-62.

______. "La structure et la forme: réflexions sur un ouvrage de Vladimir Propp" [A estrutura e a forma: reflexões sobre uma obra de Vladimir Propp]. *Cahiers de l'Institut de Sciences Économiques Appliquées*, vol. 9, 1960, p. 3-36.

______. "Le métier d'ethnologue" [A profissão de etnólogo]. *Les Annales – Revue Mensuelle des Lettres Françaises*, vol. 68, nº 129, jul. 1961, p. 5-17.

______. *Le Totémisme Aujourd'hui*. Paris: PUF, 1962. [Edição em português: *Totemismo Hoje*. Trad. Malcolm Bruce Corrie. Petrópolis: Vozes, 1975.]

______. *La Pensée Sauvage*. Paris: Plon, 1962. [Edição em português: *O Pensamento Selvagem*. Trad. Tânia Pellegrini. Campinas: Papirus, 1990.]

______. "Jean-Jacques Rousseau, fondateur des sciences de l'homme" [Jean-Jacques Rousseau, fundador das ciências do homem]. In: *Jean-Jacques Rousseau*. Neuchâtel: La Baconnière, 1962.

______. *Mythologiques I – Le Cru et le Cuit*. Paris: Plon, 1964. [Edição recente em português: *O Cru e o Cozido*. Trad. Beatriz Perrone-Moisés. Rio de Janeiro: Zahar, 2021.]

______. "Critères scientifiques dans les disciplines sociales et humaines" [Critérios científicos nas disciplinas sociais e humanas]. *Revue Internationale des Sciences Sociales*, vol. 16, nº 4, Paris, Unesco, 1964, p. 579-97.

______. *Razza e Storia e Altri Studi di Antropologia* [Raça e História e Outros Estudos de Antropologia]. Org. Paolo Caruso. Torino: Einaudi, 1967.

______. *Anthropologie Structurale Deux*. Paris: Plon, 1973. [Edição recente em português: *Antropologia Estrutural Dois*. Trad. Beatriz Perrone-Moisés. São Paulo: Ubu Editora, 2017.]

LOVEJOY, Arthur. *Essays in the History of Ideas* [Ensaios de História das Ideias]. Baltimore: Johns Hopkins Press, 1948.

MAINE, Henry James Sumner. *Ancient Law* [A Lei Antiga] (1861).

MARCUSE, Herbert. *Reason and Revolution – Hegel and the Rise of Social Theory*. New York: Oxford University Press, 1941. [Edição em português: *Razão e Revolução – Hegel e o Advento da Teoria Social*. Trad. Marília Barroso. Rio de Janeiro: Paz & Terra, 2004.]

MARX, Karl. *Zur Kritik der Hegelschen Rechtsphilosophie* (1843). [Edição recente em português: *Crítica da Filosofia do Direito de Hegel*. Trad. Rubens Enderle e Leonardo de Deus. 3. ed. São Paulo: Boitempo, 2013.]

______. *Ökonomisch-philosophische Manuskripte* (1844). [Edição recente em português: *Manuscritos Econômico-Filosóficos*. Trad. Jesus Ranieri. São Paulo: Boitempo, 2004.]

______. *Der achtzehnte Brumaire des Louis Bonaparte* (1852). [Edição recente em português: *O 18 de Brumário de Luís Bonaparte*. Trad. Nélio Schneider. São Paulo: Boitempo, 2011.]

______. *Das Kapital* (1867). [Edição recente em português: *O Capital*. 3 vols. Trad. Rubens Enderle. São Paulo: Boitempo, 2011.]

MERLEAU-PONTY, Maurice. *Phénoménologie de la Perception*. Paris: Gallimard, 1945. [Edição recente em português: *Fenomenologia da Percepção*. Trad. Carlos Alberto Ribeiro de Moura. 5. ed. São Paulo: Martins Fontes, 2018.]

MONDOLFO, Rodolfo. *Rousseau y la Consciencia Moderna* [Rousseau e a Consciência Moderna]. Buenos Aires: Eudeba, 1943.

MONTESQUIEU. *L'Esprit des Lois* (1748). [Edição em português: *O Espírito das Leis*. Trad. Cristina Murachco. 2. ed. São Paulo: Martins Fontes, 1996.]

MORGAN, Lewis Henry. *Ancient Society*. Chicago: Charles H. Kerr, 1877. [Edição recente em português: *A Sociedade Antiga*. Trad. Maria Lúcia de Oliveira. Rio de Janeiro: Expresso Zahar, 2014.]

MOSCONI, Jean. "Analyse et genèse: regards sur la théorie du devenir de l'entendement au XVIIIè siècle" [Análise e gênese: observações sobre a teoria do vir-a-ser do entendimento no século XVIII]. *Cahiers pour l'Analyse*, Paris, vol. 4, set.-out. 1966, p. 47-82.

NERI, Guido D. (org.). *Erwin Panofsky – La Prospettiva come Forma Simbolica e Altri Scritti* [Erwin Panofsky – A Perspectiva como Forma Simbólica e Outros Escritos]. Milano: Feltrinelli, 1961.

NIETZSCHE, Friedrich. *Die Fröhliche Wissenschaft*. Leipzig: E. W. Fritzsch, 1882. [Edição recente em português: *A Gaia Ciência*. Trad. Paulo César de Souza. São Paulo: Companhia das Letras, 2012.]

PANOFSKY, Erwin. *Studies in Iconology – Humanistic Themes in the Art of the Renaissance* [Estudos em Iconologia – Temas Humanísticos na Arte da Renascença]. New York: Oxford University Press, 1939.

______. *Meaning in the Visual Arts* [O Sentido nas Artes Visuais]. Garden City, NY: Doubleday Anchor Books, 1955.

PATRI, Aimé. "Dialectique du maître et de l'escrave" [Dialética do senhor e do escravo]. *Le Contrat Social*, vol. 5, nº 4, jul.-ago. 1961, p. 231-35.

PLANCK, Max. *L'Image du Monde dans la Physique Moderne* [A Imagem do Mundo na Física Moderna]. Trad. Cornelius Heim. Paris: Gallimard, 1963. [Edição alemã original: *Das Weltbild der Neuen Physik*. Leipzig: J.A. Barth, 1930.]

PLATÃO. *Fedro*. [Edição recente em português: Trad. Maria Cecília Gomes dos Reis. São Paulo: Penguin-Companhia, 2016.]

______. *Sofista*. [Edição em português: Trad. Carlos Alberto Nunes. Belém: EdUFPA, 2000.]

PÖGGELER, Otto. *La Pensée de Heidegger*. Paris: Aubier, 1967. [Edição em português: *A Via do Pensamento de Martin Heidegger*. Lisboa: Instituto Piaget, 2001.]

POUILLON, Jean. "L'analyse des mythes" [A análise dos mitos]. *L'Homme – Revue Française d'Anthropologie*, vol. 6, nº 1, 1966, p. 100-05.

RICHARDSON, William. *Heidegger – Through Phenomenology to Thought* [Heidegger – Por Meio da Fenomenologia, ao Pensamento]. Den Haag: Martinus Nijhoff, 1963.

RICOEUR, Paul. "Structure et herméneutique" [Estrutura e hermenêutica]. *Esprit*, vol. 31, nº 11, Nouvelle Série, "'La Pensée Sauvage' et le Structuralisme" ["O Pensamento Selvagem" e o Estruturalismo], nov. 1963, p. 596-627.

______. "La structure, le mot, l'événement" [A estrutura, a palavra e o acontecimento]. *Esprit*, vol. 35, nº 5, Nouvelle Série, "Structuralismes: Idéologie et Méthode" [Estruturalismos: Ideologia e Método], mai. 1967, p. 801-21.

ROUSSEAU, Jean-Jacques. *Discours sur l'Économie Politique* (1755). [Edição recente em português: *Discurso sobre a Economia Política*. Trad. Maria Constança Peres Pissarra. Petrópolis: Vozes, 2017.]

______. *Discours sur l'Origine et les Fondements de l'Inégalité parmi les Hommes* (1755). [Edição recente em português: *A Origem da Desigualdade entre os Homens*. Trad. Eduardo Brandão. São Paulo: Penguin-Companhia, 2017.]

______. *Poème sur le Désastre de Lisbonne* (1756). [Edição recente em português: *Poema sobre o Desastre de Lisboa – Seguido de Carta a Voltaire (Sobre a Providência)*. Trad. Jorge P. Pires. Lisboa: Frenesi, 2005.]

______. *Candide ou l'Optimisme* (1759). [Edição recente em português: *Cândido, ou O Otimismo*. Trad. Mário Laranjeira. São Paulo: Penguin-Companhia, 2012.]

______. *Julie ou La Nouvelle Héloïse* (1761). [Edição recente em português: *Júlia, ou A Nova Heloísa*. Trad. Fulvia M. L. Moretto. São Paulo: Hucitec, 2006.]

______. *Du Contract Social* (1762). [Edição recente em português: *Do Contrato Social*. Trad. Eduardo Brandão. São Paulo: Penguin-Companhia, 2011.]

______. *Émile ou De l'Éducation* (1762). [Edição recente em português: *Emílio, ou Da Educação*. Trad. Roberto Leal Ferreira. 4. ed. São Paulo: Martins Fontes, 2018.]

______. *Lettre à Monseigneur de Beaumont* (1762). [Edição recente em português: *Carta a Christophe de Beaumont e Outros Escritos sobre a Religião e a Moral*. Trad. José Oscar de Almeida Marques et al. São Paulo: Estação Liberdade, 2005.]

______. *Essai sur l'Origine des Langues* (1781). [Edição recente em português: *Ensaio sobre a Origem das Línguas*. Trad. Fulvia M. L. Moretto. 3. ed. Campinas: Editora da Unicamp, 2008.]

______. *Rousseau Juge de Jean-Jacques* [Rousseau, Juiz de Jean-Jacques] (1782).

RUWET, Nicolas. "La linguistique générale aujourd'hui" [A linguística geral hoje]. *Archives Européennes de Sociologie*, vol. 5, nº 2, 1964, p. 277-310.

SAUSSURE, Ferdinand de. *Cours de Linguistique Générale*. Paris: Payot, 1916. [Edição recente em português: *Curso de Linguística Geral*. Trad. Antônio Chelini, José Paulo Paes e Izidoro Blikstein. 28. ed. São Paulo: Cultrix, 2012.]

SÈVE, Lucien. "Méthode structurale et métode dialectique" [Método estrutural e método dialético]. *La Pensée*, nº 135 (Structuralisme et Marxisme), out. 1967.

SIMONIS, Yvan. *Claude Lévi-Strauss ou la "Passion de l'Inceste" – Introduction au Structuralisme*. Paris: Aubier, 1968. [Edição em português: *Introdução ao Estruturalismo – Claude Lévi-Strauss ou A Paixão do Incesto*. Trad. Manuel de Castro. 2. ed. São Paulo: Moraes, 1979.]

STAROBINSKI, Jean. *Jean-Jacques Rousseau – La Transparence et l'Obstacle*. Paris: Plon, 1957. [Edição recente em português: *Jean-Jacques Rousseau – A Transparência e o Obstáculo*. Trad. Maria Lucia Machado. São Paulo: Companhia das Letras, 2011.]

TAINE, Hippolyte. *Les Origines de la France Contemporaine* [As Origens da França Contemporânea]. Paris: Hachette, 1876.

TALMON, J. L. *The Origins of Totalitarian Democracy* [As Origens da Democracia Totalitária]. London: Secker & Warburg, 1952.

TRUBETZKOY, Nikolai. *Grundzüge der Phonologie* [Princípios de Fonologia]. Prague: Cercle Linguistique de Prague, 1939.

VALÉRY, Paul. *Tel Quel* [Tal Qual]. Paris: Gallimard, 1944.

VAUGHAN, C. E. (ed.). *The Political Writings of J.-J. Rousseau* [Os Escritos Políticos de J.-J. Rousseau]. Cambridge: Cambridge University Press, 1915.

VICO, Giambattista. *La Scienza Nuova* (1725). [Edição recente em português: *Ciência Nova*. Trad. Jorge Vaz de Carvalho. Lisboa: Fundação Calouste Gulbenkian, 2005.]

VOSSLER, Karl. *Geist und Kultur in der Sprache* [Espírito e Cultura na Língua]. Heidelberg: C. Winter, 1925.

WAELHENS, Alphonse de. *La Philosophie de Martin Heidegger* [A Filosofia de Martin Heidegger]. Louvain: Publications Universitaires de Louvain, 1967.

WAHL, Jean. *Études Kierkegaardiennes* [Estudos Kierkegaardianos]. Paris: Fernand Aubier, 1938.

WEBER, Max. *Roscher und Knies und die logischen Probleme der historischen Nationalökonomie*. Leipzig: Duncker & Humblot, 1903-1906. [Edição em português: "Roscher e Knies e os problemas lógicos da economia histórica". In: *Metodologia das Ciências Sociais – Parte 1*. Trad. Augustin Wernet. 4. ed. São Paulo: Cortez, 2001.]

______. "Kritische Studien auf dem Gebiet der kulturwissenschaftlichen Logik". *Archiv für Sozialwissenschaft und Sozialpolitik*, vol. 22, 1906. [Edição em português: "Estudos críticos sobre a lógica das ciências da cultura". In: *Metodologia das Ciências Sociais – Parte 1*. Trad. Augustin Wernet. 4. ed. São Paulo: Cortez, 2001.]

WEINREICH, Uriel. *Explorations in Semantic Theory* [Explorações na Teoria Semântica]. Den Haag / Paris: Mouton, 1968.

WUNDT, Wilhelm. *Grundzüge de physiologischen Psychologie* [Princípios de Psicologia Fisiológica]. Leipzig: W. Engelman, 1874.

Posfácios

A radicalidade do jovem Merquior, leitor de Claude Lévi-Strauss

João Cezar de Castro Rocha

Uma carta: encontro marcado?

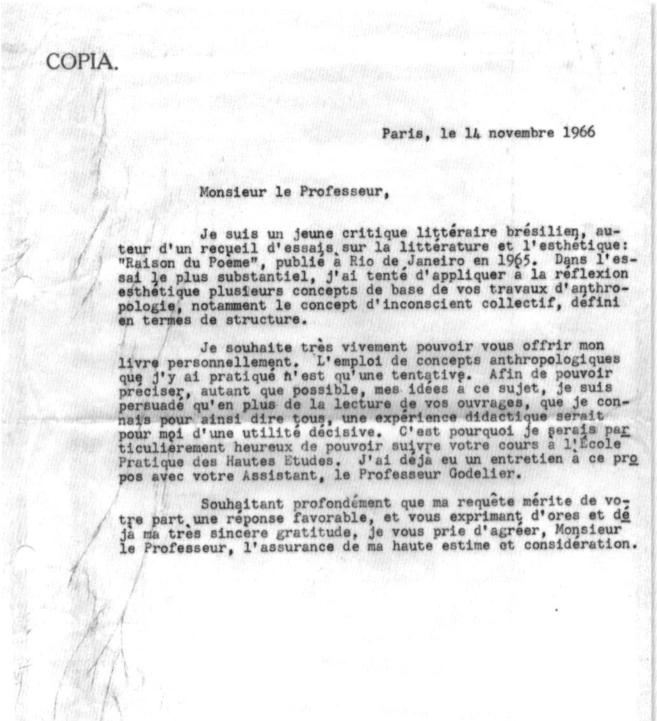

COPIA.

Paris, le 14 novembre 1966

Monsieur le Professeur,

Je suis un jeune critique littéraire brésilien, auteur d'un recueil d'essais sur la littérature et l'esthétique: "Raison du Poeme", publié à Rio de Janeiro en 1965. Dans l'essai le plus substantiel, j'ai tenté d'appliquer à la réflexion esthétique plusieurs concepts de base de vos travaux d'anthropologie, notamment le concept d'inconscient collectif, défini en termes de structure.

Je souhaite très vivement pouvoir vous offrir mon livre personnellement. L'emploi de concepts anthropologiques que j'y ai pratiqué n'est qu'une tentative. Afin de pouvoir préciser, autant que possible, mes idées à ce sujet, je suis persuadé qu'en plus de la lecture de vos ouvrages, que je connais pour ainsi dire tous, une expérience didactique serait pour moi d'une utilité décisive. C'est pourquoi je serais particulièrement heureux de pouvoir suivre votre cours à l'École Pratique des Hautes Etudes. J'ai déjà eu un entretien à ce propos avec votre Assistant, le Professeur Godelier.

Souhaitant profondément que ma requête mérite de votre part une réponse favorable, et vous exprimant d'ores et déjà ma très sincere gratitude, je vous prie d'agréer, Monsieur le Professeur, l'assurance de ma haute estime et considération.

Ao escrever esta carta o jovem José Guilherme Merquior estava prestes a completar 26 anos.[1] Exercia a

[1] José Guilherme Merquior nasceu em 22 de abril de 1941.

função de Terceiro-Secretário da Embaixada do Brasil em Paris; em janeiro do ano seguinte, por merecimento, foi promovido à posição de Segundo-Secretário, permanecendo na França até 1970, quando foi transferido para a Embaixada do Brasil na então Alemanha Ocidental, em Bonn.[2] Além da leitura cuidadosa da obra de Claude Lévi-Strauss, que, nas palavras do brasileiro, ele conhecia praticamente toda, uma experiência didática com o próprio autor seria de utilidade decisiva para que seu entendimento da antropologia se tornasse mais preciso. Ademais, Merquior mencionava seu primeiro livro, *Razão do Poema*, cujo ensaio mais ambicioso destacava a obra do antropólogo:

> Em 1950, Claude Lévi-Strauss já podia falar categoricamente da impossibilidade de reduzir o patológico ao nível do puramente individual, dado que as perturbações mentais, em suas formas predominantes, variam de acordo com as sociedades e com seu desenvolvimento histórico.[3]

Citação inaugural: desde então, Lévi-Strauss sempre esteve presente nas reflexões de Merquior, sendo uma espécie de sombra permanente de sua futura vasta produção – como estudaremos num futuro texto. A recepção ao gesto intelectual de Merquior foi imediata. Em livro publicado em 1967, Luís Washington Vita mapeou o pensamento estético contemporâneo no Brasil, dedicando 5 páginas para o autor que havia acabado de estrear na forma de livro: "Autor de um livro de ensaios de crítica e de estética, encimado pelo título *Razões* [sic] *do Poema*, José Guilherme Merquior parece mostrar suas reflexões

---

[2] José Guilherme Merquior, "Curriculum Vitae". Universidade de Brasília. Departamento de Política e Relações Internacionais. 1982. Arquivo José Guilherme Merquior / É Realizações Editora. Documento preparado pelo próprio autor.

[3] José Guilherme Merquior, "Estética e antropologia – Esquema para uma fundamentação antropológica da universalidade da arte". In: *Razão do Poema – Ensaios de Crítica e de Estética*. São Paulo, É Realizações Editora, 2013, p. 252.

pela premissa que se entremostra no citado título".[4] Sua avaliação da obra basicamente se concentra no ensaio "Estética e antropologia – Esquema para uma fundamentação antropológica da universalidade da arte".[5] Aliás, a terceira seção do ensaio, "O conceito de inconsciente na antropologia cultural", apresenta sólidas 17 páginas de leitura empenhada de vários textos de Lévi-Strauss e já com a orientação que definiu os exercícios hermenêuticos de Merquior: não se tratava, como por muito tempo equivocadamente se pensou, de uma laboriosa divulgação de teorias alheias nos tristes trópicos, porém de uma assimilação criativa de vozes outras para a composição do próprio pensamento.[6] No caso, Merquior mobilizou um quadro teórico tão amplo quanto atualizado para propor uma hipótese que sem deixar de reconhecer a potência da filosofia marxista apontava seus limites[7] – pode-se com

[4] Luís Washington Vita, *Tendências do Pensamento Estético Contemporâneo no Brasil*. Rio de Janeiro, Civilização Brasileira, 1967, p. 137.

[5] Josué Montello, em ocasião solene, também destacou o ensaio, concluindo com uma observação certeira: "Começaste com um livro de crítica e estética, *Razão do Poema* [...]. E com uma singularidade a mais: a de introduzirdes em nossas letras, com o ensaio 'Estética e antropologia', nesse livro de juventude ostensiva, os conceitos de antropologia estrutural de Lévi-Strauss, ligados à reflexão estética. Quer isso dizer que, estudando a poesia alheia, quer nacional, quer estrangeira, vossa reflexão constitui pretexto, desde cedo, para o universalismo das ideias modernas". Josué Montello. In: *Discurso de Recepção de José Guilherme Merquior na Academia Brasileira de Letras e Resposta de Josué Montello*. Rio de Janeiro, Editora Nova Fronteira, 1983, p. 39.

[6] Num depoimento certeiro: "Acompanhei José Guilherme desde a adolescência e posso testemunhar que seu entusiasmo pelas letras não arrefeceu jamais. Ele não era só um devorador de livros, mas alguém que sabia, criativamente, 'metabolizar' tudo que lia". Hilda Merquior, "Apêndice". In: *Revista Tempo Brasileiro*, "José Guilherme Merquior", nº 109, 1992, p. 147-48.

[7] Encontramos recentemente no Arquivo José Guilherme Merquior / É Realizações Editora um ensaio inédito, *Poções de Marxologia*, com a datação de fevereiro de 1983 e composto por 73 páginas datiloscritas. Em breve, editaremos o material, que realiza uma análise dos pressupostos filosóficos do próprio Karl Marx: "Neste ensaio considerarei somente as ideias de Marx, em vez do marxismo em seu conjunto. O

facilidade imaginar seus debates com os amigos marxistas Carlos Nelson Coutinho e Leandro Konder, aliás, o autor da "orelha" da primeira edição de *Razão do Poema*, livro de estreia de Merquior, lançado em 1965. Daí, o achado merquiorano neste ensaio de juventude equivale a uma autêntica glosa do verso de William Wordsworth que tanto encantou o Brás Cubas machadiano, "The Child is father of the Man",[8] pois o que aqui se formula norteou todo o esforço ulterior do autor de *A Astúcia da Mímese*. E isso em duplo registro. De um lado, o acerto de contas com o marxismo se estendeu pelas próximas décadas e culminou na escrita de *Western Marxism*, cuja dedicatória é reveladora, "For Leandro Konder, who would only half agree".[9] De outro, Merquior buscou conciliar estrutura e história, universalidade e contingência, com uma radicalidade que foi plenamente retomada no ensaio até agora inédito, *Le Structuralisme comme Pensée Radicale*. É notável, portanto, acompanhar esse traço de continuidade que atravessa o pensamento merquiorano. No ensaio de 1964, assim ele expressou a intuição nascente:

> [...] A arte emerge de certas disposições anímicas constantes, mas mergulha, com a mesma intensidade, no universo histórico e na sua temporalidade concreta.

---

que nos interessa é o elemento marxiano, mais do que marxista, até porque o último sofreu, naturalmente, as várias modificações impostas pela inserção da doutrina na história politica do nosso século". José Guilherme Merquior, *Poções de Marxologia* (*Use Antes de Agitar*). Datiloscrito, fevereiro de 1983. Arquivo José Guilherme Merquior / É Realizações Editora, p. 1.

[8] "Um poeta dizia que o menino é pai do homem. Se isto é verdade, vejamos alguns lineamentos do menino." Machado de Assis, *Memórias Póstumas de Brás Cubas*. Obra Completa, volume I. Rio de Janeiro, Editora Nova Aguilar, 1986, p. 526. Trata-se do capítulo XI, "O menino é pai do homem". O poema de William Wordsworth se chama "The Heart Leaps Up".

[9] José Guilherme Merquior, *Western Marxism*. London, Paladin Books, 1986. Na edição da É Realizações, ficou assim: "Para Leandro Konder, que não concordará com tudo...". *O Marxismo Ocidental*. Tradução de Raul de Sá Barbosa. São Paulo, É Realizações Editora, 2018.

> Da dupla finalidade da arte – ao universal e ao histórico, à forma atemporal e ao conteúdo epocal – derivam consequências com valor de lei para o fenômeno estético.[10]

Ora, compreende-se finalmente o título forte do livro de estreia, só em aparência paradoxal: *Razão do Poema*, isto é, o lírico não se opõe necessariamente ao racional, pelo menos não no nível da recepção crítica. Diplomata por vocação profunda, além de oferecer seu livro, Merquior sublinhou o encontro prévio que teve com Maurice Godelier, à época assistente de Lévi-Strauss. Todos os protocolos seguidos, tratava-se de aguardar a resposta do antropólogo. E ela veio rapidamente: apenas dois dias após escrever sua carta, Merquior recebeu a primeira missiva do francês – a correspondência entre ambos nunca mais se interrompeu, constituindo o mais rico carteio disponível no Arquivo José Guilherme Merquior / É Realizações Editora. Seria favorável a resposta de Lévi-Strauss? Havia bons motivos para temer a reação do autor de *O Pensamento Selvagem*.

Vejamos.

O desencontro como forma

Ao anunciar sem hesitação que, em relação à obra de Lévi-Strauss, "je connais pour ainsi dire tous", Merquior certamente se recordou das observações nada lisonjeiras que o antropólogo francês dedicou aos alunos brasileiros da Universidade de São Paulo na década de 1930, ocasião em que o modesto professor de filosofia de liceu parisiense realizou seu rito de passagem para a profissão de antropólogo. Estes trechos de *Tristes Trópicos* são sempre citados e o jovem brasileiro sem dúvida os conhecia de cor:

> Nossos estudantes queriam saber tudo; mas, em qualquer campo que fosse, só a teoria mais recente parecia merecer-lhes a atenção.

[10] José Guilherme Merquior, "Estética e antropologia – Esquema para uma fundamentação antropológica da universalidade da arte". In: *Razão do Poema*, op. cit., p. 284.

(Ora, o que seria, no final de 1966, mais atual do que o próprio estruturalismo? Sinal amarelo: atenção máxima.)

> Fartos de todos os festins intelectuais do passado, que aliás só conheciam por ouvir dizer, já que não liam as obras originais, conservavam um entusiasmo sempre disponível para pratos novos.

(Vulgarizadores de vulgarizações, o que esperar de tais estudantes? Em breve, Merquior submeteu-se à prova mais difícil, quase impossível, ao escrever nada menos do que dois livros em francês sobre o estruturalismo, que, como veremos, foram lidos e comentados por Lévi-Strauss.)

> No caso deles, conviria falar mais de moda que de gastronomia: ideias e doutrinas não ofereciam, em seu entender, um interesse intrínseco, consideravam-nas como instrumentos de prestígio cujas primícias deviam conseguir.

(Sinal vermelho? De potenciais antropófagos do saber acadêmico e da tradição filosófica, aptos a devorar *pratos novos*, *nossos estudantes* são agora reduzidos ao papel pálido de anacrônicos modistas fora de estação. Aqui, as citações do alheio são ociosas condecorações que colocamos em nossos próprios peitos – estufados mas por isso mesmo vazios.)

> Partilhar uma teoria conhecida com outros equivalia a usar um vestido já visto; expunham-se a um vexame. Em compensação, praticavam uma concorrência ferrenha às custas de muitas revistas de vulgarização, periódicos sensacionalistas e compêndios, para conseguir a exclusividade do modelo mais recente no campo das ideias.[11]

---

[11] Claude Lévi-Strauss, *Tristes Trópicos*. Tradução de Rosa Freire D'Aguiar. São Paulo, Companhia das Letras, 2009, p. 98-99. A primeira edição do livro é de 1955.

(Sinal fechado para os que são jovens como Merquior o era em 1966? Afinal, o modelo do leitor ávido por novidades, sempre atento às últimas publicações, cabia como uma luva para o precoce autor de *Razão do Poema*.)

O pior, contudo, estava por vir, na brutal precipitação resultante dessa inesperada alfaiataria de teorias mal digeridas: tudo se passava como se as dissertações desses estudantes afoitos se limitassem a reproduzir sem cautela a infinita "paráfrase de um polígrafo enfadonho".[12] É verdade que, com o tempo, Lévi-Strauss temperou suas memórias,[13] assim como voltou seu olhar crítico para os próprios professores franceses,[14] mas a severidade do juízo poderia pressagiar contratempos intransponíveis, até mesmo porque Merquior desejava ingressar na seleta turma de frequentadores do Seminário de Claude Lévi-Strauss, na Vª Seção da Sorbonne, na École Pratique des Hautes Études. Somente um grupo restrito de estudantes tinha acesso ao Seminário, pois em seu âmbito os participantes apresentavam suas pesquisas e se submetiam ao justo porém duro escrutínio do mestre.[15]

---

[12] Ibidem, p. 99.

[13] "Os estudantes tinham um colossal apetite de saber. Aliás, num certo sentido, eles sabiam mais do que nós, porque, como autodidatas, eles tinham lido tudo, devorado tudo, mas em obras de segunda ou terceira mão. Nossa tarefa era menos ensinar-lhes as coisas que eles ignoravam do que dar-lhes uma disciplina intelectual." Claude Lévi-Strauss e Didier Eribon, *De Perto e de Longe*. Tradução de Léa Mello e Julieta Leite. Rio de Janeiro, Editora Nova Fronteira, 1988, p. 30.

[14] "Cada um de nós tinha a sensação de arriscar o sucesso ou o fracasso de sua carreira no Brasil. Então, cada um procurava cercar-se de uma corte que fosse exclusivamente a sua, e que fosse mais consequente que a do vizinho. Era bem francês, bem universitário, mas, transportado para os trópicos, um pouco ridículo e não muito saudável." Ibidem, p. 35.

[15] A antropóloga Manuela Carneiro da Cunha ofereceu um testemunho valioso sobre a estrutura dos Seminários coordenados por Claude Lévi-Strauss: "Mesa de encerramento: Depoimentos | Seminário Internacional José Guilherme Merquior". Disponível aqui: https://www.youtube.com/watch?v=xx_Flmv96cU. Ver a partir do minuto 46.

Não era tudo.

Na caracterização aguda de Eduardo Viveiros de Castro, a relação de Lévi-Strauss com o Brasil e dos brasileiros com o antropólogo ocorreu sob a égide ambígua de "desencontros marcados". E é o capítulo citado de *Tristes Trópicos* que ajuda a descrever a tensão:

> A descrição em estilo "Cenas da Vida na Província" da elite paulistana [...], os juízos ao mesmo tempo carinhosos e ferinos sobre a superficialidade de seus jovens alunos, cuja ignorância sobre o venerável passado cultural europeu não impedia de serem mais bem informados que seus mestres franceses sobre a última moda intelectual daquele continente – todas essas páginas do capítulo "São Paulo" do livro de 1955, em que abundam as alusões óbvias e os prenomes facilmente sobrenomináveis, não perderam nada de sua irritante perspicácia. [...] Um certo desencontro, em suma, entre a experiência lévi-straussiana do Brasil e a experiência brasileira de Lévi-Strauss.[16]

O desencontro é levado às últimas consequências, como uma coreografia minuciosamente preparada para o fracasso último. Em 1985, na comitiva presidencial de François Miterrand, o antropólogo preparou-se para reencontrar os Bororo – foi com eles "que se inaugurou

---

[16] Eduardo Viveiros de Castro, "Prefácio: Desencontros marcados". In: Claude Lévi-Strauss, *Longe do Brasil – Entrevista com Véronique Moraigne*. Tradução de Jorge Villela. São Paulo, Editora Unesp, 2005, p. 9 e p. 12. O prefácio foi republicado como "Rendez-vous manqués" em *Europe*, nº 1005-1006, 2013, p. 83-89. Nessa edição, há também o ensaio de Fernanda Peixoto e Luisa Valentini, "Lévi-Strauss à São Paulo", p. 71-82, no qual se discute com argúcia o "caso Lévi-Strauss" e a relação de Claude e de Dina com os paulistas na década de 1930, com destaque para o intenso diálogo entre Dina Lévi-Strauss e Mário de Andrade. Na entrevista com Véronique Moraigne, o antropólogo se recorda: "Eu conheci bem Mário de Andrade: ele dirigia o Departamento de Cultura da cidade de São Paulo. Fomos muito próximos. Seu romance *Macunaíma* é um grande livro". *Longe do Brasil*, op. cit., p. 44-45.

a carreira do grande antropólogo, com o pequeno mas importante artigo em 1936".[17] No entanto, "a viagem fracassa. O avião não consegue aterrissar, as pistas da aldeia eram curtas demais; Lévi-Strauss apenas pode contemplá-las de cima".[18] Vale dizer: *de longe*. Mas nada impede que desencontros sejam decisivos, nem que seja pelas contrariedades e pelos contratempos. Lévi-Strauss concordaria:

> O Brasil representa a experiência mais importante da minha vida, ao mesmo tempo pelo distanciamento e contraste, mas também porque determinou minha carreira. Sinto em relação a esse país uma dívida muito profunda.[19]

Há mais: em seu prefácio, Eduardo Viveiros de Castro anota com argúcia que a carreira de antropólogo de Lévi-Strauss começa e termina com os Bororo. Ao contrário da sina de certo personagem, aqui as pontas se atam: o artigo de 1936 e, "como diz belamente Fernanda Peixoto, pela escolha de uma narrativa Bororo, a hoje célebre 'história do desaninhador de passarinhos', como o mito de origem do fogo que lhe servirá de guia" para a tetralogia *Mitológicas*. E não acabou: Viveiros de Castro remata a deixa de Fernanda Peixoto: "essa visita que não aconteceu é exatamente uma atualização, ou seja, uma versão do mito Bororo do desaninhador de pássaros".[20]

Em meio a tantos desencontros, embora produtivos a seu modo, como seria recebida a carta de "um jeune

---

[17] Eduardo Viveiros de Castro, "Prefácio: Desencontros marcados", op. cit., p. 23.

[18] Ibidem, p. 24.

[19] Claude Lévi-Strauss, *Longe do Brasil*, op. cit., p. 34.

[20] Eduardo Viveiros de Castro, "Prefácio: Desencontros marcados", op. cit., p. 23-24. E como o círculo parece nunca se fechar, em fascinante ensaio, Alberto Mussa recentemente discutiu diversos mitos de origem do fogo, com destaque para narrativas de roubo do fogo. Alberto Mussa, *A Origem da Espécie – O Roubo do Fogo e a Noção de Humanidade*. Rio de Janeiro, Record, 2021.

critique littéraire brésilien", que sem aparente constrangimento alegava "qu'en plus de la lecture de vos ouvrages, que je connais pour ainsi dire tous, une experience didactique serait pour moi d'une utilité décisive"?

E bem, *qualquer que seja a solução*, *uma cousa fica*: em 16 de novembro de 1966, Claude Lévi-Strauss enviou sua resposta.

A solicitação do jovem Merquior foi atendida?

A carta esperada e a "carta-Racine"

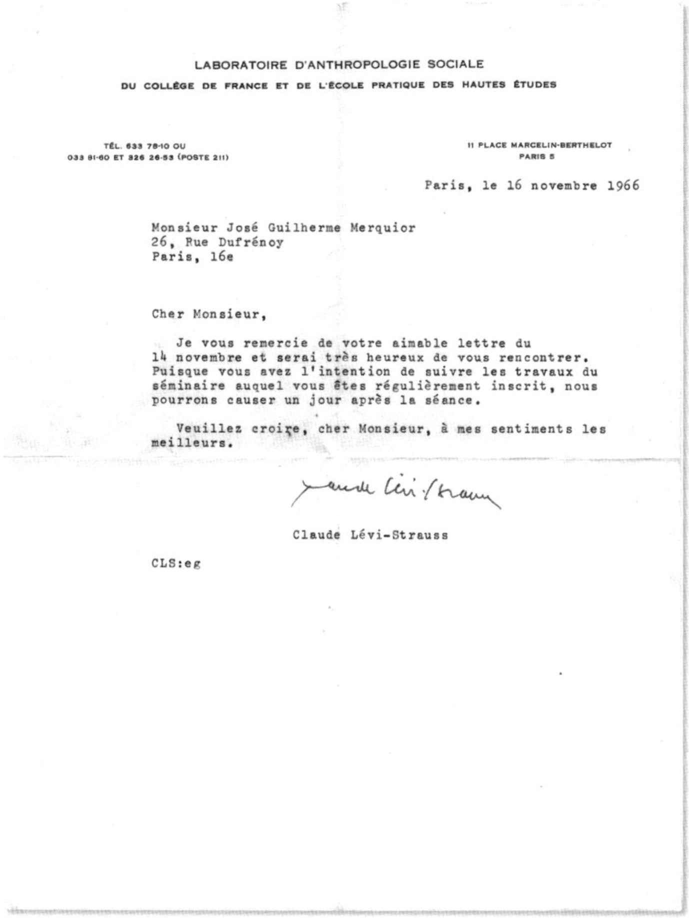

LABORATOIRE D'ANTHROPOLOGIE SOCIALE
DU COLLÈGE DE FRANCE ET DE L'ÉCOLE PRATIQUE DES HAUTES ÉTUDES

TÉL. 633 78-10 OU
033 81-60 ET 326 26-53 (POSTE 211)

11 PLACE MARCELIN-BERTHELOT
PARIS 5

Paris, le 16 novembre 1966

Monsieur José Guilherme Merquior
26, Rue Dufrénoy
Paris, 16e

Cher Monsieur,

Je vous remercie de votre aimable lettre du 14 novembre et serai très heureux de vous rencontrer. Puisque vous avez l'intention de suivre les travaux du séminaire auquel vous êtes régulièrement inscrit, nous pourrons causer un jour après la séance.

Veuillez croire, cher Monsieur, à mes sentiments les meilleurs.

Claude Lévi-Strauss

Claude Lévi-Strauss

CLS:eg

Imagina-se com facilidade a cena: Merquior abre rapidamente o envelope e, machadianamente, lê, relê e treslê a carta! Entusiasmado, celebra a acolhida com sua esposa e parceira intelectual, Hilda Merquior: não era para menos, mais do que uma missiva, a resposta do antropólogo francês abriu novos horizontes para o jovem que lera praticamente toda a sua obra e agora se tornava aluno regular do Seminário de Claude Lévi-Strauss, na École Pratique des Hautes Études. Merquior também teve acesso ao Seminário que ocorria no Collège de France, pois o Laboratoire d'Anthropologie Sociale estava associado às duas instituições. Na recordação da antropóloga Manuela Carneiro da Cunha, Claude Lévi-Strauss "já tinha um enorme apreço pelo José Guilherme".[21] No Arquivo José Guilherme Merquior / É Realizações Editora encontramos a carteira de estudante do ano letivo de 1969-1970:

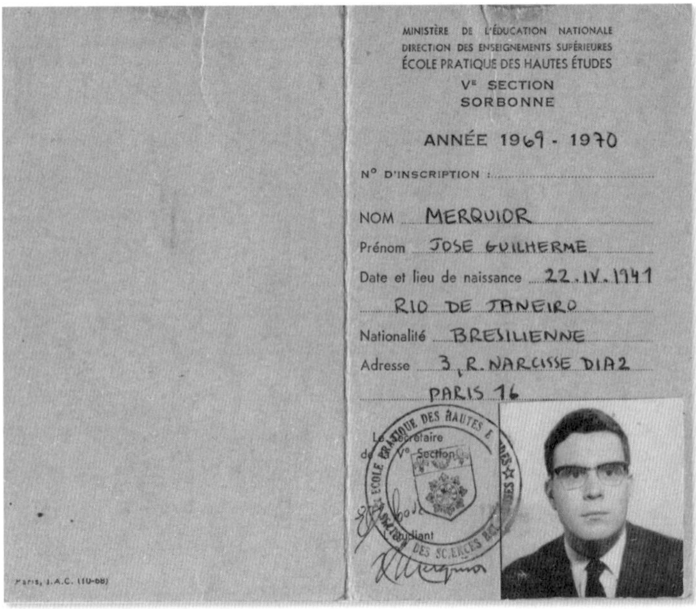
MINISTÈRE DE L'ÉDUCATION NATIONALE
DIRECTION DES ENSEIGNEMENTS SUPÉRIEURS
ÉCOLE PRATIQUE DES HAUTES ÉTUDES
V^E SECTION
SORBONNE

ANNÉE 1969 - 1970

N° D'INSCRIPTION :

NOM MERQUIOR
Prénom JOSE GUILHERME
Date et lieu de naissance 22.IV.1941
RIO DE JANEIRO
Nationalité BRESILIENNE
Adresse 3, R. NARCISSE DIAZ
PARIS 16

Le Secrétaire de la Ve Section

L'Étudiant

No verso da carteira, além da assinatura de Claude Lévi-Strauss, oficializando a participação de Merquior,

[21] "Mesa de encerramento: Depoimentos | Seminário Internacional José Guilherme Merquior", op. cit., minutagem 47:50.

há informações preciosas que ajudam a definir o perfil intelectual do brasileiro:

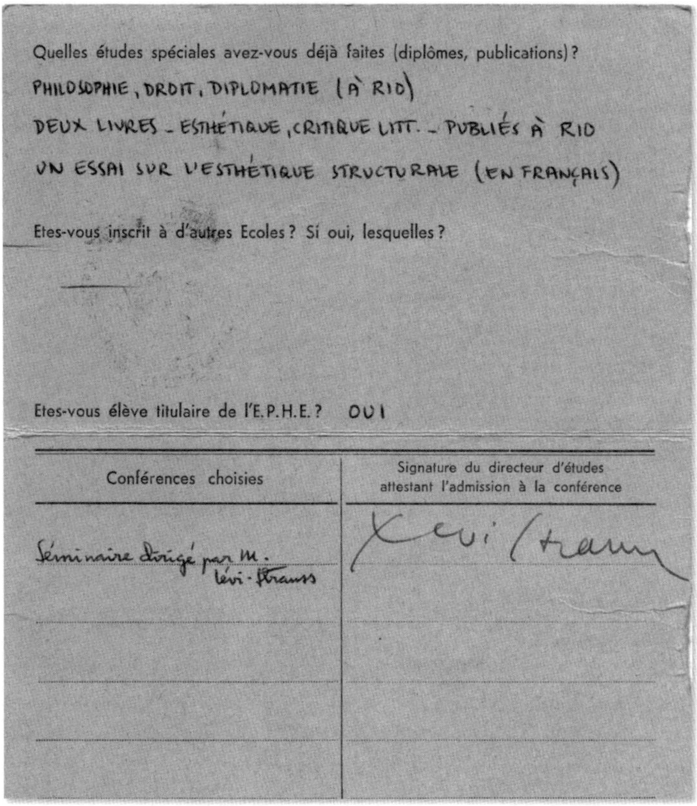
Quelles études spéciales avez-vous déjà faites (diplômes, publications)?
PHILOSOPHIE, DROIT, DIPLOMATIE (À RIO)
DEUX LIVRES – ESTHÉTIQUE, CRITIQUE LITT. – PUBLIÉS À RIO
UN ESSAI SUR L'ESTHÉTIQUE STRUCTURALE (EN FRANÇAIS)

Etes-vous inscrit à d'autres Ecoles? Si oui, lesquelles?

Etes-vous élève titulaire de l'E.P.H.E.? OUI

Conférences choisies	Signature du directeur d'études attestant l'admission à la conférence
Séminaire dirigé par M. Lévi-Strauss	Lévi-Strauss

Na área correspondente a estudos realizados, Merquior informou: "Direito, Filosofia e Diplomacia". Incluiu, com orgulho compreensível, dois livros publicados nos campos "estética e crítica literária". Como estávamos no ano letivo principiado em 1969, sabemos quais são os títulos, *Razão do Poema* (1965) e *Arte e Sociedade em Marcuse, Adorno e Benjamin* (1969). Uma observação chama muito a atenção:

Um ensaio sobre a estética estrutural (em francês)

A que ensaio Merquior se refere exatamente? Mais do que responder à pergunta ginasianamente, podemos rastrear a gênese da escrita do ensaio e, o que vale tanto quanto para a história das ideias, a recepção das reflexões do brasileiro pelo antropólogo francês. Leia-se a impressionante carta enviada por Claude Lévi-Strauss em 22 de janeiro de 1969:

COLLÈGE
DE
FRANCE

CHAIRE
D'ANTHROPOLOGIE SOCIALE

Paris, le 22/1/69

Cher Monsieur,

Si, comme disait Racine, le génie consiste à savoir faire quelque chose de rien, vous avez certainement du génie; car, avant de lire votre texte, je n'aurais jamais imaginé qu'on pût extraire autant de substance (ou, plus exactement, en greffer) sur quelques remarques incohérentes et propos à bâtons rompus que je me suis laissé aller à tenir sur l'art, mais sans prétendre à une réflexion véritable sur ces problèmes. En fait, je suis né et j'ai grandi dans un milieu de peintres (mon père, deux oncles); pendant toute mon enfance et mon adolescence, j'ai moi-même dessiné et peint. Et il me semble que quand je suis, comme malgré moi, entraîné à parler d'art, c'est beaucoup plus comme le substitut honteux et aux trois-quarts inconscient de cette vocation avortée - je touche à l'art au lieu d'en faire - que par l'effet d'une réflexion authentique. Aussi ai-je pu vous lire avec d'autant plus de plaisir et d'intérêt qu'à aucun moment je n'ai été gêné par l'impression que j'étais en cause: tout cela concerne un être larvaire que peut-être j'abrite, mais que je perçois comme corps étranger... J'ai donc beaucoup appris de votre texte, sur moi, sur d'autres et sur vous-même: car ce qu'il y a sans doute de meilleur là-dedans, c'est ce que vous y avez ajouté de votre cru.

Comme preuve de cet intérêt, je prends la liberté de vous joindre ci-inclus quelques textes que vous ne connaissez pas, semble-t-il, et que j'ai fait photocopier à votre intention. Non que j'y attache de l'importance: ce sont des paroles en l'air. Mais elles touchent directement au sujet et je ne les ai pas dites ailleurs. L' interview sur Picasso, qui était beaucoup plus longue, a été très coupée sans mon accord et de façon très maladroite, d'où son allure décousue.

Par ailleurs, et compte-tenu du fait que chacun de son côté, Sartre et Etiemble ont, paraît-il, estimé que mon rapprochement de la musique et de la mythologie était fantaisiste et arbitraire, il ne serait pas inutile de noter qu'il a, à ma connaissance, inspiré deux musiciens: Leibowitz a écrit une Toccata (inédite, je crois) qui reprend et exploite la structure de la section portant ce titre dans le Cru et le cuit; et j'ai lu dans la presse qu'une oeuvre récente de Berio, que je n'ai pas entendue, s'inspirait du même livre. Il pourrait être intéressant d'analyser ces oeuvres.

Sans croire que l'entreprise serait rentable, je dois enfin, par scrupule scientifique, vou signaler qu'il existe de moi des textes très anciens sur l'art et dont j'ai perdu la trace, car ils furent écrits au sortir de l'adolescence: plusieurs articles parus vers 1927-1930 dans l'Etudiant socialiste du temps que j'étais militant, et que, paraît-il, certains commentateurs étrangers ont redécouverts et exhumés; et un texte paru vers 1928-1930 dans la revue surréaliste Documents sous la signature de Georges Monnet (homme politique dont j'étais alors le secrétaire et qui me chargeait d'écrire à sa place), numéro spécial d'hommage à Picasso. Ce dernier texte témoignerait sans doute d'un long itinéraire parcouru jusqu'à l'interview ci-incluse de 1966!

Croyez, cher Monsieur, à mes sentiments bien cordiaux et reconnaissants.

Claude Lévi-Strauss

TSVP →

O caráter reservado e discreto do antropólogo sempre foi muito conhecido, não que não fosse capaz de elogiar seus colegas, mesmo os mais jovens. Em entrevista concedida a *Le Nouvel Observateur*, em 3 de outubro de 2002, Lévi-Strauss deu grande destaque a "livros de 'colegas brasileiros'", nos quais vislumbrava "a grande vitalidade contemporânea da disciplina". O antropólogo pensava em títulos de Manuela Carneiro da Cunha, *Encyclopédie de la Forêt*, "um livro fascinante", e de Eduardo Viveiros de Castro, *L'Inconstance de l'Âme Sauvage*. Na avaliação de Lévi-Strauss: "Eles trabalham principalmente sobre as sociedades ameríndias, mas de igual modo produzem uma reflexão teórica de grande alcance".[22] A carta de 1969 antecipou e reforçou a generosidade do mestre que se permitia encantar com o talento e o brilho de seus alunos. Contudo, o teor da missiva é realmente muito expressivo: Merquior logrou "fazer alguma coisa do nada", merecendo assim ingressar no universo restrito de "le génie", na categorização de Racine. Mais: como diz ao jovem participante de seu Seminário, "antes de ler o texto do senhor",[23] o próprio Lévi-Strauss não se havia dado conta do caráter sistemático de suas observações sobre a estética. Salvo engano, Merquior foi o primeiro a assinalá-lo. Ganha força, pois, a frase do francês: "Aprendi portanto muito com seu texto, sobre mim, sobre outros e sobre o senhor". É como se a partir desse momento a relação com Merquior ganhasse um novo contorno, pois o francês não somente fotocopiou textos seus para o brasileiro, como também indicou artigos de sua juventude, publicados entre 1927 e 1930 em *L'Etudiant Socialiste*, "do tempo", confessava Lévi-Strauss, "em que eu era militante", e um texto saído no mesmo período "na revista surrealista *Documents*, com a assinatura de Georges Monnet". Em outras palavras, o brasileiro não apenas se tornou um participante regular do Seminário, mas sobretudo um interlocutor, posição que se manteve até o prematuro falecimento de Merquior, como se verifica pela correspondência contínua que mantiveram.

---

[22] "Visite à Lévi-Strauss". *Le Nouvel Observateur*. Disponível aqui: https://www.nouvelobs.com/opinions/00030882.EDI0001/visite-a--levi-strauss.html

[23] Faremos neste posfácio traduções livres da correspondência: a edição crítica do carteio terá uma nova tradução. Aqui, traduziremos o *vous* como senhor.

Um pouco menos de dois meses depois do evento "carta-Racine", a prova de fogo chegou, como se depreende de documento encontrado no Arquivo José Guilherme Merquior / É Realizações Editora:

ECOLE PRATIQUE DES HAUTES ETUDES - Ve et VIe Sections

Séminaire de M. C. Lévi-Strauss

<u>Titres des exposés</u>

19 février 1969	Application du test de Triade au vocabulaire de parenté (un exemple Kalenjin et Kikuyu), par Serge TORNAY.
26 février 1969 5 mars 1969	Rapport entre le régime foncier et la structure de la parenté dans un village maronite (Liban), par Robert CRESSWELL.
12 19 mars 1969	Les enigmes Lau, par Mme Elli MARANDA.
26 mars 1969	Quelques thèmes d'esthétique dans le structuralisme, par José Guilherme MERQUIOR.
16 avril 1969	Sur l'interprétation des peintures rupestres paléolithiques, par Annette EMPERAIRE.
23 avril 1969	Exposé et critique du <u>Formal Study of Myth</u> de Buchler-Selby, par Georges KUTUKDJIAN.
30 avril 1969	Mission chez les Indiens Quechwa et Aymara des Hauts-Plateaux andins, Pérou (à partir d'une enquête linguistique) : révoltes paysannes. Essai d'une typologie, par Jacqueline WELLER.

Nom et prénom :

Adresse et téléphone :

Je souhaite participer à la préparation des séminaires suivants :

1.____________________

2.____________________

3.____________________

4.____________________

No dia 26 de março de 1969, Merquior enfrentou o teste temido por todos: a exposição oral no Seminário, seguida da avaliação de Claude Lévi-Strauss e do início das discussões com os demais participantes. Ao que tudo indica, Merquior brilhou nessa ocasião, o que se podia antecipar pela consulta ao verso da "carta-Racine":

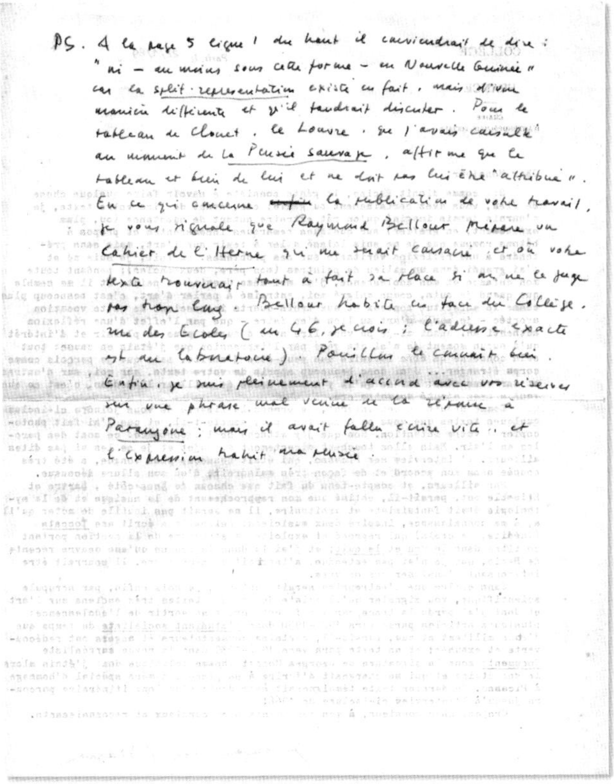
PS. A la page 5 ligne 1 du haut il conviendrait de dire : "ni – au moins sous cette forme – en Nouvelle Guinée" car la split-representation existe en fait, mais d'une manière différente et qu'il faudrait discuter. Pour le tableau de Clouet, le Louvre, que j'avais consulté au moment de la Pensée sauvage, affirme que le tableau est bien de lui et ne doit pas lui être "attribué". En ce qui concerne ~~enfin~~ la publication de votre travail, je vous signale que Raymond Bellour prépare un Cahier de l'Herne qui me serait consacré et où votre texte trouverait tout à fait sa place si on ne le juge pas trop long. Bellour habite en face du Collège, rue des Ecoles (au 46, je crois ; l'adresse exacte est au laboratoire). Pouillon le connait bien. Enfin, je suis pleinement d'accord avec vos réserves sur une phrase mal venue de la réponse à Paragone ; mais il avait fallu écrire vite, et l'expression trahit ma pensée.

Lévi-Strauss sugeriu a Merquior a publicação de seu ensaio no prestigioso *Cahier de l'Herne*, chegando a indicar o endereço do editor de número consagrado a sua obra, Raymond Bellour. Escritor e acadêmico reconhecido, em 1966, Bellour editou o *Cahier de l'Herne* dedicado a Henri Michaux e, em 1971, publicou *Le Livre des Autres – Entretiens avec M. Foucault, C. Lévi-Strauss, R. Barthes, P. Francastel* (L'Herne, 1971). O contato com Merquior parece não ter prosperado, mas talvez possamos supor a qual ensaio Lévi-Strauss se referiu com entusiasmo. Em 1970, no ano seguinte à carta e à apresentação no seminário, na importante *Revue d'Ésthetique*, veio à luz o primeiro ensaio de Merquior escrito em francês sobre o estruturalismo, "Analyse structurale des mythes et Analyse des œuvres d'art".[24] No mesmo ano de 1970, Merquior

[24] Ensaio reproduzido no livro *L'Ésthetique de Lévi-Strauss* (Paris, PUF, 1977, p. 109-28); na reedição da Biblioteca José Guilherme

lançou na prestigiosa *L'Homme* um novo artigo, "Vico e Lévi-Strauss: Notes à propos d'un symposium".[25] Nas palavras de Merquior, "trata-se de uma *convergência*, e não de uma influência do filósofo napolitano sobre o autor de *La Pensée Sauvage*".[26] Destaco o método merquiorano de *aproximação por convergência* entre pensadores porque ele será a bússola da escrita de *Le Structuralisme comme Pensée Radicale*, como veremos adiante.

Mas uma cautela decisiva se impõe. Na "Nota prévia" da tradução para o português de *A Estética de Lévi-Strauss*, Merquior recordou o momento-chave do então distante 1969:

> O estudo que se segue constituiu uma contribuição – exposta oralmente em janeiro de 1969 – ao seminário conjunto de antropologia social do Collège de France e da École des Hautes Études (Paris), dirigido pelo Professor Claude Lévi-Strauss. Tive então o contentamento de ver este trabalho recebido pelo fundador da antropologia estrutural de forma excepcionalmente lisonjeira.[27]

Ora, como dissemos, "Analyse structurale des mythes et Analyse des œuvres d'art" é um capítulo de *L'Esthétique de Lévi-Strauss*. Teria o antropólogo lido todo o ensaio ou somente o artigo publicado na *Revue d'Ésthetique*? A leitura do verso, escrito à mão por Lévi-Strauss, permite esclarecer o problema: ao tratar da *split representation*, no primeiro capítulo, "Art e Société: la peinture corporelle chez les Caduveo", Merquior deveria incluir uma ressalva (e aqui cito em francês para efeito de comparação com o texto publicado em livro na França em 1977):

Merquior: *A Estética de Lévi-Strauss* (tradução de Juvenal Hahne Jr. São Paulo, É Realizações Editora, 2013, p. 123-42).

[25] José Guilherme Merquior, "Vico e Lévi-Strauss: Notes à propos d'un symposium". *L'Homme – Revue Française d'Anthropologie*. Volume X. Cahier 2, MCMLXX, p. 81-93.

[26] Ibidem, p. 81.

[27] José Guilherme Merquior, *A Estética de Lévi-Strauss*, op. cit., p. 9.

> [...] il conviendrait de dire: "*ni – au moins sous cette forme – dans la Nouvelle Guinée*", car la *split representation* existe en fait [...].

Comparemos agora com a redação final do livro:

> [...] *ni – au moins sous cette forme – dans la Nouvelle Guinée*, oú les masques jouent pourtant un rôle très important.[28]

Finalmente o evento "carta-Racine" adquire plena inteligibilidade: o antropólogo foi o primeiro leitor, em janeiro de 1969, do manuscrito do futuro *L'Esthétique de Lévi-Strauss*. Daí, sua surpresa com a novidade teórica formulada por Merquior, assim como a estima que nutria pelo brasileiro, cujo modelo de atuação e de reflexão nada tinha a ver com o figurino dos *nossos estudantes* da década de 1930 em São Paulo, ao menos se confiarmos na memória de Lévi-Strauss. José Mario Pereira evocou esse período do final da década de 1960 e esse sentimento:

> Chegando a Paris, intensifica a compra de livros de sociologia e antropologia. É o período de seu curso com Claude Lévi-Strauss, de quem se tornaria amigo, como se pode depreender das inúmeras cartas trocadas (e da nota de pesar que enviou a Hilda, logo após a morte do ex-aluno, confessando que admirava em Merquior "um dos espíritos mais vivos e mais bem informados de nosso tempo").[29]

Temos ainda uma questão a resolver: por quanto tempo Merquior frequentou o Seminário de Lévi-Strauss? O curriculum vitae preparado pelo próprio diplomata esclarece que ele permaneceu em Paris de 1966 a 1970. No Arquivo José Guilherme Merquior / É Realizações Editora somente encontramos a carteira relativa ao ano letivo de 1969-1970, mesmo período de sua exposição

---

[28] Idem, *L'Ésthetique de Lévi-Strauss*, op. cit., p. 12.

[29] José Mario Pereira, "O fenômeno Merquior". In: José Guilherme Merquior, *Verso Universo em Drummond*. Tradução de Marly de Oliveira. São Paulo, É Realizações Editora, 2012, p. 353.

oral no Seminário. Contudo, a primeira carta enviada pelo antropólogo, escrita em 16 de novembro de 1966, é muito clara: "Uma vez que o senhor tem a intenção de seguir os trabalhos do seminário, ao qual o senhor está regularmente registrado, podemos falar um dia depois da sessão". Em tese, portanto, Merquior frequentou o Seminário de 1966 a 1970. Pois bem: em 6 de outubro de 1975, na escrita de uma carta a Lévi-Strauss, para solicitar uma recomendação do mestre para que o brasileiro começasse um segundo doutorado na London School of Economics (LSE), Merquior confirmou nossa suspeita:

Londres, le 6 Octobre 1975.

Je crois vous avoir parlé en février de mon intention d'obtenir un doctorat en sociologie en Angleterre. Eh bien, après avoir passé bien de mois en me familiarisant avec la littérature sociologique anglaise et américaine la plus récente, je m'apprête à m'inscrire à la London School of Economics, qui reste, à mon avis, le centre le plus vivant de la sociologie britannique.

J'ai un doctorat de la Sorbonne, mais dans le domaine des lettres. Pour pouvoir prétendre au Ph.D. en sociologie, n'ayant aucun dégré supérieure en cette discipline, il faut que je présente à la L.S.E. un dossier plutôt riche sur les éléments de ma formation intellectuelle ayant trait aux sciences sociales.

Je compte pour ce faire présenter quelques publications, dont trois gros livres, entièrement consacrées soit à la sociologie de la culture, soit en particulier à la sociologie de l'art et de la littérature. Pourtant, il s'agit malheureusement de textes presque tous en portugais, et le commité d'admission sera certainement beaucoup plus sensible aux références de mes anciens maîtres sur mon "background" sociologique.

Ma présence, pendant quatre ans (1966-70), dans votre séminaire au Collège de France-EPHE constitue bien entendu mon meilleur titre à ce propos. Un mot de vous sur cette expérience - un mot venant du rénovateur de l'école sociologique française, qui professe depuis Durkheim l'unité profonde de sociologie et anthropologie - serait sans doute décisif pour l'accueil favorable de ma candidature.

Auriez-vous donc la bonté de remplir à cette fin la formule ci-jointe? Je vous remercie d'avance, et de tout mon coeur pour ce que vous puissiez faire à ce sujet.

M. Zavriew, dont vous m'avez si bien dit à Paris au début de cette année, vient d'avoir la gentillesse de l'inviter à votre conférence du 23 Octobre à l'Institut Français. On l'attend ici avec la plus grande impatience.

Je vous prie de croire, cher Professeur, à mon admiration et à mon amitié

Não há mais dúvida: o comitê de admissão do Doutorado em Sociologia da LSE veria com outros olhos a candidatura de Merquior se ele pudesse apresentar uma carta de recomendação de "meus antigos professores sobre o meu background sociológico". Uma declaração de Lévi-Strauss certamente seria decisiva:

> Minha presença, durante quatro anos (1966-1970), no seminário do senhor no Collège de France – École Pratique des Hautes Études constitui, claro está, meu melhor título nesse sentido.

Aliás, a permanência em Paris foi mesmo um milagre de produtividade: vários ensaios e dois livros escritos em francês, ademais de sua primeira Tese de Doutorado, igualmente redigida no idioma de Racine, realizada sob a orientação de Raymond Cantel, e aprovada em 1972 com louvor na Sorbonne. No mesmo dia 6 de outubro de 1975 – no dicionário existencial de Merquior, a palavra procrastinação seria um não-verbete –, o brasileiro escreveu a Cantel para solicitar outra carta de recomendação, na qual se reforçasse a possibilidade de considerar *Verso Universo em Drummond* "uma tese de sociologia da literatura":

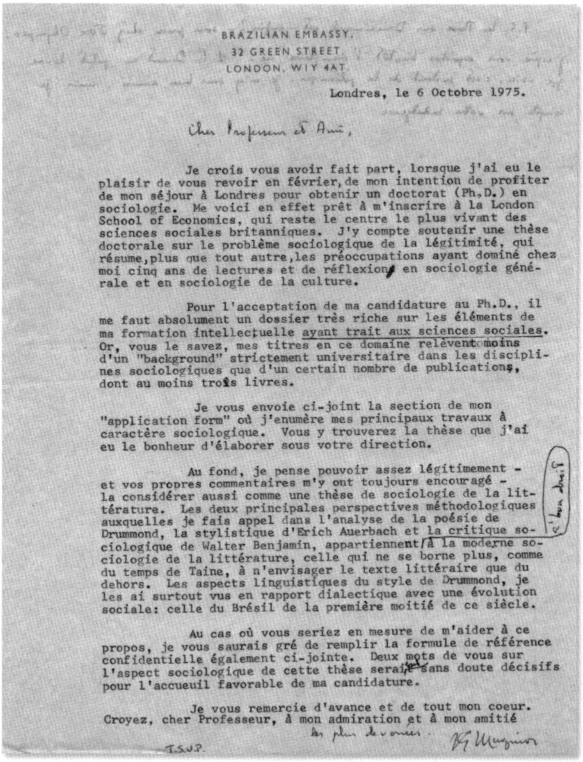

BRAZILIAN EMBASSY.
32 GREEN STREET.
LONDON, W1Y 4AT.

Londres, le 6 Octobre 1975.

Cher Professeur et Ami,

Je crois vous avoir fait part, lorsque j'ai eu le plaisir de vous revoir en février, de mon intention de profiter de mon séjour à Londres pour obtenir un doctorat (Ph.D.) en sociologie. Me voici en effet prêt à m'inscrire à la London School of Economics, qui reste le centre le plus vivant des sciences sociales britanniques. J'y compte soutenir une thèse doctorale sur le problème sociologique de la légitimité, qui résume, plus que tout autre, les préoccupations ayant dominé chez moi cinq ans de lectures et de réflexions en sociologie générale et en sociologie de la culture.

Pour l'acceptation de ma candidature au Ph.D., il me faut absolument un dossier très riche sur les éléments de ma formation intellectuelle ayant trait aux sciences sociales. Or, vous le savez, mes titres en ce domaine relèvent moins d'un "background" strictement universitaire dans les disciplines sociologiques que d'un certain nombre de publications, dont au moins trois livres.

Je vous envoie ci-joint la section de mon "application form" où j'enumère mes principaux travaux à caractère sociologique. Vous y trouverez la thèse que j'ai eu le bonheur d'élaborer sous votre direction.

Au fond, je pense pouvoir assez légitimement - et vos propres commentaires m'y ont toujours encouragé - la considérer aussi comme une thèse de sociologie de la littérature. Les deux principales perspectives méthodologiques auxquelles je fais appel dans l'analyse de la poésie de Drummond, la stylistique d'Erich Auerbach et la critique sociologique de Walter Benjamin, appartiennent à la moderne sociologie de la littérature, celle qui ne se borne plus, comme du temps de Taine, à n'envisager le texte littéraire que du dehors. Les aspects linguistiques du style de Drummond, je les ai surtout vus en rapport dialectique avec une évolution sociale: celle du Brésil de la première moitié de ce siècle.

Au cas où vous seriez en mesure de m'aider à ce propos, je vous saurais gré de remplir la formule de référence confidentielle également ci-jointe. Deux mots de vous sur l'aspect sociologique de cette thèse seraient sans doute décisifs pour l'accueil favorable de ma candidature.

Je vous remercie d'avance et de tout mon coeur. Croyez, cher Professeur, à mon admiration et à mon amitié les plus dévouées.

JG Merquior

T.S.V.P.

Afinal, "as duas principais perspectivas metodológicas" empregadas no estudo da poesia de Carlos Drummond de Andrade, a saber, "a estilística de Erich Auerbach e a crítica sociológica de Walter Benjamin, pertencem, com justiça, à moderna sociologia da literatura". No verso da carta, uma boa nova (*diplomatie oblige*):

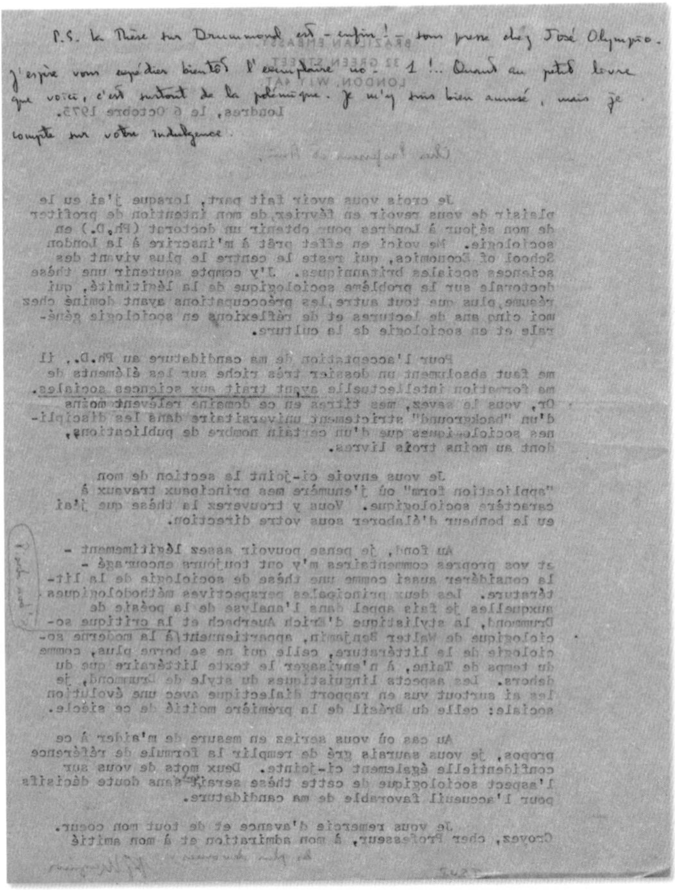
P.S. La Thèse sur Drummond est – enfin! – sous presse chez José Olympio. J'espère vous expédier bientôt l'exemplaire no. 1!.. Quant au petit livre que voici, c'est surtout de la polémique. Je m'y suis bien amusé, mais je compte sur votre indulgence.

Em 1975, apareceu em português a tradução da Tese, feita pela poeta Marly de Oliveira e publicada pela Editora José Olympio.[30] Sem dúvida, "o exemplar nº 1" seria prontamente remetido ao orientador – *comme il*

[30] Edição recente: José Guilherme Merquior, *Verso Universo em Drummond*. Tradução de Marly de Oliveira. São Paulo, É Realizações Editora, 2012.

faut. Aliás, escrita em boa parte durante sua frequentação do Seminário de Lévi-Strauss, a presença do antropólogo na análise da poesia drummondiana é quase uma não-presença: seu nome comparece na Tese apenas em duas páginas.[31]

Este inédito[32]

No ensaio de 1969, *Arte e Sociedade em Marcuse, Adorno e Benjamin*, Merquior mencionou o inédito que ora publicamos em tradução para o português:

> Em nosso ensaio *Le Structuralisme comme Pensée Radicale* (onde os temas desta seção, e da anterior, são desenvolvidos), tentamos demonstrar que, com base na antimetafísica de Heidegger e, em particular, na sua reinterpretação da teoria kantiana de conhecimento, seria possível estender a ideia de afinidade entre Kant – enquanto fonte do pensamento antimetafísico – e Rousseau ao âmbito *global* das suas respectivas obras teóricas.[33]

Menção inaugural, no calor da hora, pois os datiloscritos de *Le Structuralisme comme Pensée Radicale* registram o local e a data de conclusão do livro:

---

[31] Ibidem, p. 275-76.

[32] A antropóloga Manuela Carneiro da Cunha realizou uma importante análise de *Le Structuralisme comme Pensée Radicale* em "Inéditos de José Guilherme Merquior | Seminário Internacional José Guilherme Merquior"; disponível aqui: https://www.youtube.com/watch?v=3p3AUQoGAhQ. Ver a partir de 3:30. De igual modo, o antropólogo Valter Sinder situou o inédito num amplo panorama, no mesmo Seminário: https://www.youtube.com/watch?v=gQOyoIoE6y4. Ver a partir de 57:30.

[33] José Guilherme Merquior, *Arte e Sociedade em Marcuse, Adorno e Benjamin*. São Paulo, É Realizações Editora, 2011, p. 245.

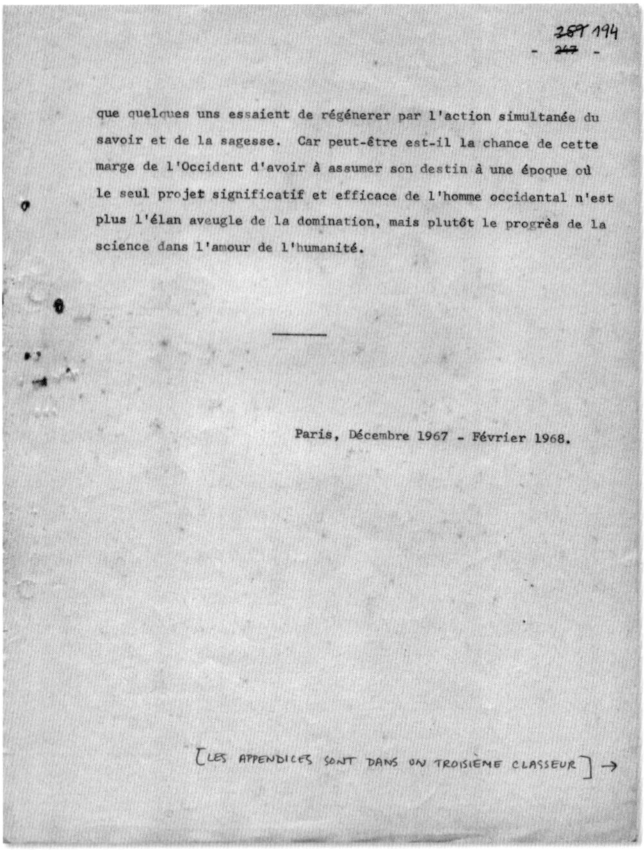

194

que quelques uns essaient de régénerer par l'action simultanée du savoir et de la sagesse. Car peut-être est-il la chance de cette marge de l'Occident d'avoir à assumer son destin à une époque où le seul projet significatif et efficace de l'homme occidental n'est plus l'élan aveugle de la domination, mais plutôt le progrès de la science dans l'amour de l'humanité.

Paris, Décembre 1967 - Février 1968.

[LES APPENDICES SONT DANS UN TROISIÈME CLASSEUR] →

Impressiona a rapidez da escrita: em apenas três meses, o jovem Merquior realizou um percurso que começa em Rousseau e Kant, e chega à década de 1960, num leque de leituras críticas cuja amplitude e complexidade surpreenderam Claude Lévi-Strauss. O objetivo era ambicioso, e, visto retrospectivamente, premonitório, pois a partir do maio de 1968 tornou-se um lugar-comum considerar o estruturalismo conservador, mesmo reacionário, dada sua pretensa recusa da história – ponto que será questionado pelo jovem ensaísta. O ponto-final no texto foi dado em fevereiro de 1968: véspera do terremoto. Merquior abriu o ensaio contestando essa suposição:

> O pensamento de Lévi-Strauss é acusado com frequência de ser uma ideologia reacionária, uma apologia do *status quo* a pretexto de rigor científico – em

suma, um neopositivismo. O objetivo deste ensaio é contestar tal acusação.[34]

Para tanto, Merquior realizou um mergulho ambicioso na tradição filosófica da modernidade ocidental. Em suas palavras:

> É preciso, portanto, a fim de determinar a posição revolucionária da teoria estrutural, assinalar seu lugar no conjunto do pensamento do Ocidente. [...]
>
> É somente após a interpretação de Rousseau que abordaremos a defesa de certa significação do kantismo. Teremos assim desenvolvido a autodefinição do pensamento de Lévi-Strauss como uma espécie de kantismo. Daí a divisão de nosso ensaio em quatro seções: I) a antropologia filosófica de Rousseau; II) de Rousseau a Kant; III) a ontologia de Kant e a questão do ser; IV) o estruturalismo como teoria radical.[35]

Como se não bastasse essa imersão, que conferia ao estruturalismo uma dimensão filosófica até então pouco reconhecida, numa série de apêndices, que chegam a 70 páginas do datiloscrito original, Merquior trouxe à baila um universo de referências, quase o esboço de um novo livro. Vejamos: da influência de Rousseau na formulação da poesia moderna à gramatologia de Jacques Derrida (e recorde-se que *De la Grammatologie* acabara de ser publicado, em 1967, e Merquior já incorporou a leitura que Derrida propôs de Rousseau), passando pela fenomenologia de Husserl e por possíveis paralelos entre Max Weber e Claude Lévi-Strauss, entre outras incursões, sempre muito pessoais, na tradição e no contemporâneo. De volta a Ítaca, sem ajuda de Telêmaco algum, Merquior ousou o passo definitivo: submeteu os originais à leitura do antropólogo.

Podemos supor uma cronologia razoavelmente precisa. O ponto-final em *Le Structuralisme comme Pensée Radicale* foi dado em fevereiro de 1968. No dia 19

[34] Ver, neste livro, p. 153.

[35] Ver, neste livro, p. 101.

de março de 1968 um envelope foi entregue na Avenue Montaigne, 45, endereço da Embaixada do Brasil em Paris; aliás, direção perfeitamente adequada para acolher o jovem ensaísta Merquior:

Aberto o envelope, Merquior encontrou duas páginas de avaliação e de crítica de seu livro:

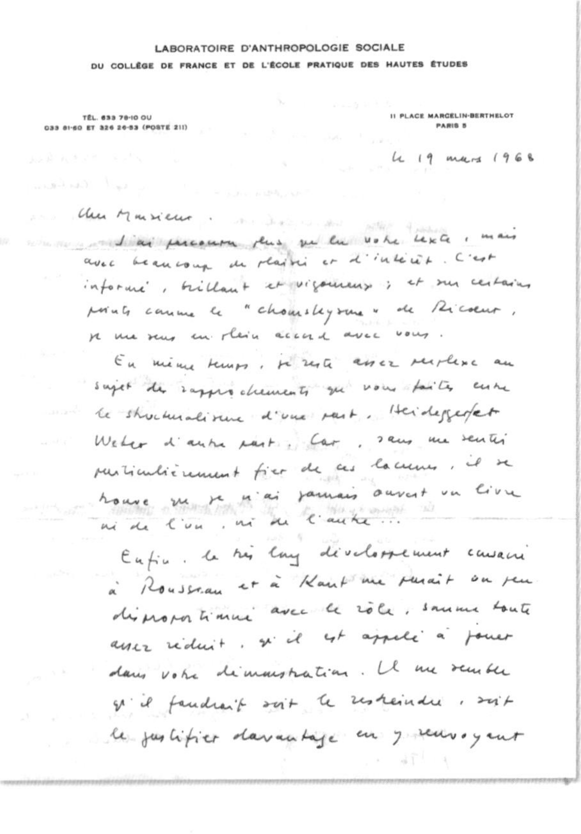

LABORATOIRE D'ANTHROPOLOGIE SOCIALE
DU COLLÈGE DE FRANCE ET DE L'ÉCOLE PRATIQUE DES HAUTES ÉTUDES

TÉL. 633 78-10 OU
033 81-60 ET 326 26-53 (POSTE 211)

11 PLACE MARCELIN-BERTHELOT
PARIS 5

le 19 mars 1968

Cher Monsieur.

J'ai parcouru plus que lu votre texte, mais avec beaucoup de plaisir et d'intérêt. C'est informé, brillant et vigoureux; et sur certains points comme le "chomskysme" de Ricoeur, je me sens en plein accord avec vous.

En même temps, je reste assez perplexe au sujet des rapprochements que vous faites entre le structuralisme d'une part, Heidegger et Weber d'autre part. Car, sans me sentir particulièrement fier de ces lacunes, il se trouve que je n'ai jamais ouvert un livre ni de l'un, ni de l'autre...

Enfin, le très long développement consacré à Rousseau et à Kant me paraît un peu disproportionné avec le rôle, somme toute assez réduit, qu'il est appelé à jouer dans votre démonstration. Il me semble qu'il faudrait soit le restreindre, soit le justifier davantage en y renvoyant

O parágrafo de abertura deve ter sido devorado mais do que lido:

> Eu percorri mais do que li o texto do senhor, mas com muito prazer e interesse. Ele é informado, brilhante, vigoroso; em relação a certos pontos, como o "chomskysmo" de Ricoeur, estou plenamente de acordo com o senhor.

No parágrafo seguinte, uma surpresa: Lévi-Strauss confessou nunca ter lido uma única página de Max Weber e de Martin Heidegger; na verdade, nem sequer abriu um livro dos dois autores. A seguir, um reparo que talvez ajude a compreender a razão pela qual o livro, na década de 1960, não foi publicado na França.

(Quem sabe não terá chegado a hora justa de fazê-lo?)

O antropólogo considerou que a dimensão das seções consagradas a Rousseau e a Kant tornaram o volume desproporcional: é como se Merquior tratasse mais das premissas prévias ao estruturalismo, a fim de mapear seu lugar na tradição filosófica, do que de seu aspecto propriamente antropológico. Problema agravado pelos apêndices de vocação filosófica. O jovem ensaísta sabia do risco:

> Uma objeção imediata, contudo, pode ser levantada contra nosso projeto. É que o estruturalismo lévi-straussiano *jamais se apresentou como uma filosofia*. Consiste num método de análise científica; no máximo, consiste numa teoria das ciências humanas; nunca se definiu, porém, como "ideologia" ou como "visão do mundo". Ora, sendo assim, como poderíamos empreender a caracterização filosófica de uma teoria que recusa a si mesma a condição de filosofia? Essa possibilidade, contudo, se justifica, porque o conjunto de princípios epistemológicos e metodológicos do estruturalismo *pressupõe*, em certa medida,

uma concepção da realidade. É preciso, portanto, sem cometer o erro de tomar os textos de Lévi-Strauss como se fossem literal e sistematicamente páginas de filosofia, buscar enquadrá-los numa interpretação filosófica, *no âmbito dessa pressuposição*.[36]

O risco teria valido a pena? Crítica assimilada, Merquior virou a página preocupado:

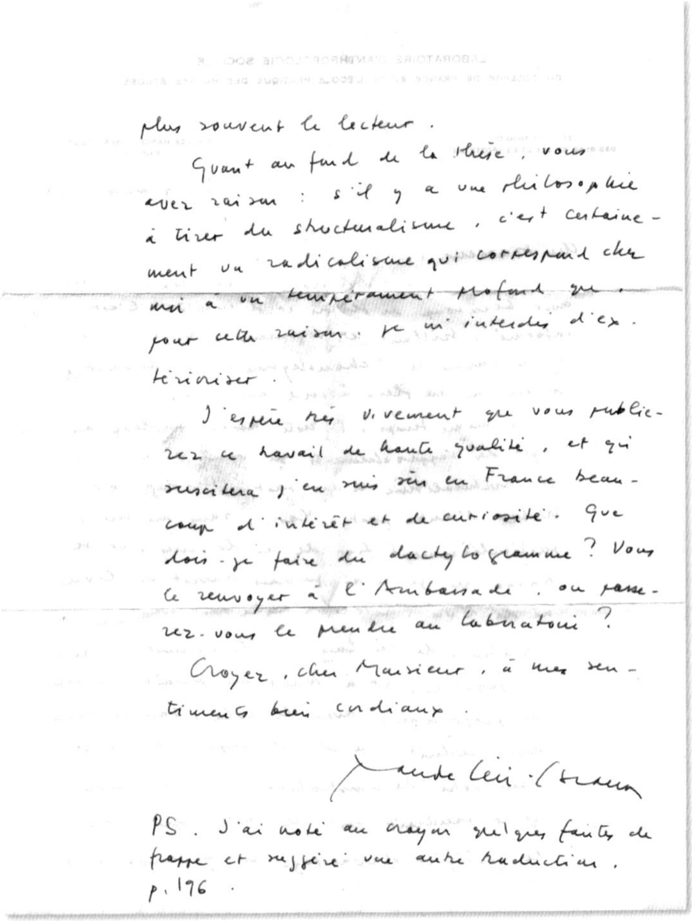
plus souvent le lecteur.

Quant au fond de la thèse, vous avez raison : s'il y a une philosophie à tirer du structuralisme, c'est certainement un radicalisme qui correspond chez moi à un tempérament profond que, pour cette raison, je m'interdis d'extérioriser.

J'espère très vivement que vous publierez ce travail de haute qualité, et qui suscitera, j'en suis sûr, en France beaucoup d'intérêt et de curiosité. Que dois-je faire du dactylogramme? Vous le renvoyer à l'Ambassade, ou passerez-vous le prendre au laboratoire?

Croyez, cher Monsieur, à mes sentiments bien cordiaux.

Claude Lévi-Strauss

PS. J'ai noté au crayon quelques fautes de frappe et suggéré une autre traduction, p. 196.

No tocante ao argumento principal, o senhor tem razão: se há uma filosofia a extrair do estruturalismo, é certamente seu radicalismo [...].

[36] Ver, neste livro, p. 58, grifos do autor.

(Pronto! No parágrafo seguinte, a confirmação da fecundidade da ousada leitura proposta por Merquior.)

> Espero muito que o senhor publique seu trabalho de alta qualidade, e que suscitará na França, tenho certeza, muito interesse e curiosidade.

Veremos a seguir que Lévi-Strauss indicou o ensaio para publicação em duas editoras de prestígio, confirmando sua avaliação extremamente positiva do ensaio.

Próximo passo: encontramos no Arquivo uma carta de Merquior datada de 7 de julho de 1968, escrita para um dos responsáveis pela Editora Gallimard:

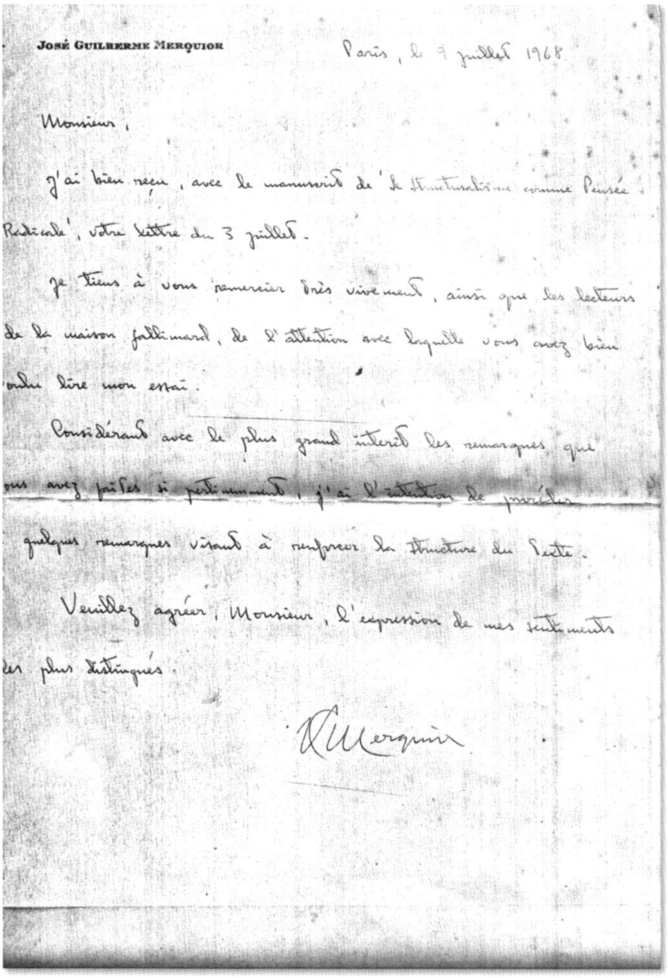

José Guilherme Merquior

Paris, le 9 juillet 1968.

Monsieur,

J'ai bien reçu, avec le manuscrit de 'Le Structuralisme comme Pensée Radicale', votre lettre du 3 juillet.

Je tiens à vous remercier très vivement, ainsi que les lecteurs de la maison Gallimard, de l'attention avec laquelle vous avez bien voulu lire mon essai.

Considérant avec le plus grand intérêt les remarques que vous avez faites si pertinemment, j'ai l'intention de procéder quelques remarques visant à renforcer la structure du texte.

Veuillez agréer, Monsieur, l'expression de mes sentiments les plus distingués.

JGMerquior

Indiretamente, a resposta de Merquior permite reconstruir o juízo dos leitores da Gallimard, que parecem ter insistido na ressalva já levantada por Lévi-Strauss, ou seja, o desequilíbrio da estrutura do texto deveria ser corrigida – pelo menos, alguma mudança se impunha, como se deduz da carta do brasileiro. No Arquivo não encontramos desdobramentos do diálogo com a Gallimard. No entanto, no ano seguinte, mais precisamente em 25 de julho de 1969, Merquior recebeu outra missiva de uma editora de prestígio – agora da Plon. Uma surpresa:

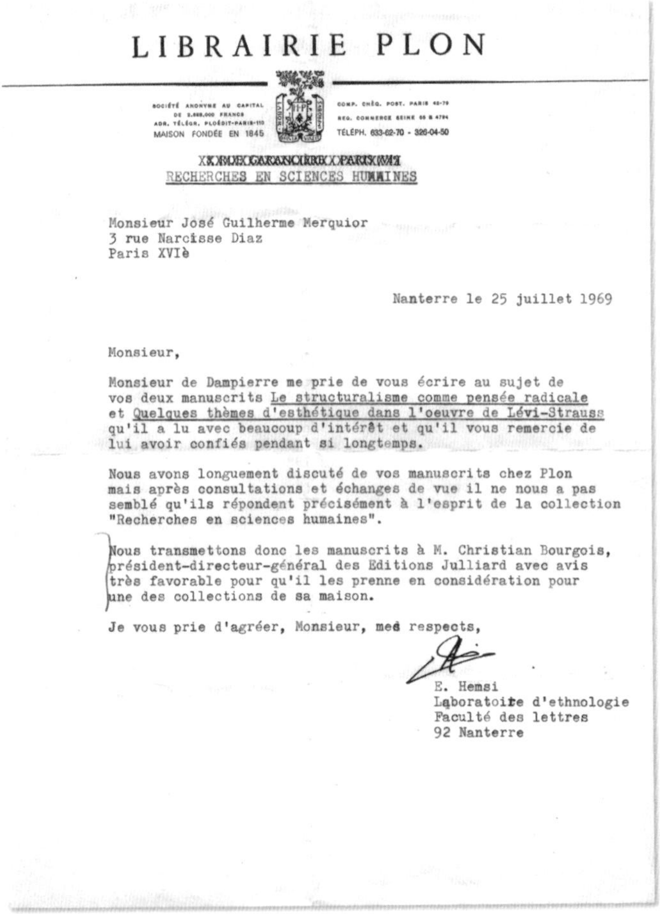

LIBRAIRIE PLON

SOCIÉTÉ ANONYME AU CAPITAL DE 2.888.000 FRANCS
ADR. TÉLÉGR. PLOÉDIT-PARIS-110
MAISON FONDÉE EN 1845

COMP. CHÈQ. POST. PARIS 42-79
REG. COMMERCE SEINE 55 B 4794
TÉLÉPH. 633-62-70 - 326-04-50

RECHERCHES EN SCIENCES HUMAINES

Monsieur José Guilherme Merquior
3 rue Narcisse Diaz
Paris XVIè

Nanterre le 25 juillet 1969

Monsieur,

Monsieur de Dampierre me prie de vous écrire au sujet de vos deux manuscrits Le structuralisme comme pensée radicale et Quelques thèmes d'esthétique dans l'oeuvre de Lévi-Strauss qu'il a lu avec beaucoup d'intérêt et qu'il vous remercie de lui avoir confiés pendant si longtemps.

Nous avons longuement discuté de vos manuscrits chez Plon mais après consultations et échanges de vue il ne nous a pas semblé qu'ils répondent précisément à l'esprit de la collection "Recherches en sciences humaines".

Nous transmettons donc les manuscrits à M. Christian Bourgois, président-directeur-général des Editions Julliard avec avis très favorable pour qu'il les prenne en considération pour une des collections de sa maison.

Je vous prie d'agréer, Monsieur, mes respects,

E. Hemsi
Laboratoire d'ethnologie
Faculté des lettres
92 Nanterre

A carta mencionou a avaliação de dois livros: *Le Structuralisme comme Pensée Radicale* e *Quelques Thèmes d'Esthétique dans l'Oeuvre de Lévi-Strauss*. Este segundo título corresponde claramente ao futuro *L'Esthétique de Lévi-Strauss*. Mais uma vez, a editora declinou da publicação dos ensaios, muito embora os manuscritos tenham sido cuidadosamente discutidos, mas chegou-se à conclusão de que não se encaixavam no perfil dos volumes da coleção Recherches en Sciences Humaines. Ademais, a própria editora tomou a iniciativa de encaminhar, com recomendação muito favorável, os originais para Christian Bourgois das Éditions Julliard. No Arquivo não encontramos rastro desse possível contato. O que sabemos de concreto é que *Le Structuralisme comme Pensée Radicale* nunca foi publicado e *L'Esthétique de Lévi-Strauss* veio à luz em edição da prestigiosa Presses Universitaires de France (PUF) em 1977.

Uma ou duas palavras sobre essa edição.

Vejamos a definição de seus propósitos:

CROISÉES

Collection dirigée par
Jean-Marie Benoist

Aujourd'hui, les savoirs aspirent à un dialogue fécond, apte à les délivrer des classifications rigides : sciences exactes, sciences humaines.

La collection CROISÉES se propose de rassembler des chercheurs et des écrivains venus des horizons les plus divers du monde de la connaissance, et elle entend faire avancer le travail interdisciplinaire en leur permettant d'analyser de façon précise les problèmes et les concepts communs à deux ou à plusieurs disciplines.

Dirigée par Jean-Marie Benoist, philosophe attentif aux travaux les plus récents des sciences humaines, auteur de *La révolution structurale* (Grasset, 1975) et de *Tyrannie du logos* (Minuit, 1975), la collection CROISÉES substitue au culte périmé du scientisme rationaliste le défi d'un gai savoir qui se cherche à travers les réseaux du symbolique et de l'imaginaire. Par là se trouve rappelée l'interrogation la plus ancienne et la plus jeune de la recherche philosophique : que puis-je savoir ? et, en un sens neuf, l'épistémologie vient renouer son dialogue avec les scientifiques, récusant les totalitarismes, et se riant des monologues ennuyeux.

CROISÉES

Ouvrages parus

José Guilherme Merquior
L'esthétique de Lévi-Strauss

Christian Delacampagne
Figures de l'oppression

Ouvrages à paraître

Marcel Henaff
Sade, l'invention du corps libertin

Yehuda Elkana
De la science comme système culturel

Francis Wolff
Clinamen : topique de la matière de Lucrèce à nos jours

Jean-Marie Benoist
Actualité de Jean-Jacques Rousseau

O ensaio de Merquior inaugurou a coleção Croisées, cuja proposta era reunir "pesquisadores e escritores oriundos de horizontes os mais diversos do mundo do conhecimento, a fim de promover o trabalho interdisciplinar". Temos aqui algumas pistas.

Em primeiro lugar, a nova coleção era coordenada por Jean-Marie Benoist, filósofo que foi por um período assistente de Claude Lévi-Strauss no Collège de France. A intervenção do antropólogo para a publicação do livro foi decisiva, como se depreende de carta enviada em 6 de abril de 1976:

LABORATOIRE D'ANTHROPOLOGIE SOCIALE
DU COLLÈGE DE FRANCE ET DE L'ÉCOLE DES HAUTES ÉTUDES EN SCIENCES SOCIALES

TÉL. 325.62.11
(POSTE 24-20 ET 24-24)

11 PLACE MARCELIN-BERTHELOT
75231 PARIS CEDEX 05

Paris, le 6 avril 1976

Monsieur José Guilherme Merquior
98 Eaton Place
London SW1
Angleterre

Cher ami,

Absent de Paris pendant quinze jours, j'ai trouvé à mon retour l'original français de votre petit livre et je vais immédiatement m'occuper d'une édition française éventuelle.

Croyez, cher ami, à mes sentiments bien cordiaux.

Claude Lévi-Strauss

O "pequeno livro" a que Lévi-Strauss se refere é *L'Esthétique de Lévi-Strauss*. O antropólogo de fato se "ocupou imediatamente de uma edição francesa", que efetivamente saiu no ano seguinte.

Em segundo lugar, sublinhe-se a abertura da coleção, que "se propose de rassembler des chercheurs *et des écrivains*". Isto é, precisamos imaginar a reação dos leitores das editoras que, no final da década de 1960, reconheceram os méritos do trabalho de Merquior, mas ainda assim decidiram não publicá-lo. Talvez tenham sido vencidos pelo fantasma da especialização. No final da década de 1960, Merquior não possuía títulos propriamente acadêmicos – seu "primeiro" doutorado foi concluído em 1972 e na área de literatura brasileira. Em outras palavras, numa mentalidade universitária altamente hierárquica, o jovem ensaísta brasileiro não dispunha de "autoridade" para propor uma releitura própria da tradição filosófica ocidental de Rousseau a Derrida, a fim de propor um entendimento radical do *estruturalismo em sua dimensão filosófica* – abordagem incomum à época. Nesse sentido, destaca-se, por contraste, a notável recepção de Lévi-Strauss, que somente teve olhos para a qualidade intrínseca da reflexão de Merquior. Abertura que talvez tenha sido favorecida pelas dificuldades que o antropólogo enfrentou em sua carreira, assim como pela sua resistência discreta a certos rituais e protocolos do mundo acadêmico, perpetuadores da associação naturalizada entre hierarquia e autoridade. Naturalização! Palavra que antropólogo algum aceita sem enorme desconfiança. A rebeldia lévi-straussiana pode ter sido decisiva para a acolhida que dispensou ao jovem diplomata sem títulos acadêmicos altissonantes, porém com uma abordagem fascinante de problemas os mais variados.

Vejamos um exemplo marcante dessa rebeldia do jovem militante socialista que, em alguma medida, foi preservada pelo consagrado antropólogo:

> Alguns meses antes de assumir no Colégio de França, um bedel que envelhecera na profissão levou-me de sala em sala para que eu escolhesse em qual delas

daria doravante os meus cursos. Ia indicar uma delas, mas ele me preveniu bruscamente: "Esta não!". E, como eu ficasse espantado, explicou: "Veja, ela está disposta de tal modo que, para subir à cátedra, o senhor terá de atravessar todo o auditório e fazer a mesma coisa quando sair". "E qual é o problema?", perguntei. Ele me deu a seguinte resposta, a seu ver taxativa: "Alguém poderia falar com o senhor". Mantive minha opção, mas – dentro da tradição do Colégio – o professor devia proferir palavras, não acolhê-las e nem mesmo trocá-las.[37]

Felizmente, Claude Lévi-Strauss soube subverter a tradição hierárquica desde o interior das instituições. Por isso, não somente acolheu um jovem ensaísta brasileiro, diplomata (ainda) sem estudos formais de pós-graduação, como também se dispôs a trocar palavras com ele e, como se fosse um leitor de Guimarães Rosa, até mesmo a de repente aprender com seu interlocutor: o verdadeiro gesto do mestre.

A última carta?

Este posfácio já se alonga excessivamente, mas a riqueza do material do Arquivo José Guilherme Merquior / É Realizações Editora exige uma reconstrução cuidadosa do extraordinário percurso intelectual do autor. Seria possível mostrar que em toda a sua obra a inspiração lévi-straussiana permaneceu presente, ainda que com altos e baixos; aliás, fenômeno típico da atitude intelectual livre, mesmo iconoclasta, de Merquior.[38] O apreço, porém, não

---

[37] Claude Lévi-Strauss, *Minhas Palavras*. 2ª edição. São Paulo, Editora Brasiliense, 1984, p. 9.

[38] Numa avaliação arguta: "[...] a análise do estruturalismo é decisiva à formação do pensamento de Merquior. E é sempre importante ressaltar que se ele efetuou muitas críticas à formação do estruturalismo, sua relação com esta vertente é paradoxal". Rodrigo Petronio, "Universo em dissolução". In: José Guilherme Merquior, *Verso Universo em Drummond*. Tradução de Marly de Oliveira. São Paulo, É Realizações Editora, 2012, p. 369.

parece ter arrefecido. No que provavelmente tenha sido a última carta enviada pelo antropólogo, em 27 de novembro de 1990,[39] há um gesto comovente; na verdade, dois:

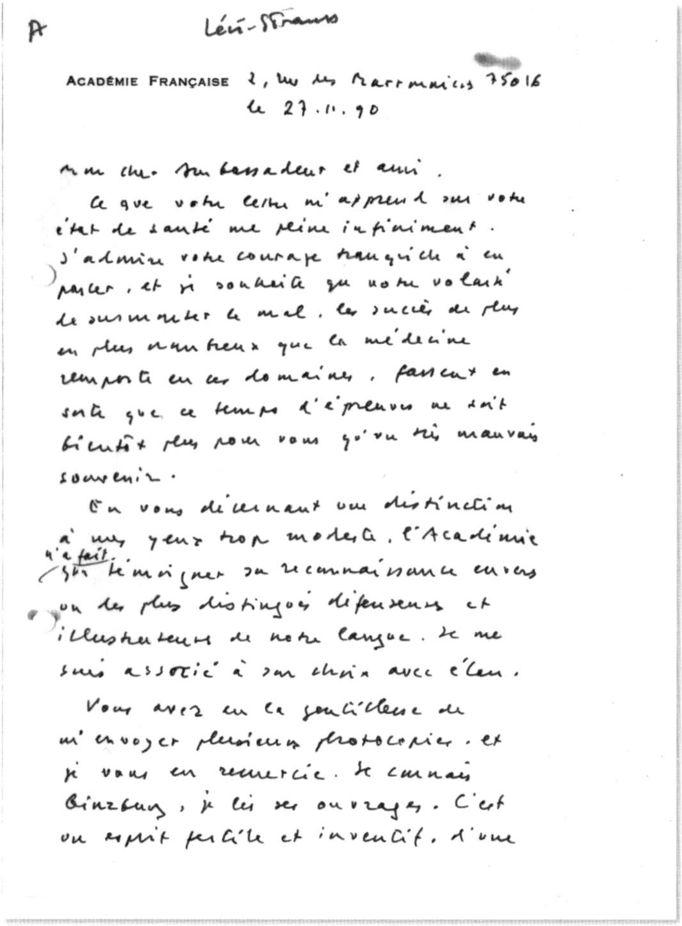

A Lévi-Strauss

ACADÉMIE FRANÇAISE 2, rue des Marronniers 75016
le 27.11.90

Mon cher Ambassadeur et ami,

Ce que votre lettre m'apprend sur votre état de santé me peine infiniment. J'admire votre courage tranquille à en parler, et je souhaite que votre volonté de surmonter le mal, les succès de plus en plus nombreux que la médecine remporte en ces domaines, fassent en sorte que ce temps d'épreuves ne soit bientôt plus pour vous qu'un très mauvais souvenir.

En vous décernant une distinction à mes yeux trop modeste, l'Académie n'a fait que témoigner sa reconnaissance envers un des plus distingués défenseurs et illustrateurs de notre langue. Je me suis associé à son choix avec élan.

Vous avez eu la gentillesse de m'envoyer plusieurs photocopies, et je vous en remercie. Je connais Ginzburg, je lis ses ouvrages. C'est un esprit fertile et inventif, d'une

Visivelmente abalado pela notícia da enfermidade que em pouco mais de um mês vitimaria o intelectual, Lévi-Strauss fez questão de mencionar a Medalha da Francofonia, oferecida pela Academia Francesa, como reconhecimento à atuação de Merquior como "un des plus distingués défenseurs et illustrateurs de notre langue".[40]

[39] José Guilherme Merquior faleceu pouco depois, no dia 7 de janeiro de 1991.

[40] André Gomes Quirino chamou minha atenção para este ponto.

E, com a elegância habitual, deixou o amigo saber de sua participação na homenagem. Na segunda página da carta, o segundo gesto:

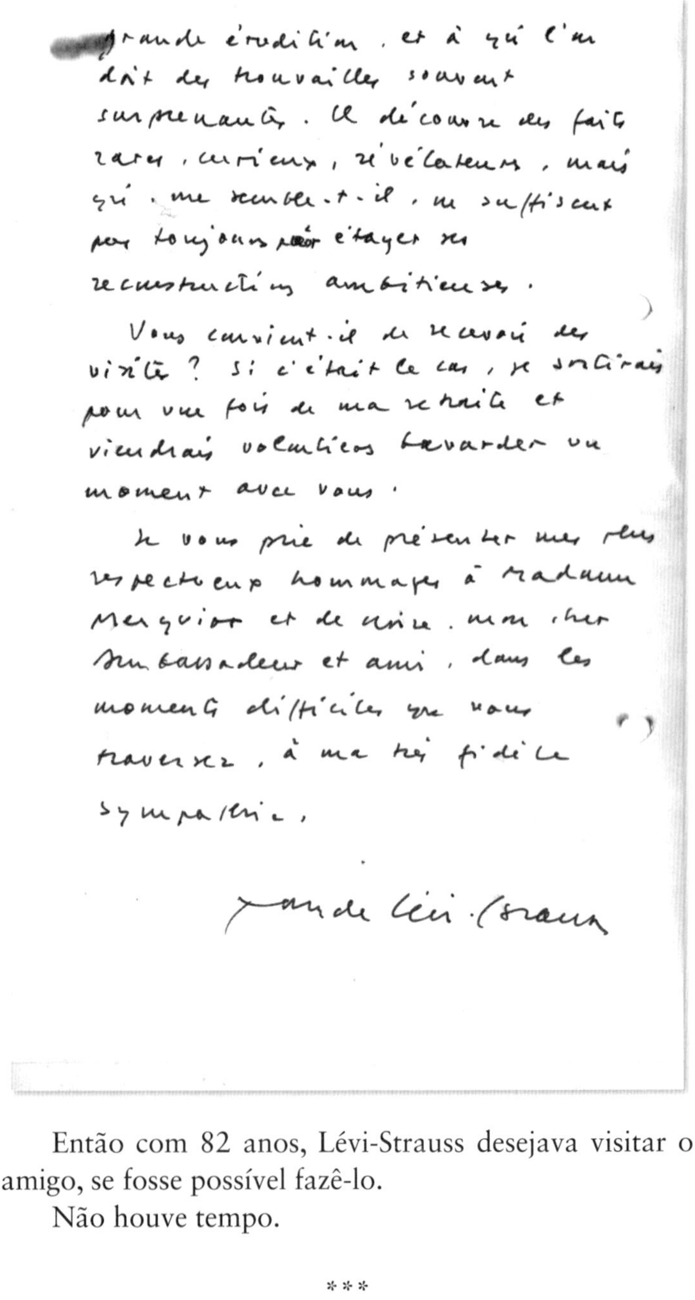

grande érudition, et à qui l'on doit des trouvailles souvent surprenantes. Il découvre des faits rares, curieux, révélateurs, mais qui, me semble-t-il, ne suffisent pas toujours à étayer ses reconstructions ambitieuses.

Vous convient-il de recevoir des visites? Si c'était le cas, je sortirais pour une fois de ma retraite et viendrais volontiers bavarder un moment avec vous.

Je vous prie de présenter mes plus respectueux hommages à Madame Merquior et de croire, mon cher Ambassadeur et ami, dans les moments difficiles que vous traversez, à ma très fidèle sympathie,

Claude Lévi-Strauss

Então com 82 anos, Lévi-Strauss desejava visitar o amigo, se fosse possível fazê-lo.

Não houve tempo.

* * *

Eduardo Viveiros de Castro concluiu seu prefácio à entrevista de Claude Lévi-Strauss, *De Longe*, aludindo ao poema de Andrew Marvell, "The Coy Mistress", cujo primeiro verso, "Had we but World enough and Time", foi evocado por Erich Auerbach na epígrafe de sua obra-prima, *Mimesis*. Nas palavras do antropólogo brasileiro:

> É preciso saber aproveitar os desencontros, enquanto houver tempo, e mundo o bastante.[41]

Esta edição

O Estruturalismo como Pensamento Radical é o primeiro inédito que publicamos no âmbito da Biblioteca José Guilherme Merquior – outros encontram-se em preparo. Hora, pois, para agradecer a André Gomes Quirino e Ian Rebelo Chaves pelo notável trabalho realizado no Arquivo José Guilherme Merquior / É Realizações Editora. Como sempre fazemos em nossas edições, a preparação de índices analítico e onomástico pretende favorecer futuras pesquisas. De igual modo, na seção documental, oferecemos ao público leitor material relevante do Arquivo e atinente ao ensaio agora publicado.

Por fim, os textos de Valter Sinder e Eduardo Cesar Maia enriquecem esta edição, trazendo as reflexões merquioranas para o diálogo contemporâneo.

---

[41] Eduardo Viveiros de Castro, "Prefácio: Desencontros marcados", op. cit., p. 27.

A VOCAÇÃO POLÍTICO-SOCIAL DA ANTROPOLOGIA ESTRUTURAL

Valter Sinder

Entre 1966 e 1970, José Guilherme Merquior – quando ocupava o posto de Secretário da Embaixada do Brasil em Paris – frequentou diversos seminários no Collège de France.

O Estruturalismo como Pensamento Radical, ensaio inédito, escrito originalmente entre dezembro de 1967 e fevereiro de 1968 (quando o autor tinha 26 anos), constitui uma das produções oriundas da participação de Merquior no Seminário Conjunto de Antropologia Social do Collège de France, dirigido por Claude Lévi-Strauss. Texto inédito até o presente momento, foi apresentado ao professor Lévi-Strauss e por este recomendado para publicação, o que acabou não se realizando.

Além deste ensaio, também como resultado dos debates e reflexões nesse Seminário, Merquior iria escrever, em 1969, *A Estética de Lévi-Strauss*,[1] que, em sua defesa da arte como forma de conhecimento, pode ser entendido como um desdobramento de *O Estruturalismo como Pensamento Radical*.

Como apontou Eduardo Cesar Maia, em seu posfácio de *A Estética de Lévi-Strauss*, o texto do jovem Merquior, além de demonstrar admiração pelo conjunto da obra do antropólogo, ultrapassa uma apresentação burocrática e acrítica deste, enfatizando o radical redirecionamento que o *estruturalismo autêntico* teria

---

[1] Em edição recente: José Guilherme Merquior, *A Estética de Lévi-Strauss*. Tradução de Juvenal Hahne Jr., apresentação de João Cezar de Castro Rocha e posfácios de Christopher Domínguez Michael e Eduardo Cesar Maia. São Paulo, É Realizações Editora, 2013.

possibilitado nas chamadas ciências humanas. Um dos méritos inegáveis destes escritos seria o de colocar o pensamento de Lévi-Strauss "em contato (e em confronto) com as principais correntes filosóficas, políticas e estéticas de sua época, sem perder de vista os objetivos particulares do projeto estruturalista de fundamentação de uma base científica para o campo das ciências humanas".[2]

O adjetivo escolhido por Merquior – pensamento *radical* – tanto anuncia de forma precisa o que podemos considerar como o objetivo central do ensaio – o exame do estruturalismo como pensamento radical – como também sinaliza uma oportunidade de participar do debate presente no pensamento francês desde o pós-guerra e ainda incipiente no pensamento social brasileiro. Como afirma François Dosse, em sua instigante *História do Estruturalismo*, no momento da produção desse texto, o debate estruturalista atingia o auge de sua trajetória, e ao mesmo tempo, paradoxalmente, instituía-se o marco de sua desconstrução.[3]

Segundo Dosse, Claude Lévi-Strauss (1908-2009), Roland Barthes (1915-1980), Jacques Lacan (1901-1981) e Michel Foucault (1926-1984) ocupavam, junto a um grande número de atores, um papel radical dentro do debate que se desenrolava no pensamento crítico francês. Suas ideias, mesmo quando rejeitadas, marcaram vigorosamente o conceito que se tem das Ciências Humanas, de seu objeto e de seus métodos.

O abalo na crença da supremacia da razão ocidental, assumida como princípio de inteligibilidade universal, havia trazido ao debate repertórios culturais que até então não eram levados em conta. As linguagens são entendidas

[2] Eduardo Cesar Maia, "A arte como forma de conhecimento: uma leitura de *A Estética de Lévi-Strauss*". In: José Guilherme Merquior, *A Estética de Lévi-Strauss*, op. cit., p. 149.

[3] Cf. François Dosse, *História do Estruturalismo*. 2 vols. Bauru, Edusc, 2007.

como constitutivas da totalidade dos fenômenos sociais – colocando em xeque o primado da razão e a inabalável presença dos grandes sujeitos. A estrutura e o inconsciente se fazem presentes.

Contra o saber da velha Sorbonne, chegava ao auge o projeto estruturalista de universalidade em sua apreensão inteligível de processos globais que, surpreendendo o homem em sua estrutura, caminhavam a passos largos em direção à contestação e à contracultura. O humanismo – tomado no sentido em que supõe um homem senhor de seu destino, que poderia ser, e seria, aperfeiçoado – estava sendo, do outro lado da rua, no mesmo Quartier Latin, no Collège de France, contestado em diversos níveis.

Como assinala José Jobson Arruda, em sua apresentação da *História do Estruturalismo*, "o impacto mais imediato do estruturalismo foi a implosão do paradigma sartreano, pois, ao entender as linguagens como constitutivas da totalidade dos fenômenos sociais, punha em xeque o primado da razão, a supremacia dos grandes sujeitos, o culto ao existencialismo".[4]

Visto em relação ao existencialismo sartreano ou a certa leitura do marxismo, tal posicionamento acabou por levar o estruturalismo a ser *acusado* de "decretar a morte do homem, de ser anti-humanista e de recusar a Historia, isto é, privilegiar sistemas e processos em detrimento de agentes sociais, unificando a variedade de tipologias sociais em modelos sintéticos e sumários, reduzindo a variada complexidade relacional àquelas que sobrelevaram o papel atribuído ao sincrônico em relação ao diacrônico na sociedade humana".[5]

Segundo esses críticos, em nome da ciência, a busca de um método que se propunha a prover a inteligibilidade global da humanidade, o estruturalismo acabou por se constituir como uma ideologia reacionária, uma apologia

---

[4] José Jobson Arruda, "Apresentação". In: François Dosse, *História do Estruturalismo*, vol. 1. Bauru, Edusc, 2007, p. V.

[5] Ibidem.

do *status quo* que, a pretexto do rigor científico, nada mais seria do que um neopositivismo.[6]

O ensaio de Merquior examina questões que são fundamentais para a compreensão do estruturalismo em geral e o de Lévi-Strauss em particular, buscando contribuir para o esclarecimento e a contestação das *acusações* que vinham sendo apresentadas, e, ao mesmo tempo, propor uma *conversa* com diferentes proposições filosóficas.

Tal empreitada, nos diz Merquior, já realizada por vários pensadores, foi empreendida com sucesso a partir de discussões tópicas, como a questão do progresso e a questão da história. Sem abrir mão dessas questões, mas a fim de ultrapassar discussões isoladas, Merquior propõe examinar a vocação político-social do estruturalismo e, a partir do que entende ser um nível global, *explicitar seu caráter filosófico*. Merquior entende que tal discussão vai permitir uma definição positiva do estruturalismo enquanto pensamento radical, enquanto uma teoria revolucionária.

Nosso crítico-autor está ciente de que o estruturalismo não se propõe como filosofia – muito pelo contrário, em vários momentos se coloca em oposição a esta –, mas sim como método científico. No entanto, a caracterização filosófica do estruturalismo "se justifica, porque o conjunto de princípios epistemológicos e metodológicos do estruturalismo *pressupõe*, em certa medida, uma concepção da realidade. É preciso, portanto, sem cometer o erro de tomar os textos de Lévi-Strauss como se fossem literal e sistematicamente páginas de filosofia, buscar enquadrá-los numa interpretação filosófica, *no âmbito dessa pressuposição*".[7]

Para realizar tal projeto, ou seja, afirmar a interpretação do estruturalismo como pensamento radical e teoria revolucionária, Merquior estabelece quatro linhas fundamentais de análise, de acordo com as quais ele estrutura as seções do livro: I) a antropologia filosófica de

---

[6] Ver, neste livro, p. 15.

[7] Ver, neste livro, p. 16.

Rousseau; II) de Rousseau a Kant; III) a ontologia de Kant e a questão do ser; IV) o estruturalismo como teoria radical; e ainda desdobra o texto em quatro apêndices, onde enfoca em sequência: a) Rousseau e o nascimento da poesia moderna; b) as relações entre a filosofia e a análise estrutural; c) a fenomenologia e o estruturalismo; d) Lévi-Strauss e Max Weber.

Não pretendo aqui realizar uma análise exaustiva dos tópicos levantados por Merquior, empreendimento que, sem dúvida, exigiria maior detalhamento. Pretendo, sim, destacar algumas questões que considero fundamentais para acompanharmos a viagem que nos é proposta para a compreensão do radicalismo político-social da antropologia estrutural nas ciências sociais, enquanto um humanismo crítico.

Para além do *cogito*: a piedade e o astrônomo das ciências sociais

Em conferência apresentada em junho de 1962, por ocasião das cerimônias do 250º aniversário do nascimento de Jean-Jacques Rousseau, Lévi-Strauss rendeu homenagem ao pensador, apontando ter Rousseau fundado a etnologia, ao distinguir *o objeto próprio do etnólogo e do moralista e do historiador*: "Quando se quer estudar o homem, é preciso aprender a dirigir a visão para longe; é preciso antes de tudo observar as diferenças para descobrir as propriedades" (*Essai sur l'Origine des Langues*, cap. VIII).[8] Como sinaliza e enfatiza Merquior, não seria esta proposição o próprio programa estruturalista? Sim, sem dúvida.

Lévi-Strauss vai desenvolver essa questão, em especial no que diz respeito ao método, em um artigo programático – "Lugar da antropologia nas ciências sociais e problemas colocados por seu ensino", publicado originalmente

[8] Claude Lévi-Strauss, "Jean-Jacques Rousseau, fundador das ciências do homem". In: *Antropologia Estrutural Dois*. Rio de Janeiro, Tempo Brasileiro, 1976, p. 42-43.

em 1954, em uma coletânea organizada pela Unesco que tinha por intuito explicitar a posição das ciências sociais no ensino superior, e que seria republicado, ligeiramente modificado, em *Antropologia Estrutural*, em 1958. Como diz Lévi-Strauss, podemos entender o antropólogo "como o astrônomo das ciências sociais".[9]

No entanto, além da importância dessa antecipação teórica, é um outro aspecto da obra de Rousseau que Lévi-Strauss parece privilegiar nessa conferência, ao colocar o filósofo como fundador da antropologia. Como destaca Merquior, "de fato, embora Jean-Jacques Rousseau recomendasse o 'estudo dos homens mais longínquos', entregou-se sobretudo 'ao daquele homem particular que lhe parece mais próximo, isto é, ele mesmo'. Como é possível que o autor das *Confissões*, o fundador da verdadeira literatura egocêntrica, tenha se tornado o exemplo da atitude etnológica, do conhecimento do outro? É que, para Rousseau, o estudo de si era acompanhado de uma uma 'recusa obstinada de identificação consigo mesmo'".[10]

Seguindo de perto a argumentação do artigo, Merquior sinaliza a existência desse mesmo paradoxo no cerne da experiência antropológica e destaca a seguinte passagem de Lévi-Strauss: "Cada vez que está no campo, o antropólogo se vê entregue a um mundo em que tudo lhe é estranho, não raro hostil. Só lhe resta aquele *eu* do qual ainda dispõe para permitir que sobreviva e realize sua pesquisa; mas um *eu* físico e moralmente flagelado por fadiga, fome, desconforto, choque contra hábitos adquiridos, advento de preconceitos insuspeitados; e que se descobre nessa conjuntura estranha, tolhido e estropiado por todas as irregularidades de uma história pessoal que, no início, originou sua vocação, mas a partir daí afetará seu curso. Na experiência etnográfica, por conseguinte, o observador toma a si mesmo como instrumento de

---

[9] Idem, "Lugar da antropologia nas ciências sociais e problemas colocados por seu ensino". In: *Antropologia Estrutural.* Rio de Janeiro, Tempo Brasileiro, 1975, p. 422.

[10] Ver, neste livro, p. 23.

observação; com toda a certeza, é-lhe necessário aprender a conhecer-se a si mesmo, a obter de um *si*, que se revela como *outro* ao *eu* que o utiliza, uma avaliação que se tornará parte integrante da observação de outros *sis*. Cada carreira etnográfica encontra seu princípio em 'confissões', escritas ou inadmitidas".[11]

Ora, continua Merquior, no contexto da cultura ocidental a autorrecusa exigida pela experiência da aceitação do outro requer a ruptura com a visão de mundo centrada no círculo fechado do *cogito*, passo necessário para fundar as ciências humanas. Para tal, Lévi-Strauss vai mobilizar outra faculdade capaz de fazer isso: a piedade. A "piedade que, no *Discurso sobre a Origem da Desigualdade*, explica a passagem tripla da natureza à cultura, da afetividade à intelectualidade e do estado animal à condição humana – pelo fato de ser 'o único estado psíquico cujo conteúdo é indissociavelmente afetivo e intelectual, e do qual a tomada da consciência é suficiente para converter de um plano a outro'. De fato, ter piedade de uma pessoa pressupõe a identificação com ela: 'a comiseração será tanto mais enérgica quanto mais intimamente o animal espectador se identificar com o animal sofredor'. Ora, nós nos compadecemos com as dores de todo ser vivo, o que faz com quc, mediante esse sentimento único, a consciência da humanidade coincida com a certeza de nosso pertencimento à natureza".[12]

Além desse artigo em homenagem ao filósofo, Rousseau aparece em vários escritos de Lévi-Strauss,[13] indicando a importância atribuída pelo pensamento lévi-straussiano a questões colocadas pelo *fundador das ciências humanas*.

No mesmo ano da conferência em homenagem a Rousseau, Lévi-Strauss publica *O Totemismo Hoje*,[14]

---

[11] Ver, neste livro, p. 24.

[12] Ver, neste livro, p. 26.

[13] Cf., em especial, Claude Lévi-Strauss, *Tristes Trópicos*. Lisboa, Edições 70, 1979.

[14] Idem, *O Totemismo Hoje*. Lisboa, Edições 70, 2003.

onde afirma que, se devemos ler o *Discurso sobre a Origem da Desigualdade entre os Homens* como o *primeiro tratado de antropologia geral com que conta a literatura francesa*, é porque Rousseau ali estabelece uma epistemologia possível para o problema central da antropologia, que é o da passagem da natureza à cultura. Para Lévi-Strauss, essa passagem deve ser entendida sob a suposição de que o homem natural tomaria consciência de si mesmo, como membro de uma espécie, desde o instante em que lhe acomete um sentimento de comiseração, ou piedade, retirando-o de sua condição natural em que o afetivo e o intelectual se misturam de maneira indissociável. Como assinala Merquior, "na piedade, a aplicação do intelecto – em que se pode ver o traço definidor do advento da cultura – nasce naturalmente do reino do sentimento. Por trás desse sentimento, porém, existe a noção, ainda que inconsciente, da integração do homem à natureza. É por isso que, em *O Totemismo Hoje*, o recurso à piedade serve para elucidar o fenômeno da classificação dos grupos sociais por meio da variedade das espécies naturais".[15]

A piedade assume então a função de mediadora na passagem da natureza à cultura, oferecendo ao pensamento a abertura que o *cogito*, transformado em *substância*, lhe recusava. Além disso, assinala Merquior – em uma passagem que nos parece tão atual –, as ressonâncias morais do fenômeno da compaixão são tão caras a Lévi-Strauss quanto seu papel de princípio pressuposto pela inauguração da cultura. "'A identificação com todas as formas da vida' não é meramente a mola das ciências humanas; é também a única garantia de sabedoria numa época em que a separação entre o homem e a natureza passa por uma intensificação insuportável. O humanismo cego, a exaltação desmedida de nosso poder sobre a natureza, numa total inconsciência do que isso comporta de restrição para nós mesmos, alcança hoje o grau máximo de violência. Ora, Lévi-Strauss – e também Rousseau

---

[15] Ver, neste livro, p. 93.

– atribui a esse delírio de dominação técnica da *physis* a responsabilidade principal pelas injustiças e desgraças da sociedade do nosso tempo – considerada a última e mais aguda metamorfose de um processo milenar. Nessa circunstância, a redescoberta da piedade corresponde ao desencadeamento de uma ação de ruptura radical".[16]

Ruptura radical que, ao dissolver o caráter substantivo do *cogito* cartesiano, elimina também o entendimento do conceito de natureza humana como algo substantivo e superior, recusando a fé no progresso característica dos iluministas. Com Rousseau, nos diz Merquior, a projeção da ideia de estado natural no plano histórico é o primeiro indício da queda da metafísica e da inauguração da época da plena responsabilidade humana.

Responsabilidade humana que aparece como questão em toda a sua potência na filosofia de Kant. Em Kant, no exercício de sua crítica da razão, poderemos encontrar a justificação conceitual dessa revolução radical; o que, diz Merquior, não deveria nos surpreender: "Heine explicou a razão disso, ao dizer, referindo-se a Kant, que ele 'decapitou Deus'. Essa primeira morte de Deus – ainda que não declarada formalmente –, essa primeira recusa de toda explicação sobrenatural da realidade, foi sob muitos aspectos bem mais radical que o célebre falecimento atestado pelo fragmento 125 de *A Gaia Ciência*".[17]

Jean-Jacques Rousseau, fundador das ciências humanas e da antropologia em particular: fundador da nova ciência – principalmente por ter rompido com a filosofia, em especial aquela fundada no *cogito* cartesiano –, não parte mais da subjetividade assumida pelos filósofos. Pelo contrário, a antropologia, segundo proposta por nosso antropólogo-rousseauísta, traz a distinção entre sujeito e objeto para a questão da reflexividade e da escrita, tornando axiomática a implicação permanente entre a escrita de si e o saber sobre o outro.

---

[16] Ver, neste livro, p. 27.

[17] Ver, neste livro, p. 57.

Tal questão, a anulação da distinção entre sujeito e objeto, vai sendo desenvolvida em suas múltiplas consequências no artigo anteriormente citado, "Lugar da antropologia nas ciências sociais e problemas colocados por seu ensino". Nesse artigo, tendo como ponto de partida a delimitação da antropologia em sua relação com as outras ciências sociais, Lévi-Strauss afirma que "a antropologia não se distingue das demais ciências humanas e sociais por um tema de estudo que lhe seja próprio ou por um tipo especifico de sociedade para a qual se volta". Tanto os temas quanto as sociedades são objetos de estudo compartilhados com outras ciências sociais. Desta forma, pergunta o autor: *o que é então a antropologia?* Por enquanto, diz Lévi-Strauss, "digamos apenas que ela procede de uma certa concepção de mundo ou de um modo original de colocar questões, ambos descobertos *por ocasião* do estudo de fenômenos sociais que não são necessariamente mais simples (como se costuma tender a crer) do que os que se apresentam na sociedade do observador, mas que – em razão das grandes diferenças que manifestam em relação a estes últimos – evidenciam certas *propriedades gerais* da vida social, que os antropólogos tomam como objeto".[18]

Tal mudança implica uma nova forma de encarar as relações que a descrição etnográfica mantém com o mundo sensível. Não se trata mais de simplesmente considerar os fatos sociais como se fossem coisas: a condição humana é compartilhada pelo sujeito com o objeto. Exatamente por isso, o risco de atribuir ao primeiro respostas que gostaríamos que fossem dadas é muito grande. Para que isso não aconteça, deve ser possível alcançar a objetividade, condição *sine qua non* para que se fique do lado da ciência, sem que o pesquisador se confunda com o objeto. Assume-se, pois, que a distância, alguma distância, *um optimum de*

[18] Claude Lévi-Strauss, "Lugar da antropologia nas ciências sociais e problemas colocados por seu ensino", op. cit., p. 387.

diversidade faz-se necessário para que se possa ver. Como afirma Lévi-Strass em sua "Introdução à obra de Marcel Mauss", "toda sociedade diferente da nossa é objeto, todo grupo de nossa sociedade, desde que não seja o de que saímos, é objeto, todo costume desse nosso grupo ao qual não aderimos é objeto".[19] Adotando essa postura, o antropólogo pode se tornar, como quer Lévi-Strauss, o "astrônomo das ciências sociais".

Uma vez colocada a necessidade do estabelecimento da *distância* entre o sujeito e o objeto, faz-se necessário o estabelecimento de (novas) regras do método sociológico, que o tornem possível, sem que se caia na ilusão positivista, ou em alguma viagem metafísica, ou em um delírio subjetivista. Como afirma Merquior, "se a ciência é a superação da evidência imediata do senso comum rumo a significações mais profundas, a análise estrutural assume a responsabilidade dessa superação".[20] Na "Introdução" que Lévi-Strauss faz à obra de Marcel Mauss, em 1950, essa questão será explicitada. Ao introduzir a nova edição do *Ensaio sobre a Dádiva*, onde Mauss se questionava sobre os fundamentos da reciprocidade nas sociedades primitivas, Lévi-Strauss irá apontar ter Mauss acabado por adotar a visão nativa (em detrimento de uma análise crítica) ao ter localizado o princípio da reciprocidade no *hau*, no espírito da coisa. A teoria nativa, produto da consciência, seria uma elaboração do pensamento nativo, e não uma explicação real. Para que o real seja atingido, Lévi-Strauss propõe que se ultrapassem os dados empíricos e as relações sociais explicitadas mediante a construção de modelos verdadeiros. Para tal, não se deveria procurar a explicação dos eventos em uma articulação causal, mas sim em uma análise de sua função inconsciente.

O estruturalismo tal qual proposto por Lévi-Strauss, ciente dos perigos tanto do particularismo quanto da

---

[19] Idem, "Introdução à obra de Marcel Mauss". In: Marcel Mauss, *Sociologia e Antropologia*. São Paulo, Edusp, 1974, p. 18.

[20] Ver, neste livro, p. 235.

projeção de uma subjetividade etnocêntrica sobre a realidade a ser analisada, vai se dirigir para algum lugar aquém da cultura e da consciência. Assim procedendo, parece, ter-se-ia garantida, em um outro plano, a possibilidade epistemológica de saber sobre a diferença. Não é apenas a piedade, são também as sensações, as emoções, o que é vivido na relação com o outro que deixa de ser excluído e se torna parte do processo da ciência e da produção de conhecimento. Ou seja, para se atingir o real dever-se-ia abandonar o já sabido e privilegiar o inesperado e o não compreendido daquilo que vai ser vivido na singularidade das práticas sociais que acontecem na experiência etnográfica.

Tal parece ser o sentido da aceitação por Lévi-Strauss do comentário de Paul Ricoeur, proferido no debate geral dedicado pela revista *Esprit* à obra de Lévi-Strauss, em novembro de 1963, de que o estruturalismo seria um kantismo sem sujeito transcendental. Conforme esclarece Merquior, a colocação de Ricoeur deve ser entendida como a dizer que as análises realizadas por Lévi-Strauss dos sistemas de parentesco, das classificações totêmicas ou dos conjuntos de mitos[21] apontam – segundo os termos do próprio Lévi-Strauss – para "uma transposição da pesquisa kantiana ao âmbito etnológico, com a diferença de que, em vez de usar a introspecção ou refletir sobre o estado da ciência na sociedade particular em que o filósofo se encontra, transportamo-nos aos limites, por meio da pesquisa do que pode haver de comum entre a humanidade que nos parece mais distante e a maneira como nossa própria mente trabalha – na tentativa, portanto, de depreender propriedades fundamentais e imperativas para toda mente, seja qual for".[22]

---

[21] Cf. Claude Lévi-Strauss, *As Estruturas Elementares do Parentesco* (Petrópolis, Vozes, 1974); *O Totemismo Hoje* (Lisboa, Edições 70, 2003); *O Pensamento Selvagem* (São Paulo, Companhia Editora Nacional, 1976); *O Cru e o Cozido – Mitológicas I* (São Paulo, Cosac Naify, 2006).

[22] Ver, neste livro, p. 17.

Golpe final no primado da razão e na supremacia dos grandes sujeitos. A estrutura e o inconsciente se fazem presentes. A análise estrutural está comprometida com a dissolução do homem, anunciando o esgotamento da episteme pós-clássica.[23]

A ANTROPOLOGIA COMO PENSAMENTO RADICAL: A FAVOR DE UM HUMANISMO CRÍTICO

Em *Crítica da Filosofia do Direito de Hegel*, temos a proposição de Karl Marx segundo a qual *ser radical é tomar as coisas pela raiz. Mas, para o homem, a raiz é o próprio homem*. Ou, em uma versão mais axiomática: *Ora, a raiz do homem é o próprio homem.*[24]

Essa proposição será retomada por diversos pensadores, seja para fundamentar as teses de um humanismo marxista, seja para denunciar seu caráter idealista e ainda feuerbachiano, apontado por Althusser como um humanismo teórico que constitui um obstáculo epistemológico ao avanço do materialismo histórico e à própria caracterização da espécie humana.[25]

A tradição humanista vai ser atacada por vários flancos. Merquior sinaliza a importância da querela e apresenta o estruturalismo como uma forma de ultrapassar as versões humanistas: seja a iluminista, seja a metafísica. É na dissolução da oposição entre natureza e cultura que Philippe Descola, em sua argumentação sobre as duas naturezas na obra de Lévi-Strauss, localiza a possibilidade de uma nova relação com o *Discurso sobre a Origem e o Fundamento da Desigualdade entre os Homens*. Se a Antropologia pode vir a ser uma nova disciplina nas ciências humanas, é porque se rompem os fundamentos

---

[23] Michel Foucault, *As Palavras e as Coisas – Uma Arqueologia das Ciências Humanas*. São Paulo, Martins Fontes, 2000.

[24] Cf. Karl Marx, *Crítica da Filosofia do Direito de Hegel*. São Paulo, Boitempo, 2013.

[25] Cf. Louis Althusser, "A querela do humanismo II (inédito)". *Crítica Marxista*, vol. 1, nº 14, São Paulo, Boitempo, 2002.

filosóficos da antropologia rousseauísta: "[...] é possível reconhecer na obra de Lévi-Strauss dois conceitos de natureza: por um lado, uma natureza que se opõe à cultura num programa científico formulado em termos classicamente dualistas e, por outro, um teoria do conhecimento decididamente monista que considera o espírito como parte e produto desse mesmo mundo. Argumenta-se que, se o dualismo cultura e natureza fundou o pensamento estruturalista de Lévi-Strauss, é na própria obra deste que encontramos os argumentos e meios de superá-lo".[26]

A antropologia como *o remorso do Ocidente* quer refazer, pela ciência e pela não identidade consigo mesmo, o caminho que levou o homem ocidental a impor sua presença dominadora a seus semelhantes e à natureza. A antropologia, contra a filosofia humanista e a concepção da ciência como impossibilidade de exclusividade e certeza sobre o saber do outro, impõe um lugar de escrita marcado por sua posição de enunciado e perspectiva.

Temos agora *A Sociedade contra o Estado*, e *a antropologia contra a filosofia humanista*. Na argumentação apresentada por Merquior, o pensamento da diferença terá sempre uma origem comum com o posicionamento ético e político da enunciação. "Já vimos [...] como o conceito rousseauniano de piedade, retomado por Lévi-Strauss, intervém tanto no plano intelectual como no plano moral. A piedade é o princípio pressuposto pela passagem da natureza à cultura, o fundamento, portanto, da possibilidade das ciências humanas; mas é também a fonte de toda verdade moral em uma época dominada pela exacerbação da distância entre o homem e a vida. Por consequência, o fundamento da teoria social é igualmente a base da ética. Ciência e moral se enraízam no fenômeno da piedade de um modo unitário. A origem comum do saber e da sabedoria, requerida pela reflexão sobre o ser, reside no próprio limiar do pensamento estrutural".[27]

---

[26] Philippe Descola, "As duas naturezas de Lévi-Strauss". *Sociologia e Antropologia*, vol. 1, nº 2, Rio de Janeiro, UFRJ, 2011, p. 51.

[27] Ver, neste livro, p. 114.

Em seu texto "Entre o silêncio e o diálogo", também de 1968, Pierre Clastres afirma que a partir de Lévi-Strauss torna-se finalmente possível escapar à produção de mais um discurso sobre as civilizações primitivas, estabelecendo um verdadeiro diálogo entre elas. Falar *com* e não *por* ou *pelo* outro inaugura a escrita e a conversa como recursos metodológicos, constituindo um novo formato de fazer ciência – e, ao mesmo tempo, reconhece no saber sua articulação inevitável com o poder. Temos então que, "se a etnologia é uma ciência, ela é ao mesmo tempo outra coisa que uma ciência. Em todo caso, é esse privilégio da etnologia que nos parece indicar a obra de Claude Lévi-Strauss como inauguração de um diálogo com o pensamento primitivo; ela encaminha nossa própria cultura em direção a um novo pensamento".[28]

Como dissemos acima, quando afirma a *vocação político-social do estruturalismo*, Merquior reitera que há um radicalismo na possibilidade de pensar o homem descentrado de si mesmo. No entanto, não é o homem a sua própria raiz. "A ciência do homem não pode renunciar a sua dignidade de saber; sua missão, portanto, não é cultivar, em nome de ilusões morais, as banalidades da adulação que o homem dirige a si mesmo. A ciência do homem não é encantamento, magia: é crítica radical, e uma crítica que não se interrompe diante das próprias críticas da sociedade".[29] Ou, dito de um modo mais comprometido com a vocação política evidenciada por ele: "O estruturalismo não deserta da luta: apenas pretende conduzi-la para além das confortáveis ilusões do humanismo retórico".[30]

Merquior conclui então: "Nesse sentido, a crítica ao humanismo é um *humanismo crítico*".[31] O distanciamento do método, aliado à certeza de que a experiência

---

[28] Pierre Clastres, "Entre o silêncio e o diálogo". In: *Lévi-Strauss, L'arc*. São Paulo, Documentos, 1968.

[29] Ver, neste livro, p. 176.

[30] Ver, neste livro, p. 153.

[31] Ver, neste livro, p. 153.

humana ultrapassa em muito o pensamento ocidental e a cultura limitada da perspectiva filosófica humanista, assegura uma produção da crítica a essa mesma limitação. Problematizar a centralidade do homem é trazer para a ciência e para a cultura o não simples da natureza, aquilo que configura um limite do saber e da existência humana substancializada por certa tradição filosófica. Rompe-se a ideia da unidade e surge a possibilidade de fugir à ciência enquanto doutrina e forma de dominação.

Ao postular a igualdade das leis do pensamento para todo o gênero humano, Lévi-Strauss colocará em xeque o conceito filosófico tradicional de racionalidade humana e trará para a filosofia a lógica do concreto. Em *O Pensamento Selvagem*, de 1962, articulando o sensível e o inteligível, Lévi-Strauss conduz à crítica radical da ideia de um progresso da experiência humana. Ao recusar a hierarquização e propor uma *antropológica*, Lévi-Strauss faz emergir a estrutura como modelo de inteligibilidade.

Em *Tristes Trópicos*, publicado em 1955, como observa Merquior, Lévi-Strauss demarca a possibilidade de que o pensamento sobre o outro escape da moral e do etnocentrismo, ao reconhecer que qualquer intervenção sociopolítica apenas seria justificada em nossa própria vida social, e não nas outras sociedades. O *desprendimento* dos nossos valores, e da nossa história como a única possível de ser pensada, permite reconhecer condições de transformação e mudança. "Assim, o conhecimento e o respeito às outras culturas voltam a inspirar a correção de nossa própria sociedade".[32]

Diante das duas grandes ilusões da humanidade apontadas por Rousseau – as crenças de que toda dignidade seria exclusiva da virtude humana em detrimento do *saber* da natureza e, por conseguinte, de que essa virtude seria capaz de conter a violência abjeta sobre o outro –, Lévi-Strauss recusa o dilema natureza-cultura e *a quimera do progresso transcendental da humanidade*. Ao afirmar um *pensamento do exterior* e um pensamento que

---

[32] Ver, neste livro, p. 118.

assegura a legitimidade do conflito ético-moral imanente a cada sociedade, a antropologia estrutural articula epistemologicamente a história e a estrutura. Como aponta Merquior, *a análise estrutural não se contenta em postular a história: leva a repensar o sentido da historicidade*;[33] e concluindo, mais adiante, ele afirma: "A história não é previsível, mas tampouco é arbitrária. O estruturalismo não postula a recusa da história; exige apenas a superação de duas concepções rivais, igualmente insuficientes, da dimensão histórica: o determinismo causal, doença infantil da análise radical; e o mito da história 'criadora', sede da liberdade absoluta, solidária da exaltação humanista do homem e também da incapacidade desta última para compreendê-lo de fato".[34]

A atitude etnocêntrica, de olhar com *piedade* e compaixão para a alteridade, para a multiplicidade de experiências sociopolíticas diferentes das nossas, gerou no pensamento filosófico ocidental uma *experiência limitada*. A antropologia, como uma expressão verdadeira de *simpatia pelo outro*, não faz outra coisa que afirmar uma função política. Como lembra Merquior citando Lévi-Strauss: "As outras sociedades talvez não sejam melhores do que a nossa; mesmo que estejamos propensos a acreditar nisso, não temos à nossa disposição método algum para prová-lo. Ao conhecê-las melhor, ganhamos, no entanto, um meio de nos desprender da nossa; não porque esta seja má de modo exclusivo ou absoluto, mas porque é a única de que devemos nos emancipar: das outras, já estamos naturalmente. Assim nos tornamos capazes de abordar a segunda etapa, que consiste, sem nada reter de sociedade alguma, em usar todas elas para depreender os princípios da vida social que poderíamos aplicar na reforma de nossos próprios costumes, e não na dos costumes das sociedades estrangeiras: em razão de um privilégio inverso ao anterior, é somente a sociedade à qual pertencemos que estamos em

---

[33] Ver, neste livro, p. 215.

[34] Ver, neste livro, p. 148.

condições de transformar sem correr o risco de destruí-la; pois tais mudanças, introduzidas por nós, também vêm dela".[35] Apontando para uma disposição radical da antropologia estrutural, Merquior traz como principal efeito histórico de sua articulação teórica a ideia de uma *metamorfose dialética do pessimismo em atitude revolucionária.*[36] Diante da impossibilidade de considerarmos a dominação como prática legítima, que se justificaria na suposta imposição da *paz* em outras sociedades, não importa se de modo física ou simbolicamente violento, e da *luz* sobre outras culturas, pela religião ou pela ciência, o que resta é uma disposição para a metamorfose dialética da observação piedosa em luta permanente. Nas palavras de Merquior, travar lutas "sem o apoio mentiroso das ilusões, sem a ideia sedutora de uma felicidade completa passível de ser conquistada".[37]

No último parágrafo de seu texto, Merquior traz as ideias do pensamento periférico e das margens do Ocidente como verdadeira potência revolucionária na sua possibilidade de descentramento das formas de vida naturalizadas por séculos de um saber sobre si e sobre o outro, que se materializou via um pensamento de rupturas e antagonismos, natureza e cultura, humano e não humano, guerra e paz, ciência e religião, entre inúmeros dualismos. Entretanto, "a condição da felicidade é uma sociedade que supera a si mesma, não uma sociedade que destrói a si mesma".[38] Se o homem e sua felicidade foram inventados, e se se trata de uma invenção recente, nada temos a colocar em seu lugar; estamos a aguardar acontecimentos que, como propõe Foucault no final de *As Palavras e as Coisas*, os desvaneceriam, como à beira do mar um rosto de areia.

---

[35] Ver, neste livro, p. 146.

[36] Ver, neste livro, p. 129.

[37] Ver, neste livro, p. 153.

[38] Ver, neste livro, p. 123.

O Estruturalismo como Pensamento Radical e algumas notas sobre o humanismo crítico em José Guilherme Merquior

Eduardo Cesar Maia

O verdadeiro radicalismo deve partir do homem. No entanto, o homem não é sua própria raiz, na qualidade de sede magnífica de toda a realidade.
(J. G. Merquior, *O Estruturalismo como Pensamento Radical*)

Nariz-de-cera (talvez) necessário

Uma das maiores imprecisões a respeito do pensamento e da atividade crítico-filosófica de José Guilherme Merquior (1941-1991) é a crença de que eles se esgotam na caracterização da figura respeitável de um intelectual dotado de extraordinária erudição e disciplina de trabalho, e que tratava fundamentalmente de apresentar com rigor, fidelidade conceitual e criticismo as ideias alheias. Não há, claro, nada de depreciativo nessas considerações, muito pelo contrário; mas receio que elas tenham acabado por conformar uma visão que me parece, no mínimo, bastante redutora e filosoficamente limitante a respeito do ensaísta. A meu ver, caso sigamos corroborando e repetindo esse tipo de apreciação sem as devidas matizações, ainda que com fins elogiosos, não conseguiremos compreender jamais o alcance geral de seu legado intelectual.

É muito conhecida a reserva de Merquior em relação à grande parte dos críticos brasileiros que, segundo ele, era dotada de precária formação filosófica. Polêmicas à parte, o que interessa aqui é enfatizar a relação eminentemente *crítica* do próprio José Guilherme com a "tradição filosófica ocidental" e com a história das ideias artístico-culturais em geral, e como isso é condição *sine qua non* para uma melhor compreensão de seu pensamento crítico e de sua visão sobre a relação entre Estética e Teoria do Conhecimento.

Começo a esclarecer meu ponto: para o autor de *Saudades do Carnaval*, a atividade intelectual nunca pode se limitar ao que Mário de Andrade chamou de "exposição sedentária de doutrinas alheias"; ou, nos termos do próprio Merquior, um mero exercício de "psitacismo" cultural. A raiz do vocábulo é grega, e se refere a um método de ensino e aprendizagem baseado na memorização e na repetição (repetir como um papagaio [ψιττακός, *psittakos*], sem entender o que se está dizendo). Acredito que a atitude crítico-filosófica do autor de *As Ideias e as Formas* pode começar a ser descrita e entendida como o deliberado e consciente esforço de ser o exato oposto do gesto mecânico e inautêntico dos papagaios da cultura. Compreender melhor esse "método" deveria ser o primeiro passo para chegarmos à verdadeira estatura do nosso ensaísta e à real dimensão e alcance de seu pensamento.

Sobre uma obra inédita de mais de 50 anos

A descoberta dos originais do longo ensaio acadêmico *Le Structuralisme comme Pensée Radicale* é, sem dúvida, um acontecimento editorial e cultural de enorme importância. A obra, publicada agora, e traduzida para o português por Lara Christina de Malimpensa, chega aos leitores mais de meio século depois de sua escrita graças aos esforços da É Realizações Editora, e da pesquisa a partir dos arquivos pessoais do autor, muito gentilmente disponibilizados pela filha, Julia Merquior. A já firme consideração que tenho sobre a potência especulativa e a abrangência filosófica do pensamento crítico de Merquior acentuou-se durante a leitura deste livro, até há bem pouco tempo ignorado por todos nós, e que o leitor pode finalmente ter em mãos – ou em tela.

Há muito que se falar a respeito do ambicioso – como de costume, diga-se de passagem – projeto crítico-filosófico de José Guilherme Merquior em *O Estruturalismo como Pensamento Radical*. Nesta obra encontramos, entre muitas outras coisas, a reafirmação do que mencionei acima a respeito do método crítico merquiorano: o ensaísta nos coloca, por um lado, entre painéis muito amplos da história das ideias e, por outro, em meio a recortes conceituais muito precisos e situados relativamente a determinadas ideias e autores – tudo isso entretecido por sínteses críticas personalíssimas e sempre propositivas. Para Merquior, render autêntica homenagem a um pensador (ou teoria) é lê-lo sem dogmatismos e criticá-lo com toda a potência, não para simplesmente demolir seu legado, nem muito menos para simplesmente repetir o já dito, mas para que as ideias do passado possam ser de alguma maneira revitalizadas a partir do choque com novos problemas, perspectivas e vocabulários. José Ortega y Gasset (1883-1955) dizia que, a despeito de sua central importância na cultura, a filosofia é basicamente o conjunto de todos os erros já pensados. Acredito que o antidogmatismo de Merquior parte de um reconhecimento semelhante: os erros (hipóteses) do passado não são de todo inválidos, porque nos ajudam sempre a pensar melhor, ou pelo menos contribuem com o não engessamento das ideias que temos sobre o mundo – um mundo que precisa ser continuamente repensado, reavaliado, reconstruído.

Complementarmente, cabe salientar que outra marca da inteligência crítica de Merquior, pouco abordada por seus comentaristas, parece-me central na construção teórica de *O Estruturalismo como Pensamento Radical*. Trata-se da capacidade *analógica*, que se revela fortemente nos momentos em que o ensaísta precisa *engenhosamente* estabelecer relações de semelhanças entre sistemas intelectuais muito distintos; ou, ainda, similitudes até então insuspeitas entre pensadores de diferentes épocas e tradições intelectuais. Nesses casos, o recurso à pura lógica dedutiva e à análise estritamente racional dos conceitos (extraindo conclusões apodíticas das premissas estabelecidas) não seria suficiente. Nesse sentido, o humanista valenciano Juan Luis Vives (1492-1540) remetia à *agudeza* do engenho como faculdade intelectual mais relevante, e que se relaciona à profundidade de penetração em um problema concreto, uma tentativa de resposta a uma interpelação existencial particular, temporal e localmente determinada. Em outras palavras, razão abstrata e engenho retórico-analógico, bem compreendidos, não são adversários, pois contribuem simultaneamente na construção dos saberes humanísticos.

Apesar de ter sido escrito entre 1967 e 1968, e muitas das influências intelectuais daquele momento terem sido posteriormente abandonadas ou mesmo abertamente renegadas pelo crítico, *O Estruturalismo como Pensamento Radical* permanece em pé, como um rigoroso estudo comparativo de sistemas de pensamento distintos, e como uma criativa e aguda tentativa de síntese crítica de ideias e de pensadores que poucas vezes são colocados num mesmo "time" filosófico, ou pelo menos não *ao mesmo tempo*.

No livro, Merquior começa anunciando que seu objetivo é contestar a ideia de que o estruturalismo de Claude Lévi-Strauss (1908-2009) não passa de uma defesa do *status quo* disfarçada de rigor científico (uma forma disfarçada de neopositivismo), e argumentar em defesa de sua vocação verdadeiramente revolucionária:

> Propomo-nos examinar a questão da vocação político-social do estruturalismo, mas não a partir de temas isolados – por mais importantes que sejam –, e sim a partir de um nível global. Encontrar o nível global da visão estrutural: isso significa, para nós, explicitar seu caráter filosófico. É preciso, portanto, a fim de determinar a posição revolucionária da teoria estrutural, assinalar seu lugar no conjunto do pensamento do Ocidente.[1]

---

[1] Ver, neste livro, p. 15.

O primeiro passo na longa cadeia argumentativa e analógica de Merquior é, portanto, o esforço de tornar explícito o substrato filosófico do método estrutural lévi-straussiano. Para tal, o ensaísta faz algo que é muito recorrente em sua prática crítica: busca deixar transparentes as bases filosóficas gerais do método estrutural ou, em outros termos, busca entender o estruturalismo em sua forma particular de enfrentar a questão mais fundamental que qualquer atividade intelectual mobiliza: como conhecemos os fenômenos? E quais os limites e as formas desse conhecer? E como o homem – o ser que conhece – se coloca nessa equação?

Apesar de reconhecer de antemão que "o estruturalismo lévi-straussiano jamais se apresentou como uma filosofia", tendo em vista que "consiste num método de análise científica; no máximo, consiste numa teoria das ciências humanas",[2] Merquior justifica sua posição de maneira convincente, assumindo que, ainda que não se trate de filosofia sistemática, "o conjunto de princípios epistemológicos e metodológicos do estruturalismo pressupõe, em certa medida, uma concepção da realidade".[3]

Os passos seguintes do ensaísta configuram a parte mais substanciosa e intelectualmente instigante da obra, dedicada a traçar uma cadeia complexa (e não isenta de contradições e ambiguidades) de afinidades intelectuais entre pensadores, conceitos e sistemas de pensamento que muitas vezes podem parecer, à primeira vista, inconciliáveis. O caminho traçado, que começa com uma reflexão sobre Jean-Jacques Rousseau (1712-1778), parece atribuir ao autor de *As Confissões* os méritos por um verdadeiro giro filosófico na concepção do homem como agente ou ser moral. Além disso, e a partir do que foi dito, Merquior apresenta o pensador como autêntico pai das ciências humanas, como influência fundamental na doutrina de Immanuel Kant (1724-1804) e como fonte intelectual fundamental para o estruturalismo de

---

[2] Ver, neste livro, p. 229.

[3] Ver, neste livro, p. 16.

Lévi-Strauss.[4] É importante destacar, em particular, a reflexão merquiorana a respeito do conceito de "piedade" em Rousseau, que explicaria "a passagem tripla da natureza à cultura, da afetividade à intelectualidade e do estado animal à condição humana";[5] e porque é a partir dele que se pode inferir o impulso integrador humanista entre a busca do conhecimento e a vocação ética. Segundo Merquior,

> o conceito rousseauniano de piedade,[6] retomado por Lévi-Strauss, intervém tanto no plano intelectual como no plano moral. A piedade é o princípio pressuposto pela passagem da natureza à cultura, o fundamento, portanto, da possibilidade das ciências humanas; mas é também a fonte de toda verdade moral em uma época dominada pela exacerbação da distância entre o homem e a vida. Por consequência, o fundamento da teoria social é igualmente a base da ética.[7]

Outro pensador que aparece como fundamental para o argumento do livro é Martin Heidegger (1889-1976). A influência deste filósofo alemão é tão marcante naquele momento, que se reflete até mesmo na prosa ensaística e no uso de jargões filosóficos – "minhas heideggerianices", dirá, posteriormente, um Merquior mais maduro e (auto)

---

[4] Merquior fará essa mesma relação em outra obra escrita nessa mesma época: *Arte e Sociedade em Marcuse, Adorno e Benjamin* (1969), mais especificamente no subcapítulo "De Rousseau ao estruturalismo" (São Paulo, É Realizações Editora, 2017, p. 244-61). Nele, José Guilherme até cita explicitamente *O Estruturalismo como Pensamento Radical* (p. 245).

[5] Ver, neste livro, p. 25.

[6] A piedade em Jean-Jacques Rousseau aparece como um sentimento capaz de proporcionar a identificação com o outro, estabelecendo os primeiros laços que unem os homens em comunhão. Por meio dela, o homem padece diante do sofrimento do outro, pois se dá conta de que pode passar por males semelhantes. O mais importante, no que se refere à argumentação de Merquior, é que caberia à imaginação acionar a piedade nesse movimento de lançar-se para fora de si. Assim, a piedade, ainda que natural, só se manifestaria após a reflexão.

[7] Ver, neste livro, p. 114.

irônico. Sobre a presença de Heidegger no ensaio, gostaria ainda de destacar que Merquior parece por vezes recair no mesmo equívoco do pensador alemão, e de muitos anti-humanistas do século passado, ao sugerir, a partir da leitura da célebre *Carta sobre o Humanismo*, que haveria uma identificação absoluta e incontornável entre a tradição humanista e o pensamento metafísico de origem platônica.[8]

Retomando os fios de uma hipótese

Não pretendo, neste breve texto de apresentação, dar conta de toda a estrutura argumentativa do livro. Minha ambição aqui é mais modesta: buscarei prosseguir com algumas reflexões sobre o desenvolvimento de uma concepção renovada de *humanismo* a partir de novas hipóteses suscitadas pela leitura deste ensaio.[9]

---

[8] Sobre este tópico, vale a pena conhecer o contraponto construído pelo filósofo italiano Ernesto Grassi (1902-1991). O autor de *A Filosofia do Humanismo* defendeu uma perspectiva inovadora e se opôs ao anti-humanismo declarado de seu ex-professor Martin Heidegger. O filósofo alemão considerava o humanismo um movimento meramente literário, filológico e retórico, sem nenhum alcance especulativo, e que recaía numa antropologia neoplatônica (metafísica), a qual teria sido completamente superada pelo mesmo Heidegger em *Sein und Zeit* (1927). O pensador italiano, por sua vez, sem abandonar as críticas que seu mestre alemão havia postulado a respeito do projeto racionalista e metafísico da filosofia ocidental, demostrou que Heidegger só havia compreendido parcialmente o alcance do humanismo, pois o havia observado exclusivamente em uma de suas manifestações: a platônica. Grassi, após revisar detidamente uma série de pensadores que sempre foram deixados à margem da filosofia "oficial", defendeu a revalorização estritamente filosófica do pensamento humanista latino, italiano e espanhol – muitas vezes considerado somente a partir de um ponto de vista literário e retórico.

[9] Antes de prosseguir, deixo uma advertência que se relaciona a uma dupla dificuldade ao lidarmos com esse tema: (1) a polissemia do conceito de humanismo e seus usos na história; e (2) a diversidade de aplicações que o próprio Merquior (algumas vezes de maneira muito problemática, inclusive) dá a termos como humanismo, Humanidades, estudos humanísticos, intelectuais humanistas, etc., tendo em conta a totalidade de sua produção intelectual. Não terei espaço aqui, no

Esta "nova" obra já se apresenta como peça fundamental, a meu ver, na montagem de um quebra-cabeça ainda não plenamente solucionado no que diz respeito a um dos grandes projetos intelectuais merquioranos: a tentativa de uma ampla renovação dos estudos humanísticos a partir da constituição do que ele chamou de "humanismo crítico" – ou um humanismo possível depois da herança intelectual *integradora* de Rousseau para as Humanidades, do criticismo kantiano como ponto sem volta para entendermos os limites do nosso conhecimento da realidade, da demolição heideggeriana da metafísica ocidental e da relação de tudo isso com o substrato filosófico que Merquior aponta na antropologia estruturalista de seu professor Claude Lévi-Strauss.

A ambição de Merquior neste particularíssimo ensaio comparativo – e essa mesma pretensão perpassa grande parte de suas obras – é nada mais nada menos que repensar radicalmente o papel e a potência cognitiva das Humanidades e da chamada "tradição intelectual humanista". Em *O Estruturalismo como Pensamento Radical*, Merquior está constantemente ocupado com o estatuto das Humanidades, e seu mote é invariavelmente de ressonâncias humanistas: como integrar conhecimento e ética? Ou, em outras palavras, plano moral e plano intelectual? As dificuldades diante desse projeto, claro, eram enormes, e foram potencializadas pelas circunstâncias intelectuais de uma época (a sua, e ainda nossa) marcada fundamentalmente por correntes de pensamento abertamente anti-humanistas dentro das Humanidades – com o próprio estruturalismo incluído nesse meio.

No posfácio à edição mais recente de *A Estética de Lévi-Strauss* (É Realizações Editora, 2013), apresentei, entre outras reflexões, uma hipótese sobre a dimensão epistemológica da noção de um "humanismo crítico" mencionado

---

entanto, para essas importantes matizações. Sobre o primeiro ponto, remeto a Eduardo Cesar Maia e Jorge Roa, "Introducción. Una tradición plural y antidogmática: los caminos del Humanismo". *Disputatio*. Philosophical Research Bulletin 8, nº 10, 2019. Disponível em https://disputatio.eu/vols/vol-8-no-10/maia-roaro-intro/.

en passant por Merquior naquele inovador e arrojado ensaio. A ideia é instigante e ainda não suficientemente bem explorada, creio. Trata-se, resumida e simplificadamente, da concepção de que a arte (assim como o mito) deve ser compreendida como uma forma peculiar e *cognitivamente legítima* da manifestação do conhecimento humano sobre a realidade, e que não é, portanto, mera manifestação irracional daquilo que nos é inapreensível e ininteligível.

Essa mesma concepção – de caráter profundamente humanista, diga-se – está presente, sob diferentes roupagens, em diversos outros trabalhos de José Guilherme, basta ver como se considera a relação entre literatura e realidade em obras como *Razão do Poema* (1965), *Arte e Sociedade em Marcuse, Adorno e Benjamin* (1969), *A Astúcia da Mímese* e *Saudades do Carnaval* (1972) e *Formalismo & Tradição Moderna* (1974). Trata-se, como se vê, da fase em que preponderavam na produção intelectual de Merquior os ensaios de crítica literária, seu interesse por questões da filosofia da estética e seu combate ao formalismo.

É fundamental tentar compreender o sentido largo e flexível que a ideia de *razão* toma em seu pensamento desse primeiro período (creio que o mesmo não acontece, pelo menos não da mesma forma, em obras de sua última fase). Evidentemente, não pretendo sugerir aqui que sua defesa da razão seja inaugurada só tardiamente, mas é preciso matizar bem o que se entende por racionalidade em cada caso. Leiamos, por exemplo, a advertência com que abre seu primeiro livro de crítica, *Razão do Poema*:

> Doa a quem doer, permaneço um racionalista – embora firmemente convencido de que o único racionalismo consequente é o que se propõe, não a violentar o mundo em nome de seus esquemas, mas a apreender em seus conceitos, sem nunca render-se ao ininteligível, sem jamais declarar o inefável, a essência de toda realidade, ainda a mais esquiva, mais obscura e mais contraditória.[10]

---

[10] José Guilherme Merquior, *Razão do Poema – Ensaios de Crítica e de Estética*. São Paulo, É Realizações Editora, 2013, p. 19-20.

Para este jovem Merquior, a racionalidade se identifica com uma ampla capacidade humana, de tornar compreensível o que em si – fora da perspectiva humana – é caótico e ininteligível. Assim, Racionalidade e Inteligibilidade são coisas muito próximas, talvez até se confundam, e, portanto, não há, nessa fase, uma preconização de uma razão aos moldes de um racionalismo mais estrito, mais *objetivista*. No mesmo livro, num breve artigo chamado "Entre real e irreal", ele pontifica: "Entre a estética e a vida há uma distância, mas não uma separação".[11] Aparece, nessa obra de juventude, uma menção a um tipo de "razão poética" (expressão de curiosas ressonâncias zambranianas,[12] por sinal) que se configuraria no reconhecimento de uma espécie de "racionalidade intrínseca à lírica", conforme sugeriu Wanderson Lima em posfácio à edição mais recente do livro.[13]

No ensaio "Natureza da lírica", publicado em *A Astúcia da Mímese*, diz-se que a "poesia é o tipo de mensagem linguística em que o significante é tão visível quanto o significado, isto é, em que a carne das palavras é tão importante quanto o seu sentido".[14] É possível cotejar tal formulação com a interessante caracterização de certa tradição do pensamento latino e mediterrâneo feita por Ortega y Gasset nas *Meditaciones del Quijote*. O ensaísta espanhol observava que grandes humanistas, como Baltasar Gracián ou o já citado Juan Luis Vives, eram atentos à concretude da experiência sensível, e desenvolveram uma

---

[11] Ibidem, p. 240.

[12] Refiro-me à pensadora espanhola María Zambrano (1904-1991), discípula de pensadores como José Ortega y Gasset, García Morente (1886-1942) e Xavier Zubiri (1898-1983). O desenvolvimento de filosofia a partir da concepção radical de uma "razão poética" alcançou uma forma de expressão ensaística tão particular – e distinta da tradição racionalista ocidental – que a difusão de suas ideias acabou sendo dificultada.

[13] Wanderson Lima, "A razão poética segundo José Guilherme Merquior". In: Ibidem, p. 291.

[14] José Guilherme Merquior, *A Astúcia da Mímese – Ensaios sobre Lírica*. Rio de Janeiro, José Olympio, 1972, p. 3.

visão de conhecimento e uma forma de especulação filosófica diferente do rigorismo lógico-conceitual e do olhar abstratizante da filosofia racionalista tradicional. Esses humanistas, dizia Ortega, eram capazes de "apalpar com a pupila a pele das coisas". A síntese entre o conhecimento conceitual e a colaboração da percepção sensível dos dados imediatos será o caminho justamente para a formulação, posteriormente, do *raciovitalismo* orteguiano.

Há outros exemplos muito interessantes no mesmo sentido, durante praticamente toda a trajetória de Merquior, dessa mesma obsessão teórica: encontrar novos caminhos para uma velha ideia; ou, dito de outra maneira, o renitente exercício crítico de redimensionar o conceito de humanismo para que ele possa resistir aos novos paradigmas filosóficos e ao ataque de seus mais ferrenhos críticos no século XX.

O humanismo crítico em *O Estruturalismo como Pensamento Radical*

Retomemos um trecho fundamental de *A Estética de Lévi-Strauss*:

> [...] as observações de Lévi-Strauss, em seu conjunto, parecem ilustrar uma concepção muito mais dialética da arte e de suas relações com a cultura. Temos o direito de nos perguntar se este equilíbrio não é, em parte, o resultado deste humanismo crítico por intermédio do qual o olhar estruturalista, recusando-se obstinadamente às ilusões metafísicas do humanismo clássico, se esforça em abrir à cultura uma nova perspectiva sobre si mesma, menos esmagada pela desproporção entre a hipertrofia do fazer e a atrofia da sabedoria e da sensibilidade.[15]

Como mostrei no posfácio mencionado, Merquior insinua que a experiência estética é marcada por um

[15] Idem, *A Estética de Lévi-Strauss*. São Paulo, É Realizações Editora, 2013, p. 105.

tipo de interação muito complexa entre nossas faculdades intelectuais e sensíveis, e que esse processo deve ser estudado como uma forma genuína de conhecimento e especulação sobre a realidade. Por meio da concepção de "lógica do sensível", sugerida por Lévi-Strauss, Merquior defende que não há dicotomia entre a apreensão intelectual e a sensibilidade estética. O humanismo crítico, buscado pelo ensaísta, surgiria, em primeiro lugar, pelo reconhecimento da fundamental colaboração entre o pensamento abstrato-conceitual e a atenção às formas variadas de nossa experiência sensível (estética e artística) do mundo.

Em *O Estruturalismo como Pensamento Radical*, o tema do humanismo crítico volta a aparecer de maneira contundente desde a pergunta inicial que conduz toda a reflexão crítica: "poderíamos detectar uma autêntica vocação moral no estruturalismo?".[16] Em outros termos: como coadunar conhecimento científico rigoroso à iniludível constatação de que "o ser ultrapassa o homem e, no entanto, entrega-se ao homem. O ser ultrapassa o conhecimento finito do homem e, contudo, se de fato existe conhecimento, é apenas porque o ser se manifesta ao homem"?[17] A evidente ressonância heideggeriana[18] dessa formulação de Merquior nos remete a outro ponto fundamental: a necessidade premente de superação da concepção de *cogito* cartesiano, abstrato, ideal, fora da história e da temporalidade. Nesse sentido, o ensaísta brasileiro adverte que "a história intelectual do século XX é em parte a crônica das tentativas de superar a oclusão do *cogito*. A guerra ao *cogito* é escancarada".[19]

Para o crítico, era preciso ultrapassar a visão idealista em que "o *cogito*, enrijecido em seus privilégios de ente

[16] Ver, neste livro, p. 114.

[17] Ver, neste livro, p. 104.

[18] Nesse período, a perspectiva epistemológica de Merquior se aproxima não só de Heidegger, mas também dos frankfurtianos em sua crítica da razão instrumental.

[19] Ver, neste livro, p. 24.

por excelência, de ente régio, estreita-se em seu conteúdo real e barra o acesso à multiplicidade das experiências humanas, isto é, ao próprio objeto das ciências humanas".[20] O forte teor humanista (e crítico) que permeia todo o ensaio parte da premissa de que um autêntico humanismo para nosso tempo – um humanismo fundamentalmente crítico – deve ser compreendido a partir dos limites e possibilidades do humano, para além de idealizações e consolos metafísicos ou utópicos. O ser humano não pode ser definido terminantemente por uma natureza ideal, por uma essência última (seja ela boa ou má), pois ele é um *ser que se faz na história*.

O esforço retórico-argumentativo de José Guilherme Merquior no ensaio vai no sentido de salvar o estruturalismo de Lévi-Strauss de sua base anti-humanista radical. O ensaísta constrói uma retórica que faz "um kantismo sem sujeito transcendental" (Paul Ricouer) ser substituído por uma espécie de kantismo com *sujeito contingencial*. Merquior, claro, entende o enorme desafio de sua argumentação, que vai contra as interpretações mais fortemente assentadas a respeito do estruturalismo, e mesmo contra algumas colocações do próprio autor de *O Pensamento Selvagem*. Assim, o empenho persuasivo fica evidenciado nessas passagens em que o crítico tenta contornar o anti-humanismo declarado de seu professor. Diante, por exemplo, de formulações lévi-straussianas em defesa de um objetivismo radical e contra as "ilusões da subjetividade", Merquior diz que isso não passaria de um "torneio frasal polêmico, logo diluído no contexto da teoria estruturalista (em que a relação com o eu, como vimos, longe de ser negligenciada, surge como uma ferramenta indispensável da pesquisa etnológica)".[21]

Hoje, mais de cinquenta anos após a elaboração original dessa obra, parece-me menos relevante discutir se a tentativa de Merquior de conciliar estruturalismo e humanismo é, de fato, convincente. Acredito que, nesse

---

[20] Ver, neste livro, p. 25.

[21] Ver, neste livro, p. 110.

sentido, o ensaio tem momentos mais persuasivos e outros menos. O que me parece mais profícuo, no entanto, é compreender em que termos o próprio Merquior, *enquanto pensador e não somente comentador*, argumentava em torno de uma perspectiva humanista adequada e relevante ao nosso tempo. E essa perspectiva só poderia assumir a forma de um humanismo crítico, um humanismo da contingência:

> A coisa mais difícil é assumir a finitude, é chegar a compreender que todas as nossas obras são perecíveis, sem por isso serem totalmente inúteis. Guiar a ação humana sem nada esconder de seus limites, por meio de uma sequência de opções que nada têm de absolutas, e menos ainda de perduráveis, eis o papel de uma ciência que se pretendesse livre das últimas ilusões.[22]

[22] Ver, neste livro, p. 160.

Arquivo
José Guilherme Merquior
/ É Realizações Editora

Fonte: Arquivo José Guilherme Merquior / É Realizações Editora

Agenda de Hilda Merquior, ano de 1967: capa e calendário

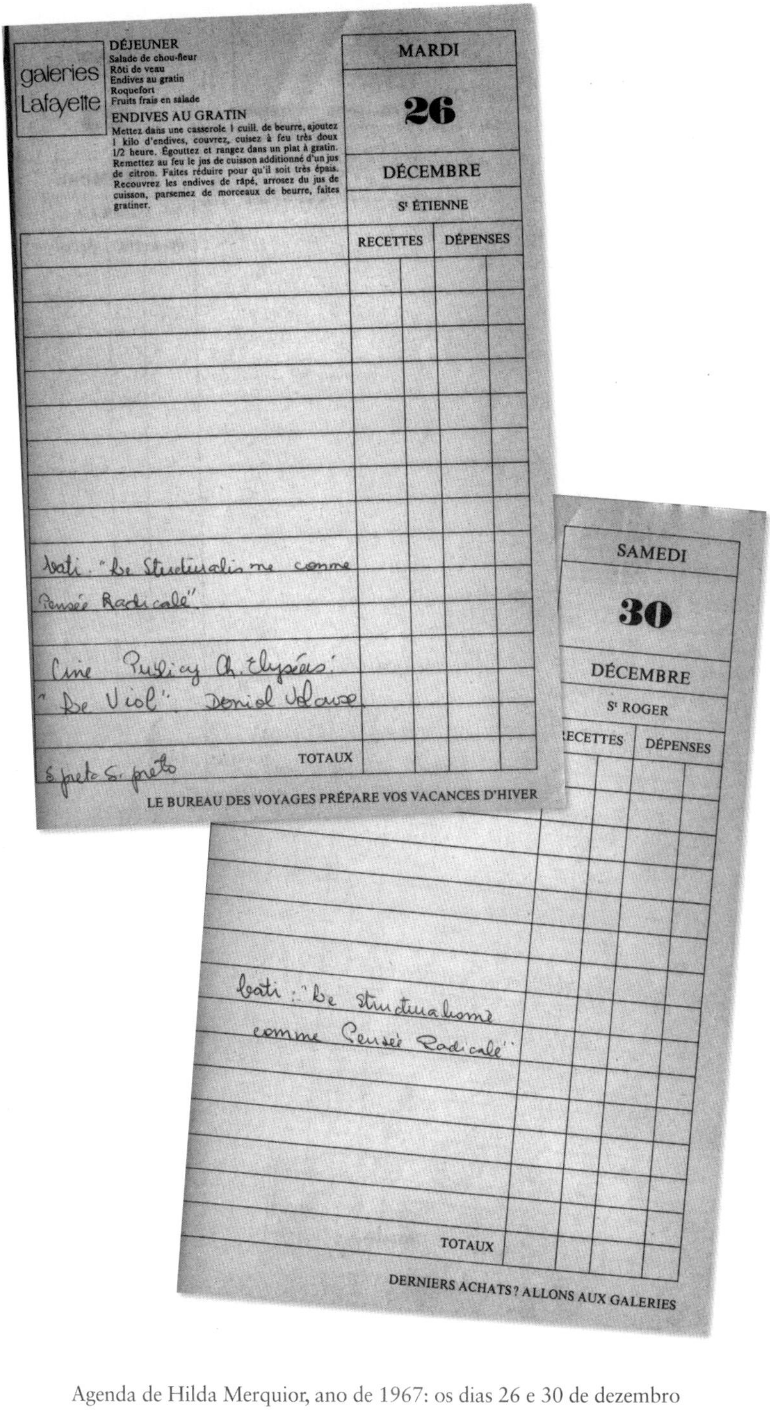

Agenda de Hilda Merquior, ano de 1967: os dias 26 e 30 de dezembro registram o progresso da batida, à máquina de escrever, de *O Estruturalismo como Pensamento Radical*

Agenda de Hilda Merquior, ano de 1968: capa e calendário

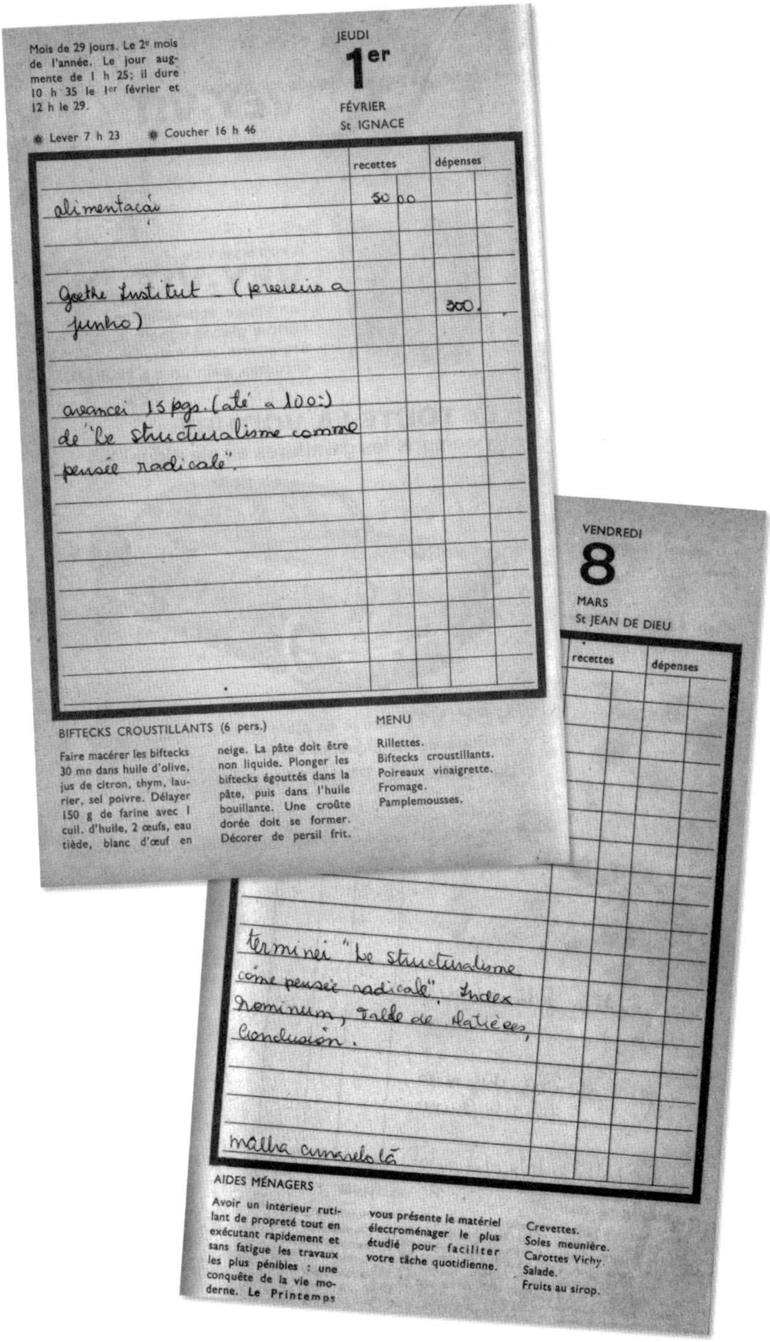

Agenda de Hilda Merquior, ano de 1968: em 1º de fevereiro e 8 de março, um novo progresso e, enfim, a conclusão do datiloscrito de *O Estruturalismo como Pensamento Radical*

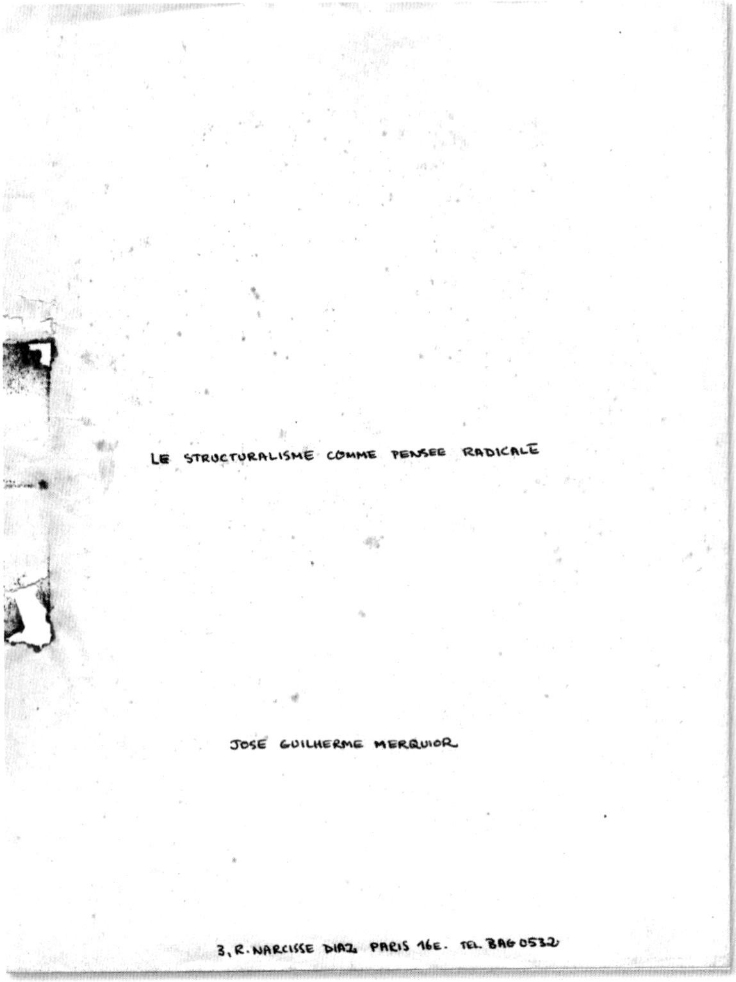

LE STRUCTURALISME COMME PENSEE RADICALE

JOSE GUILHERME MERQUIOR

3, R. NARCISSE DIAZ PARIS 16E. TEL. BAG 0532

Páginas iniciais do datiloscrito de O *Estruturalismo como Pensamento Radical*

LE STRUCTURALISME COMME PENSEE RADICALE

José Guilherme Merquior

pour Julia

J'ai su qu'on bâtissait des villes,
Je n'y suis pas allé.
Cela intéresse, ai-je pensé, la statistique
Et non l'histoire.

Qu'est-ce en effet que des villes bâties
Sans la sagesse du peuple?

Brecht

Donc toutes choses étant causées et causantes, aidées et aidantes, médiates et immédiates, et toutes s'entretenant par un lien naturel et insensible qui lie les plus éloignées et les plus différentes, je tiens impossible de connaître les parties sans connaître le tout, non plus que de connaître le tout sans connaître particulièrement les parties.

Pascal

... l'esprit, qui aime l'unité dans la diversité

Leibniz

LE STRUCTURALISME COMME PENSÉE RADICALE

La pensée de Lévi-Strauss est souvent accusée d'être une idéologie réactionnaire, une apologie du statu quo sous prétexte de rigueur scientifique, bref, un néopositivisme. Le but de cet essai est de contester pareille accusation. Bien entendu, cette défense a été déjà amorcée, et non sans succès. Pourtant, jusqu'ici, on a surtout préféré engager la justification du structuralisme d'une manière *topique*: à propos de certains concepts, tels ceux de progrès ou d'histoire, le structuralisme s'efforçait d'écarter le soupçon que lui jettaient les idéologies dites radicales. Ce faisant, la pensée structurale est restée plutôt prisonnière d'une discussion d'horizons limités. Soumise à un terrain critique choisi par l'adversaire, elle s'est vue contrainte à une stratégie purement défensive; si, parfois, elle a réussi à démontrer le peu de fondement des attaques qui lui étaient ~~adressées~~ portées, notamment par des marxistes, elle n'est pas parvenue, avec autant de conviction, à se définir *positivement* comme théorie révolutionnaire.

Nous nous proposons d'examiner la question de la vocation politico-sociale du structuralisme non pas à partir de quelques thèmes isolés - si importants soient-ils - mais à partir d'un niveau *global*. Trouver le niveau global de la vision structurale, cela signifie pour nous l'explicitation de son caractère philosophique. Il faut donc, pour déterminer la position révolutionnaire de la thé théorie structurale, signaler sa place dans l'ensemble de la pensée de l'Occident. Ceci n'étant qu'une esquisse, on doit se contenter de quelques indications; cependant, en dépit de leur aspect sommaire et abrégé, nous croyons qu'elles mènent au centre du contenu philosophique de la pensée structurale, en tant qu'interprétation de l'homme et de l'être.

Cependant, une objection immédiate semble se léver contre notre projet. C'est que le structuralisme lévi-straussien <u>ne s'est jamais présenté comme une philosophie</u>. Il est une méthode d'analyse scientifique, il est tout au plus une théorie des sciences humaines; mais il ne s'est jamais défini comme une idéologie" ou comme une "vision du monde". Or, s'il en est ainsi, comment pourrions-nous engager la caractérisation philosophique d'une théorie qui se refuse la condition de philosophie? Cette possibilité a pourtant lieu, parce que l'ensemble des principes épistémologiques et méthodologiques du structuralisme <u>présuppose</u>, dans une certaine mesure, une conception de la réalité. Il faut donc, sans commettre l'erreur de prendre les textes de Lévi-Strauss comme s'ils étaient littéralement et systématiquement des pages de philosophie, chercher de les encadrer dans une interprétation philosophique, <u>au niveau de cette présupposition</u>.

Une autre remarque obligatoire. Si le structuralisme ne se définit pas comme philosophie générale, il se définit encore moins comme une pensée éthico-politique. Ce serait le déformer que d'en parler comme une "morale". Sur ce point aussi, notre stratégie consistera en dégager les présuppositions morales de la recherche anthropologique. La base de notre démonstration sera la prise en considération de la pensée de Jean-Jacques Rousseau en tant que source majeure du structuralisme. C'est à ce niveau que nous traiterons la conception structuraliste à la fois comme une théorie scientifique et comme une vision morale, en appliquant la classification de radicalité à ces deux dimensions.

Il est toujours bon de partir du connu. Y-aurait-il, parmi les textes de Lévi-Strauss lui-même, une définition de son caractère philosophique donnée sous la forme d'un renvoi à une école philosophique déterminée? On peut répondre par l'affirmative. Effectivement, lorsque, au cours du débat général consacré par la revue "Esprit" à l'oeuvre de Lévi-Strauss (publié en Novembre 1963), Paul Ricoeur appela le structuralisme un "kantisme sans sujet transcendantal", l'auteur de *La Pensée Sauvage* a accepté cette étiquette. Pourquoi kantisme? Parce que, dans l'analyse des systèmes de parenté, des classifications totémiques ou bien des ensembles de mythes, "il s'agit" - dit Lévi-Strauss - "d'une transposition de la recherche kantienne au domaine ethnologique, avec cette différence qu'au lieu d'utiliser l'introspection ou de réfléchir sur l'état de la science dans la société particulière où le philosophe se trouve placé, on se transporte aux limites: par la recherche de ce qu'il peut y avoir de commun entre l'humanité qui nous apparaît plus éloignée, et la manière dont notre propre esprit travaille; en essayant, donc, de dégager des propriétés fondamentales et contraignantes pour tout esprit, quel qu'il soit".

Cette définition se reporte donc à un aspect notoire de la philosophie de Kant: son souci d'exposer les lois qui régissent le fonctionnement de l'esprit humain, et cela non pas dans un sens psychologique, mais plutôt logique et épistémologique. Pourtant, il ne faut pas oublier que l'investigation kantienne avait aussi, dès le début, un interêt éthique. L'établissement critique des fondements de la connaissance discréditait les illusions métaphysiques; or, par là même, la philosophie rendait à l'homme le sens de sa propre dignité. L'esprit parvenu à la conscience de ses limites pouvait renoncer aux consolations mensogères pour se satisfaire, avec autant de sagesse que de fermeté, de sa seule force. C'est pouquoi, chez Kant, la recherche épistémologique va de pair avec la problématique morale et le concept de l'humanité. Dans sa célèbre énonciation des quatre grandes questions de la philosophie: "Qu'est-ce que je peux connaître?", "Que dois-je faire?", "Que m'est-il permis d'espérer?", "Qu'est-ce que l'homme?" cette connexion apparaît en toute clarté.

C'est bien ici que la peusée de Kant retrouve celle de Rousseau. La foi toute intime du Vicaire Savoyard, la certitude intérieure, la moralité sans dogmes et, par conséquent, à l'abri de la faiblesse des arguments métaphysiques, voilà ce qui se présentait à Kant comme un refuge éthique, au moment où la puissance de la critique des systèmes rationalistes risquait de le livrer au scepticisme. Rousseau l'a sauvé des conclusions de Hume. Des grands historiens de la philosophie moderne, Windelband, Cassirer, etc., n'ont pas manqué de souligner le poids de l'influence rousseauienne sur Kant, dès la période pré-critique, et en particulier à l'époque de l'essai <u>Rêves d'un visionnaire expliqués par les rêves de la métaphysique</u> (1766), L'adieu caustique de l'homme de Koenigsberg à ses anciennes croyances spéculatives. Quant au philosophe lui-même, il en était si conscient qu'il est allé jusqu'à écrire de Rousseau "qu'il avait fait en morale une révolution aussi importante que Newton en physique" - étant donné que la philosophie de Kant est à certains égards une méditation sur la science newtonienne, ce n'est pas du tout un petit éloge. Du reste, cette influence a dépassé le cadre de la morale du sentiment pour s'étendre à l'affirmation presque politique de l'amour de l'humanité, au delà de toute barrière sociale, tel que, sous la forme d'un très grand hommage, l'a avoué Kant lui-même dans une des plus nobles confessions de toute l'histoire de la philosophie. "Je suis moi-même, de mon tempérament, un chercheur. J'éprouve une grande soif de connaissance, la pressante envie de passer au-delà de ce qui a été acquis, et tout progrès dans ce sens produit en moi une énorme satisfaction. Il était un temps où je croyais que tout cela pouvait constituer l'honneur de l'humanité; je méprisais alors le peuple ignorant. Mais Rousseau m'a tiré de cette erreur. Cette supériorité chimérique est disparue; j'ai appris à honorer l'homme, et je me placerais bien en dessous d'un simple ouvrier si je ne croyais que les efforts de la pensée peuvent donner une valeur à autrui et contribuer à restaurer les droits de l'humanité".

La parenté entre Rousseau et Kant dans le domaine de l'éthique et de la philosophie sociale est bien connue. On y reviendra, surtout pour démontrer que la convergence de leurs pensées est encore plus profonde que cette "localisation" thématique ne le suggère. En réalité, nous oserons défendre une thèse qui n'est pas originale, mais qui n'a pas encore droit de cité dans la vision "classique" de l'histoire des idées. Cette thèse consiste en deux affirmations: a) la philosophie kantienne, telle qu'elle se donne dans la Critique de la Raison Pure, ce n'est pas seulement une "théorie de la connaissance", c'est aussi l'esquisse d'une ontologie orientée vers la question de l'être au sens de Heidegger; et b) cette ontologie, c'est en partie la transposition, sur le plan de la théorie de l'être, du contenu essentiel de la conception anthropologique et sociale de Rousseau.

De toute manière, avant de tenter la démonstration du rousseauisme de Kant, nous devons nous occuper de Rousseau lui-même, d'autant plus que sa pensée, tout en étant à la base de la doctrine de Kant, peut être considerée comme une source majeure du structuralisme lévi-straussien. Ce n'est qu'après l'interprétation de Rousseau que nous aborderons la défense d'une certaine signification du kantisme. Nous aurons ainsi développé l'autodéfinition de la pensée de Lévi-Strauss comme une espèce de kantisme. D'où la division de notre essai en quatre sections: I) l'anthropologie philosophique de Rousseau; II) de Rousseau a Kant; III) l'ontologie de Kant et la question de l'être; IV) le structuralisme comme théorie radicale.

du philosophe, même lorsqu'ils sont en apparence purement "techniques". L'humanitas n'est pas toujours un chant de gloire; elle est plutôt une manifestation d'authentique sympathie pour autrui. C'est ici que le structuralisme recueille totalement, dans sa profondeur propre, l'héritage de Kant.

L'ethnologie est le "remords de l'Occident". Elle veut refaire par la science et par l'amour le chemin qui a amené l'homme de l'Ouest à imposer à ses semblables sa présence dominatrice. Mais par là même, l'anthropologie récupère en quelque sorte la supériorité de l'Occident, non pas, certes, sous la forme inexistante d'une primauté de fait, mais sous la forme qui n'est la sienne que parce qu'il l'a inventée, mais qui appartient par nature à l'humanité toute entière: la science en tant que dépassement de toute exclusivité, de toute subordination de l'homme à des pouvoirs donnés, de toute captivité de son esprit dans une expérience limitée.

E N V O I :

Sans doute ce projet d'humanité, incarné dans la vision de la moderne anthropologie, a beaucoup à dire, non seulement à tous les peuples de la terre, non seulement à l'Occident qui en lui se repentit, mais en particulier à cette periphérie du monde occidental, à cette Amérique secondaire et pauvre qui, ayant été pendant longtemps le simple reflet de l'Europe, pourra s'inspirer aujourd'hui, au seuil d'une métamorphose pressentie de tous, mais dont ni l'étendue ni le contenu n'ont pas encore été fixés, de la leçon à peine inaugurée d'une région de l'Occident devenue moins forte, mais

Penúltima página, no datiloscrito, do miolo de
O Estruturalismo como Pensamento Radical

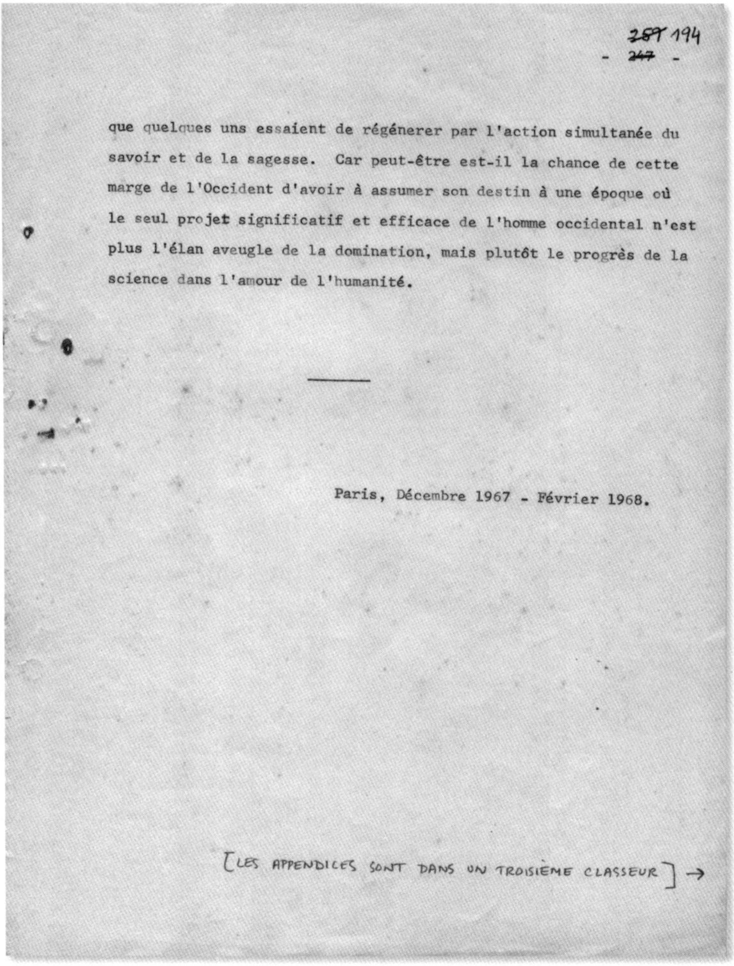

~~259~~ 194

\- ~~247~~ -

que quelques uns essaient de régénerer par l'action simultanée du savoir et de la sagesse. Car peut-être est-il la chance de cette marge de l'Occident d'avoir à assumer son destin à une époque où le seul projet significatif et efficace de l'homme occidental n'est plus l'élan aveugle de la domination, mais plutôt le progrès de la science dans l'amour de l'humanité.

Paris, Décembre 1967 - Février 1968.

[LES APPENDICES SONT DANS UN TROISIÈME CLASSEUR] →

Última página, informando o local e o período em que o livro foi escrito

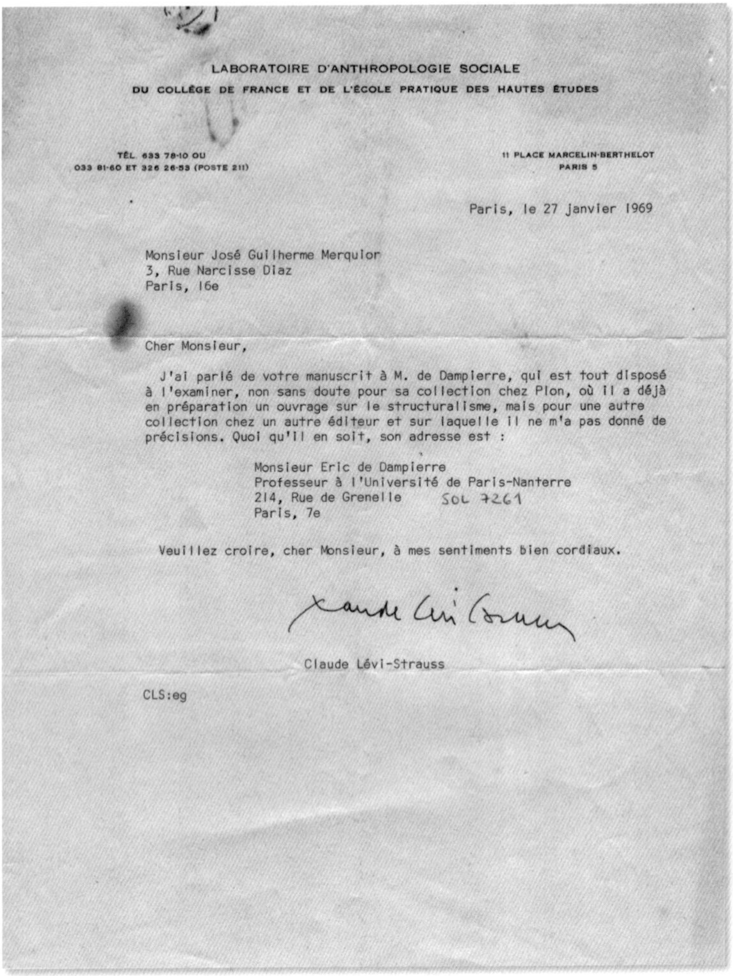

LABORATOIRE D'ANTHROPOLOGIE SOCIALE
DU COLLÈGE DE FRANCE ET DE L'ÉCOLE PRATIQUE DES HAUTES ÉTUDES

TÉL. 633 78-10 OU
033 81-60 ET 326 26-53 (POSTE 211)

11 PLACE MARCELIN-BERTHELOT
PARIS 5

Paris, le 27 janvier 1969

Monsieur José Guilherme Merquior
3, Rue Narcisse Diaz
Paris, 16e

Cher Monsieur,

J'ai parlé de votre manuscrit à M. de Dampierre, qui est tout disposé à l'examiner, non sans doute pour sa collection chez Plon, où il a déjà en préparation un ouvrage sur le structuralisme, mais pour une autre collection chez un autre éditeur et sur laquelle il ne m'a pas donné de précisions. Quoi qu'il en soit, son adresse est :

Monsieur Eric de Dampierre
Professeur à l'Université de Paris-Nanterre
214, Rue de Grenelle SOL 7261
Paris, 7e

Veuillez croire, cher Monsieur, à mes sentiments bien cordiaux.

Claude Lévi-Strauss

CLS:eg

Carta de Claude Lévi-Strauss, em 27 de janeiro de 1969: o antropólogo francês se esforçou para ver publicados os escritos de Merquior sobre o estruturalismo

Capa e folha de rosto da primeira edição brasileira de *A Estética de Lévi-Strauss*; o livro foi republicado pela É Realizações Editora, na coleção Biblioteca José Guilherme Merquior, em 2013

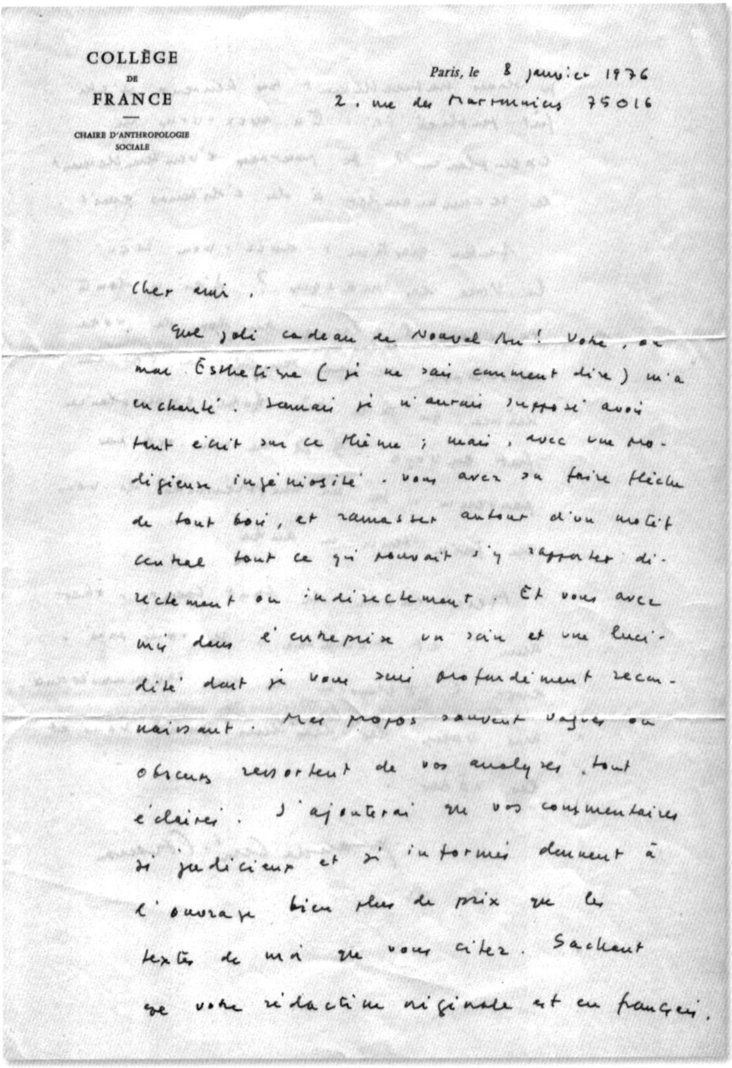

COLLÈGE DE FRANCE

CHAIRE D'ANTHROPOLOGIE SOCIALE

Paris, le 8 janvier 1976
2, rue des Marronniers 75016

Cher ami,

Quel joli cadeau de Nouvel An! Votre, ou mon Esthétique (je ne sais comment dire) m'a enchanté. Jamais je n'aurais supposé avoir tant écrit sur ce thème; mais, avec une prodigieuse ingéniosité, vous avez su faire flèche de tout bois, et ramasser autour d'un motif central tout ce qui pouvait s'y rapporter directement ou indirectement. Et vous avez mis dans l'entreprise un soin et une lucidité dont je vous suis profondément reconnaissant. Mes propos souvent vagues ou obscurs ressortent de vos analyses tout éclairés. J'ajouterai que vos commentaires si judicieux et si informés donnent à l'ouvrage bien plus de prix que les textes de moi que vous citez. Sachant que votre rédaction originale est en français,

Carta de Claude Lévi-Strauss a José Guilherme Merquior, em 8 de janeiro de 1976. A correspondência entre o antropólogo francês e o crítico brasileiro se manteve intensa até o falecimento de Merquior. No futuro, a correspondência será traduzida e publicada je serais naturellement très heureux si elle fût publiée ici. En avez-vous un exemplaire ? Je pourrais éventuellement la recommander à des éditeurs amis.

Autre question : avez-vous reçu *La Voie des masques* ? J'ai un doute, parce que l'adresse au dos de votre enveloppe ne me semble pas être la même que celle où votre exemplaire fut envoyé. S'il ne vous est pas parvenu, je m'empresserai de vous en faire tenir un autre.

Merci encore de tout cœur, cher ami, et acceptez, je vous prie, avec l'expression de ma reconnaissance, mes vœux les meilleurs pour vous et les vôtres.

Claude Lévi-Strauss

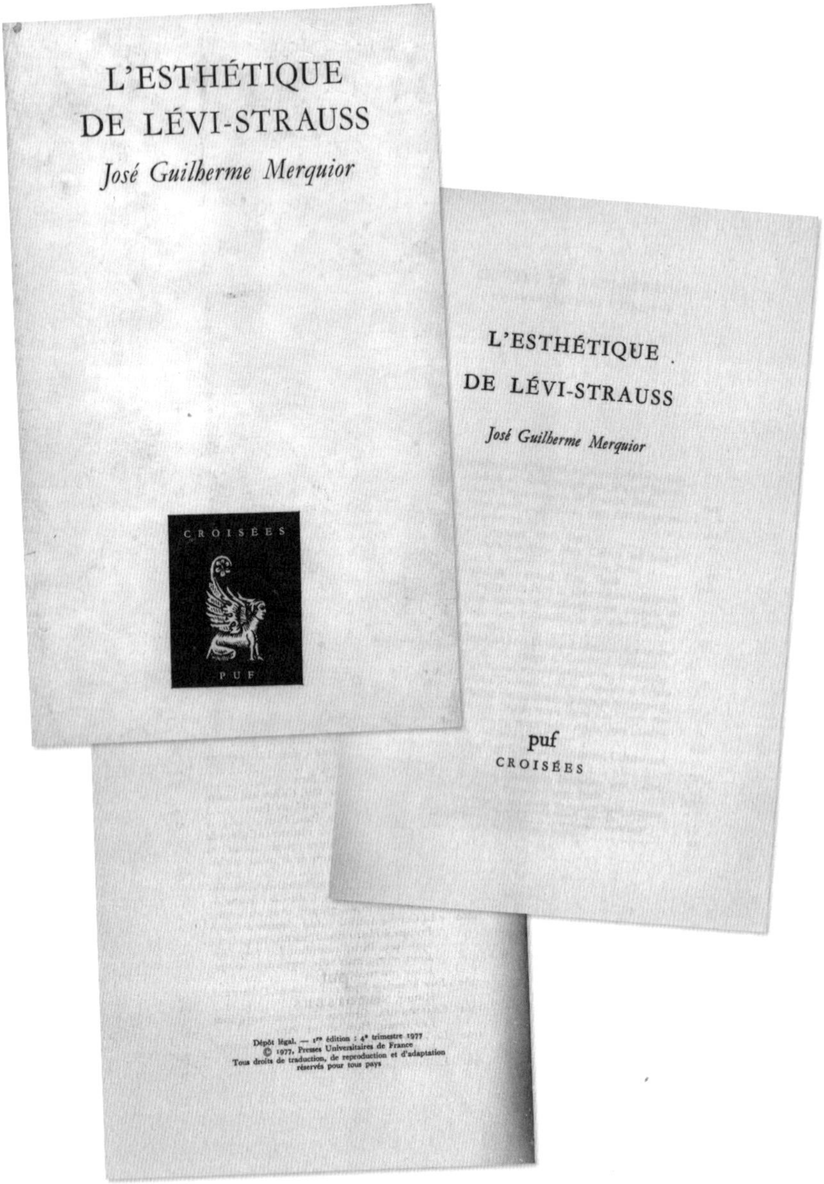

Edição francesa de *A Estética de Lévi-Strauss*, publicada pela prestigiosa PUF (Presses Universitaires de France) em 1977

ÍNDICE ANALÍTICO

ÍNDICE ONOMÁSTICO*

* Reproduzimos aqui o índice do datiloscrito original.

Do mesmo autor, leia também:

Este livro tem origem em uma contribuição oral ao seminário de antropologia social, dirigido por Claude Lévi-Strauss, exposta por Merquior em 1969. A ótima recepção do antropólogo estimulou o autor a transformá-la em ensaio. No entanto, a obra ultrapassa uma simples apresentação burocrática e acrítica das ideias de Lévi-Strauss, contribuindo para a revitalização de suas concepções nos campos da estética, da teoria da arte e da teoria do conhecimento.

Primeiro livro no Brasil, e um dos primeiros no mundo, a discutir as ideias da Escola de Frankfurt, aqui vemos o jovem Merquior – então com 28 anos – tomando como interlocutores diretos filósofos de grande prestígio em nossa época. Combinando uma apresentação excepcionalmente didática das ideias desses autores com uma atenção crítica às suas premissas e implicações, ele expõe as concepções estéticas de Herbert Marcuse, Theodor W. Adorno e Walter Benjamin, procurando demonstrar no que elas auxiliam a compreender a criação estética no mundo contemporâneo e no que elas acabam por se provar limitadas.

Formalismo & Tradição Moderna reúne treze ensaios que discutem amplamente temas de estética, teoria literária, teoria da crítica da arte, história da literatura, história das artes, semiologia e psicanálise da arte. Esta nova edição (a primeira data de 1974) é enriquecida por fac-símiles da correspondência pessoal e de documentos do arquivo de Merquior.

Traduzido para diversos idiomas e celebrado por intelectuais como Camille Paglia e Kenneth Minogue, *Foucault – Ou o Niilismo de Cátedra* faz uma bem-informada avaliação crítica tanto da figura como da obra completa de Michel Foucault, um dos mais prestigiados pensadores franceses recentes. José Guilherme Merquior examina cada um de seus livros e sublinha a inexatidão com que os dados históricos são tratados na maioria deles; ao mesmo tempo, se esforça por compreender o projeto foucauldiano, identificando seus pontos altos e reconhecendo sua pertinência.